VOYAGE
D'ITALIE.

TOME TROISIEME.

VOYAGE D'ITALIE.

Par Maximilien Misson.

Edition augmentée de Remarques nouvelles & interessantes.

TOME TROISIE'ME.

A AMSTERDAM,
& se vend
A PARIS;

Chez
CLOUSIER,
DAVID, *l'aîné,*
DURAND,
DAMONNEVILLE, *Quay des Augustins.*
Ruë St. Jacques

M. DCC. LIII.

NOUVEAU
VOYAGE
D'ITALIE.

A. M. D. VV.

LETTRE XXIX.

ONSIEUR;

Si je n'avois pas eu befoin d'un peu de tems pour m'inftruire avec certitude, des chofes dont vous me témoignez par vôtre derniere Lettre, que vous, & nos communs amis fouhaiteriez de fçavoir, je n'aurois pas tant tardé à vous fatisfaire. Le P. A. Jefuite Anglois, jeune homme fort civil & fort agréable, a eu la bonté de me raconter fort amplement tout ce qui

Tome III.   A

se passa dans leur Collége, lorsque M. le
Comte de Castelmain, Ambassadeur d'Angleterre, les honora de sa présence la premiere fois. Ce Pere a été même assez obligeant pour me permettre de copier tout ce
que j'ai voulu, des harangues & des Eloges, qui furent ou prononcés ou affichés ce
jour-là au College Romain. De sorte qu'il
me sera fort aisé de contenter vôtre curiosité sur cela. Vous pouvez bien penser, vous
qui connoissez mieux que moi la maniere
noble dont M. le Comte de Castelmain fait
ordinairement les choses, qu'il a parû ici
dans un équipage superbe ; & en verité le
sujet de son Ambassade étoit une affaire si
importante, si peu ordinaire, & d'un si
grand éclat, qu'elle meritoit bien toute la
magnificence de ce Seigneur. Je ne vous
dépeindrai ni la richesse de son principal
Carosse, ni les spirituels & misterieux emblêmes dont ce Carosse étoit orné, parce
que tout cela étoit gravé, & donné au Public. [a] Après que ce grand Ministre eut
eu sa premiere audience [b] du Pape, il alla faire visite aux RR. PP. de la Societé de
J. dans le Royal Palais dont je vous ai déja
parlé, sous le nom du College Romain.
On avoit préparé la grande sale pour le re-

[a] Excellentissimus
Dominus Roggerius Pal-
merius, Comes de Castel-
main, Britannici Regis
ad Santissimum Patrem
Innocentium. [XI.] Ora-
tor, non infra Legationis
sua Dignitatem est arbi-
tratus ab adorato Ponti-
ficis folio, ad Venerabun-
dumReligiosi hujus Athe-
næi limen descendere.
[b] Le 5. de Mars
1686.

cevoir : on y avoit tendu des tapiſſeries de
ſoye très-riches ; & même on en avoit orné le plafond. A ces tapiſſeries étoient at-
tachés en divers endroits des cartouches,
dans leſquels on voyoit des éloges du Roi
en proſe & en vers, des deviſes, & pluſieurs choſes de même nature. Le mur de
face, au fond de la ſale, étoit occupé tout
entier par un ſeul tableau. La figure du
milieu de ce tableau, laquelle repréſentoit
l'Angleterre, étoit une Femme, belle, de
beaucoup d'embonpoint, ſuperbement vé-
tuë, aſſiſe ſur un de ſes Léopards, tenant
un Sceptre de la main droite, & un timon
de la gauche, couronnée d'une couronne
muralle [a], & ayant au-deſſus un daix de
brocard d'or. Aux deux côtés étoient l'E-
coſſe & l'Irlande. La premiere dans une
poſture d'admiration tenant un Sceptre,
& couronnée d'une couronne Royale. L'Irlande ayant auſſi ſon Sceptre & ſa Harpe,
(pour marquer ſa joye.) Mais n'étant couronnée que d'une couronne Ducale. Je dis
au Pere que je m'étonnois qu'on refuſât le
Titre de Royaume à l'Irlande, puiſqu'il y
avoit été accordé par le Pape. Il me répondit qu'il étoit vrai ; mais que comme le Pape n'avoit fait que confirmer (preſque mal-

[a] La Couronne mu-
rale ſe donnoit chez les
Romains, à ceux qui
avoient monté les pre-
miers à la bréche d'une
Ville aſſiegée ; ou qui en
avoient les premiers eſca-
ladé les murs. Mais on
voit dans les Médailles
que les Femmes qui re-
préſentoient des Villes,
des Provinces, des Royau-
mes, étoient communé-
ment auſſi couronnées de
cette maniere.

gré lui) ce que Henri VIII. avoit fait de
son chef plusieurs années auparavant, il y
avoit beaucoup de gens, & sur tout dans
leur Societé, qui ne pouvoient consentir
à donner le nom de Royaume à l'Irlande [a]; & que dans tous les éloges qu'ils
avoient fait du Roi Jacques, en cette occasion, ils avoient affecté de le nommer
toujours simplement, Roi d'Angleterre,
ou de la Grande Bretagne, & jamais Roi
d'Irlande. Il y avoit plusieurs exemples à
alléguer, & plusieurs raisonnemens à faire
contre cette réponse; mais ce n'en étoit pas
le tems.

Au-dessous de la Femme qui représentoit
l'Angleterre, étoient ces deux vers.

Restituit veterem Tibi Religionis honorem,
Anglia, magnanimi Regis aperta fides.

Sous la figure de l'Ecosse, *Scotia suspicit:*
Sous celle de l'Irlande, *Gaudet Hiber-*
nia.
En haut de chaque côté, & au-dessus de
ces deux dernieres représentations, étoient

[a] Henri VIII. érigea l'Irlande en Royaume: & ce titre fut continué par Edvvard & par Marie, sans que les Papes eussent beaucoup murmuré contre cette entreprise sur leur préten-du Droit. Mais Paul IV. se fit de cela une grande affaire [l'an 1. de son Pontificat, & le 2. du Regne de Marie en 1555.] Il tâcha d'obliger Marie à quitter le Titre de Reine d'Irlande: & n'ayant pû réussir dans son dessein, il prit le parti d'ériger lui-même cette Seigneurie en Roïaume, afin que cette création lui fût attribuée par la postérité, & non à Henri VIII,

les portraits du Roi & de la Reine : dans des
bordures autant dignes qu'il étoit possible ,
de ces Têtes sacrées ; & plus haut, au milieu, les Armes écartelées à la maniere ordinaire , de leurs quatre Royaumes, ac-
compagnées de cette inscription.

Potentissimo & Reliogissimo
Magnæ Britanniæ
REGI
JACOBO II.
Generosâ
Catholicæ Fidei confessione
Regnum auspicanti.
ET
INNOCENTIO XI. P. M.
Per Legatum
Nobilissimum & Sapientissimum
D. Roggerium Palmerium
COMITEM de CASTELMAIN
Obsequium deferenti,
Collegium Romanum
Regia virtutum insignia
dedicat.

Monsieur l'Ambassadeur suivi d'un nom-
breux Cortege , entra dans ce salon, au
bruit des cloches , des sifres , & des trom-
pettes. Aprés qu'il eut consideré assez à loisir toutes les beautés du lieu , & qu'il eut
lû , au grand contentement de son cœur ,
tous les Eloges de son Illustre Maître , qui
étoient appendus en plusieurs endroits : Le
Recteur du College lui fit une harangue
Latine ; que je joindrai ici , parce qu'elle

n'eſt pas longue, & que vous ſerez ſans doute bien aiſe de la voir.

(In tanto ſtrepitu Mundi plaudentis gratulantiſque Tuo Urbem adveniui, hoc eſt, immortalibus JACOBI II. Magnæ Britanniæ Regis in Catholicam Eccleſiam meritis, Gregorianum hoc Palladis Athenæum, nec debuit tacere, nec potuit. Quamobrem, ego Litterariæ hujus Univerſitatis nomine, primò gratulor INNOCENTII XI. felicitati, quòd Ipſo regnante, Pontificio acceſſerit Diademati Auguſta hæc Triumphalis Corona; unde illud cum Apoſtolo uſurpare jure merito valeat, Gaudium meum, & Corona mea. Hunc lætiſſimum ferre Mortalibus Diem, longiſſimi ævi ſpatio diſtulerunt Superi, tum ut diuturnis Terrarum votis ingentia hæc Cœli dona reſponderent, tùm unà ſimul invenirent regnantem in Anglia Jacobum II. Romæ Innocentium XI. Gratulor quoque Chriſtiano Orbi, necnon Catholicis Regibus, quod tanto Dominatore Britannorum Sceptra gerente, tam grande advenerit, & Ipſorum Coronis adverſus Chriſtiani nominis hoſtes munimentum, & Orthodoxæ Fidei ornamentum. Imminent quippe ab invictiſſimi Regis Claſſibus, tum Lybicis prædonibus, tum Aſiæ & Paleſtinæ Littoribus, flammarum procellæ, magis metuendæ quam Maris. At Tibi, Oceani Regina magna Britannia, quæ à noſtro olim Orbe diviſa, nunc gemini facis commercia Mundi; quid non liceat ominari fauſtitatis ſub tanto Principe. Erige ſpes, erige vota; nec timeas ſi maxima, ſed niſi maxima. Non libet in die hac fauſtiſſimâ

commemorare quàm lugubres paſſa fueris unius amplius ſæculi ſpatio, toto Orbe Terrarum admirante atque ingemiſcente, cataſtrophas. Sed ſi hæc una erat via, quâ Jacobus II. Britanniæ ſolium aſcenderet, prope eſt ut exclamem, tanti fuiſſe. Profeƈtò invidebit Tibi Poſteritas, non modò præſentium temporum felicitatem, ſed & præteritorum Calamitates tam grandi mercede redemptas : eaque, quibus non frueris bona, etſi poſt ingens à Te pretium perſolutum Tibi reddita fuerint, non à Te coempta arbitrabitur, ſed quadam Superum providentiâ dono data. Tibi demum gratulor, præſtantiſſime Orator, quod tam fauſtum diem, & videris in Anglia, & detuleris in Urbem. Nam de Sapientiâ Tuâ, quâ per eruditiſſimos libros Hæreſim profligaſti, nihil attinet dicere : nihil de Fortitudine, quâ Carceres ipſos pro Catholica Religione tuenda, non tam pertuliſti, qnàm decoraſti : nil de Prudentia, Nobilitate, cæteriſque dotibus tuis. Hoc unum univerſa Tua decora comprehendit, quod ad maximum totius Regni negotium, hoc eſt, ut ſplendidiſſimâ fungereris apud Innocentium P. M. legatione, Jacobus II. Magnæ Britanniæ Rex maximus, Te unum elegit, quia unus dignus eras eligi, alter eligere.

Enſuite il paſſa dans le Grand Auditoire ; & reçût en y allant diverſes nouvelles félicitations. Entre autres celles de cinq jeunes Princes Romains, qui étudioient dans ce College, & qui parlerent chacun au nom de la Claſſe dans laquelle ils étoient.

Voici leurs cinq petits complimens.

Dom Julien Cesarini, fils du Prince de Sonnino.

Quifquis avet coram tantum cognofcere
    Regem,
Te videat: magnum Principis inftar ha-
    bes.

D. Jerôme, fils du Duc Mattei.

Luce novâ, ut totum irradiat Rex Anglicus
    Orbem;
Sic Urbem comples laudibus ipfe tuis.

D. Michel Imperiale, Fils du Prince de Franqueville.

Difcimus Humanas Artes: Humanior effe
Jam modò, te vifo difcit ab ore Puer.

D. Innocent, fils du Prince Pamphile.

Tu Romæ Obfequium, Tibi Roma repen-
    dit amores:
Exiguum quamvis, Nos tibi utrumque
    damus.

D. Emile, fils du Prince Altieri.

Divifa eft Pallas: fequitur Rex enfe mina-
    cem:
Armatam Calamo fed colis Ipfe Deam.

Cette derniere ligne ne fignifie pas, comme vous le pouvez bien penfer, & comme
vous l'avez vû par la harangue, que le Hé-
ros loüé ne foit homme d'Epée auffi-bien

qu'homme de plume. Lui dire le contraire, n'auroit pas été un difcours fort obligeant : mais il vifitoit un College quand on
lui parloit ainfi ; & après tout, il ne faut
pas examiner de fort près, ce que difent
des Ecoliers.

Auffi-tôt que fon Excellence fut entrée
dans l'Auditoire, [a] le Regent de la premiere Claffe, ou pour parler plus honora-
blement, le Profeffeur en Rhetorique, parut vénérablement équippé fur une efpece
de Théâtre qui avoit été dreffé exprès, &
prononça [b] un Poême de fix cens vers
héroïques qui, fi je ne me trompe fort,
firent quelquefois bailler M. l'Ambaffadeur,
quelque amour qu'il ait pour les belles Lettres, & quelque ton que pût prendre le Ha-
rangueur. J'ai lû ce Poême avec affez d'attention : Les vers en font beaux & le langage en eft Poëtique ; mais cela eft fort dif-
fus. Voici en en peu de mots tout ce que
ces fix cens vers contiennent. Le Genie facré qui préfide fur l'Angleterre, touché
d'une tendre & pieufe jaloufie de voir la
profperité de tant d'Etats en Europe : l'Empereur, par exemple, détruifant le Turc, &
Louis le Grand, l'Héréfie.

Affultu Ligeris non amplius unda profano.
Impiat Oceanum : fractis micat eruta Clauftris
Religio, & nullâ regnat Calvinus in Arâ.

Pendant que la malheureufe Angleterre

[a] Carolus de Aquino.   eft, *Fortuna in Angliam*
[b] Le titre du Poême   *redux.*

eſt expoſé aux fureurs de ce dernier Monſtre :

  ——— *Quo ſidere lævo*
Tot claros inter vacat Anglia ſola triumphos ?
Anglia, ſi memini, non ſueta vacare trium-
    phis.

  Il ſe propoſe de travailler à lui procurer
le bonheur qui lui manque. Ayant appris
par la Renommée, que la Fortune avoit
paſſé les Mers qui font les remparts de l'Iſle
qu'il protege, & qu'elle s'en étoit allée parmi les Troupes Impériales qui étoient occu-
pées au Siége de Bude, où les choſes traî-
noient en longueur. Il la ſollicite de venir
en Angleterre pour un Hyver ſeulement,
afin de rétablir la Religion dans cette Terre
abandonnée.

  ——— *Arctoïs concede Trophæis*
Unàm hyemem : pacato Aquilone ad cœpta re-
    dibis
Fortia, ne dubita. ★★★★
★★★★ melioribus Auſtris
Danubii tunc Caſtra petes, Budâque receptâ
Hebrus, & extremâ palleſcet Boſphorus undâ.
Nunc Te Religio ſociam pietasque reviſat
Anglica ; in Antiquos famæ revireſcere faſtos
Auſpice Te, diſcat Tellus Tameſina, &c.

  Il l'aſſûre qu'elle aura bien-tôt fait, & il
lui promet qu'il lui reſtera aſſez de tems,
après avoir ſecondé le Roi dans ſon entre-
priſe, pour retourner en Hongrie, ſe trou-

ver encore à la prife de Bude, & travailler enfuite à la conquête de la Terre Sainte, fi elle le juge à propos. La Fortune écoute, & confent. Le Génie la fait monter dans fon Char avec lui, & ils prennent enfemble la route d'Angleterre. Il femble qu'il ne devroit penfer qu'à fa grande & preffante affaire ; néanmoins il permet que la Déeffe s'arrête en divers États d'Allemagne, qu'elle béniffe le Mariage de l'Electeur de Baviere ; qu'elle travaille à diffiper les ténébres du Calvinifme qui obfcurciffent encore le Palatinat, & qu'elle répande ainfi diverfes faveurs dans les Païs qu'elle traverfe en faifant fon voyage. Enfin, elle arrive en Angleterre, où elle trouve tout dans un affreux défordre : cet endroit eft un des plus beaux du Poëme.

------ *Quæ Regni facies ! quibus Infula fatis*
Jactatur ! ducit furias in bella fequaces
Perfidia, Arctoïs Fortunam avertere Regnis
Tartareo jurata Jovi. Jam nubilus Æther
Nigrefcit, caliganti nox advena Solem
Torva fatellitio fugat : exitiabile mugit
Aura minax, & fola diem per fulmina nofcas.
Quæ fremitu horribili terras, per vulnera Cœli,
Degeneri ambitione petunt. Saturata metallis
Ignitis chalybum truculento vifcere nimbum
Orcades ejaculant, & plufquam imitatur
　　　　　Avernum.
Ceu levis ira foret cæcâ fævire favillâ
Vulcanum ferro durant : fuccuffa profundo
Anglia nutabat pelago ; fymplegada credas
Oceano fluitare ; finus fremit inde Britannus,

Hinc Batavum littus, medius decrescit aqua-
                rum
Æstus, & abruptæ sperant commercia ripæ.
Horrendum! si quid posset Fortuna timere.
Terribilem Regni vultum stupet Illa, negat-
                que
Se veterem Tamesim, Rutupinaque noscere
                Regna.
Ductorem Genium tenero, ceu prodita, quæs-
                tu
Anxia sollicitat : quod nos inamabile tantum
Littus habet ? Nigri sedes hæc pallida Ditis ?
Noster ubi Tamesis ? felix ubi cultus amici
Littoris ? Emersit nova, suspicor, Anglia Pon-
                to ;
Nam veterem nec nosco redux, nec noscor ab
                Illâ.

Mais aussi-tôt qu'elle paroît, les choses
prennent une plus heureuse face. Elle trouve beaucoup de gens en deüil, à cause de
la mort du Roi Charles (II.) & la conso-
lation qu'elle donne, en faisant voir le tort
que l'on a de s'affliger, est son premier ouvrage.

———————— *Cursu quo tristis iniquo*
Exundas ignave dolor ? dediscite fletus
Lumina, vel celeres in gaudia vertite cursus.
Grande Rudimentum Regno mors ista futura
Sortis erit. * * * * * *
* * * * * * * *
Regia Progenies Carolo non ulla superstes :
Solus, Hyperborei hæreret cui Machina Mun-
                di

Frater erat; Solio dudum quem mascula Virtus,
Quem Pietas, nullisque Fides temerata pro-
cellis
Educat. * * * * * *
* * * * * * * *
Occidui Columen Regni, Patriæque labantis
Fulcimentum ingens.

Ensuite elle saluë le digne Successeur
du Prince, qu'une heureuse destinée vient
de conduire au Ciel; & entre les vœux
qu'elle fait pour le Roi qui succede, elle
n'oublie pas de lui souhaiter & même de
lui promettre des héritiers.

—————————— —————— *Te Regia Proles*
Exhilaret. ————————— ————

Si nectit Lucina moras; multum illa laborat
Scilicet invicto similem properare Parenti;
Desperat nam ferre parem. Sed lætior auro
Scripta dies aderit.

Après cela elle se met à construire de ses
propres mains un Thrône pour le Roi :
elle n'y oublie, ni l'yvoire, ni l'or, ni les
rubis, & elle s'applique sur-tout à le poser
sur un fondement inébranlable. Le Roi s'y
étant assis & foulant aux pieds l'Héréfie &
la Rébellion, la Fortune lui met en main
un Glaive tout rouge du sang des Infideles,
qu'elle a apporté de Hongrie. Reçois, lui
dit-elle, ô grand Prince, ce gage que je te
préfente de mon amour; ET SI QUEL-
QUES MUTINS GRONDENT ENCORE

DANS TES ESTATS, SERS-T'EN POUR
LES EXTERMINER.

——————————————————— Cruentum:
Sanguine Biſtonio gladium denudat, ab Iſtro
Aera per magnum quem duxit, & accipe,
*   dixit,*
Egregium monumentum & noſtri pignus amo-
*   ris*
Fortunæ Gladium, Princeps : HOC VINDI-
*   CE, SI QUID*
IMPACATUS ADHUC TAMESI TOR-
*   RENTE REBELLI*
AUDEAT, ABSOLVES VICTOR.

Ayant ainſi honoré & établi le Glorieux
Monarque, elle le ſupplie qu'il veüille lui
faire préſent de ſa propre épée, ce qui lui
eſt gayement accordé; & munie de cette arme victorieuſe, elle retourne en Hongrie,
& va prendre Bude.

Dans la perſuaſion où je ſuis, que je ne
puis vous entretenir de rien qui vous tou-
che plus ſenſiblement, que des choſes qui
ſont à la gloire du Roi & qui regardent votre Patrie, je crois que je ferai bien d'ajoûter ici quelques-unes des félicitations qui
furent prononcées dans le beau Salon dont
je vous ai parlé.

Invictiſſimo ac Potentiſſimo
J A C O B O I I.
Magnæ Britanniæ Regi,
Fidei Defenſori.
Collegium Romanum Societatis Jeſu F.

[a] *Expectationi quam de te maximam fece-*
ras, cumulatissimè respondisti, Invictissime
Rex, Testem habes Europam, secundâ Popu-
lorum admurmuratione plausuque commotam;
nec tam tibi Regnum gratulantem, quàm sibi
Regnantem TE. Tot inter testimonia, ad tuum
Regnum, ad Victorias tuas exilientis Orbis
Gregorianam hanc Romani Collegii Palladem
recensere non dedignaberis; si hoc Lycæum,
quò florentissima ex Europæ Regnis Ingenia
confluunt, in arcto adumbrare Orbis imagi-
nem cogitaveris. Tua hîc etiam Regna cognos-
ces, quæ scilicet referunt ornatissimi ex An-
gliâ, Scotiâ, & Hibernia Juvenes, quibus
hoc maximè Sapientia Theatrum aperuit Gre-
gorii Decimi tertii Anglicanæ felicitatis studio-
sissima liberalitas. Sed obstrictior titulus ad
qualemcumque obsequentis animi significatio-
nem accessit, Regale patrocinium, quo Socie-
tatis Jesu Patres honorificè habes, benignè
complecteris. Puduit enim verò calamo parce-
re, eum Regem laudaturos, cui labores Fa-
miliæ nostræ omnes & sanguinem impendere
in votis habemus. Tu verò, dum Cœlo auspi-
ce, quo Regni primordia consecrasti, Britan-
niæ tuæ amores, Europæ plausus uberrimè
promereris; tenue hoc Virtutum tuarum testi-
monium, ab addictissimo tibi Collegio profec-
tum, Regio quo soles animo respice, & Reg-
ni tui felicitati diutissimè consule.

[a] Je ne me souviens pas si ce compliment fut prononcé, ou s'il a seulement servi comme de dédicace au Roi, lorsque les RR. PP. lui ont envoyé tout ce qu'ils ont fait ce jour là en l'honneur de Sa Majesté.

Jacobus II. Magnæ Britanniæ Rex,
Quum nondum novem annos excederet,
pro Patre contra Hostes pugnat.

Quæ tibi vernanti virtus autumnat in ævo,
  Agricolam visa est obtinuisse Deum,
Quum nondum tenero tingaris flore juventæ,
  Maturas misero fortia facta Patri.
Qui steriles in te quærit, non invenit annos;
  ipso quo sereris, das quoque poma die.
Heroes fiunt alii, tu nasceris; illi
  A teneris discunt bella, sed ipse geris.

In idem.

Vix te nona redux, Rex, te afflaverat æstas,
  Incertam tenero vix pede tangis humum,
Cùm pueri imbelles exercent lusibus annos,
  Et breve ver ævi prætereuntis agunt.
Jam teneros armis premis ipse rigentibus artus,
  Jam geris intrepidâ fortia bella manu.
Quæ te dura virum discrimina frangere pos-
    sent,
  Martia cui puero prælia lusus erant.

In idem.

Annibal Annibali jam cedit Punicus Anglo;
  Infans ille vovet bella; sed iste gerit.

Jacobus II. M. B. Rex invitatur ad syria-
cam expeditionem.

Aspice hyperborei Princeps invicte Trionis,

Anglica quem famuli Thetys adorat aquis.
Seu tua Regnorum rapiunt sibi pectora Curæ,
  Justaque subjectis dividis Imperia ;
Seu formidatam moliris in æquore Classem,
  Hostis & ipse hostem se negat esse tuum ;
Seu Latio Obsequium præstas Regale Parenti,
  Major & exhibito diceris obsequio.
Aspice quas dudum palmas tibi nutrit Idume
  Terra, tuos olim quæ bene novit Avos.
Hæc augere tuos gestit, Rex magne, Trium-
      phos,
  Anglicaque impatiens carbasa, teque vocat.
Hanc pete, civiles postquam pacaveris iras,
  Regnorum & placido sint tibi jura trium.
Credibie est, quod avis non concessere datura
  Fata tibi, cunctos qui geris unus avos.

Ad Jacobum II. M. B. Regem, cujus di-
vinis pene virtutibus, parem victimam Anglia decernit.

Perfidiæ anguigenam si ferro conficis hydram,
  Alcides Latiâ diceris esse Lirâ,
Victor in audaces si prælia dirigis hostes,
  Horendum Martis nomen & instar habes.
Si Musis aperis melioris flumina venæ,
  Ipse tibi laurum cedere Phæbus amat.
Romuleæ sceptrum atque humeros si subjicis
      Urbi,
  Curvatâ in laudem fronte videris Atlas.
Æqua Caledonio si donas jura profundo,
  Undarum simulas ore manuque Deum.
Aurea si fidei, te Principe, sæcula currunt,
  Saturni laudem, sed melioris habes.
Denique si patrium compescis legibus Orbem,

Jam Tamesina suum te vocat Aula Jovem:
Ergò placabit te cunctis Anglia monstris;
Nam tot nominibus non satis una fera est.

Ad Fortunam Regis.

Prospera desperes hunc Sors corrumpere Re-
        gem,
Fortiter adversam pertulit ille prius.

De Obsequio à Jacobo II. Mag. Brit. Ro-ge Romano Pont. exhibito.

Fortis in adversis, belloque & pace timendus,
Perdideras alto vulnere Perfidiam.
Jam summos apices laudis, Rex magne, tenebas.
Altius & virtus crescere non poterat.
Tu tamen ut crescas iterum, te subjicis Urbi:
Nunc crescunt quum se maxima subjiciunt.
Scire cupis quantùm sis altior? aspice, Terras
Jam potes & patrias jungere Syderibus.

Jacobus Dux Eboracensis, incensâ navi quâ super contra Hollandos pugnabat, audaci saltu in aliam prosilit, & victoriam prosequitur.

Æneæ haud impar fatis Dux Anglicus: ille
Si Patriæ: hic laceræ sospes ab igne ratis!
Anglica te Superi servant ad Regna; parabat
Italiam Phrygio si Cytherea Duci.
Dissimile hoc unum. Navis tu Victor in igne,
Ille fugit Patriæ victus ab igne suæ.
Debita sed merces; Phrygium nam Regna
        manebant

Non sua Ductorem ; te tua Regna ma-
nent.

Jacobus II. Magnæ Brit Rex, Eboracenfis olim Dux, Conjugis morientis voce ani-
matur ad Fidem.

Epigramma.

Regalem alloquitur Conjux moritura Mari-
tum :
Ad Cœli Cœlo pròxima monſtrat iter.
Pallentes alios quia reddit, pallida Mors eſt ;
Credula res, aliis credere quod det, amor,
Cæca fides quamvis bene ſe commiſit amori,
Non fuit hic cæcus, ſed fuit Argus amor.
Nam malus ipſe foret Ductor, ſi cæcus uter-
que ;
Aut non cæcus Amor, aut oculata Fides.
Cæca Fides, & cæcus Amor : Quia venit ab
Aſtris,
Hic bene, vel cæcus, ſydera monſtrat Amor.

Aliud.

Occideras moriente dolens cum Conjuge Conjux,
Servabatque animas flebilis urna duas.
Ut Regum Phœnix de funere ſurgere poſſes,
Juſſit Amor lethum Conjugis eſſe Tuum.
Sed trahis inde tamen melioris feminæ vitæ,
Ipſaque Te Cælo vivere fata docent.
Jacobi primos ultra ne quærite mores,
Extinctâ periit Conjuge qualis erat.
Ut reliquas præit inter aves avis orta ſepulchro
Rex inter Reges, dicite talis erit.

Dum Sanctissimus * D. N. Innocentius
XI. P. M. publica ac solemni pompâ, Regalem Jacobi II. excipit Legationem, mu-
tuus Angliæ & Romæ plausus.

*Dissociatam oceano Britanniam Romano pro-
cul à Cælo Non satis abscidit Natura : Romano procul à Patre, Extra Cælum Fides aliena
removerat: dissitas iterum Terras ad commer-
cium Religionis admovet, Hæres Pietatis avi-
tæ, Perfidiæ vindex & Impietatis, Jacobus
II. Vix credas Paternum tamdiu fœdus à Ma-
joribus violatum ; tanta ultro citroque Amoris
Argumenta JACOBO - INNOCENTIUS,
JACOBUS INNOCENTIO transmittens in-
staurat. Roma in plausus ac lætitiam effusa, in
laudes, in Amorem alieni Regis desudat. Quid
ultra suo fecerit Anglia? Æmula inde Regis
Pietas, ad Romani Pontificis obsequium Bel-
li, & Pacis Artes, Privatas & Regales curas
intendit. Cur minus faceret Patri suo? In tanta animorum conspiratione, Amorem utrinque
tam fœderatum qui spectet, aut utramque Angliam dixerit ; aut utramque Romam. Nec
temerario aut voto, aut præsagio felicitatis ad
peregrinum utraque complexum nuper con-
currens, cum expectato Pacis osculo nomen
etiam communicavit. Si Populorum plausus
& obsequia metiris in Regem collata ; Angliam utrobique habes. Si Religionem spec-
tas, quæ utrobique Regnatrix coronatur, utraque Roma est.*

JACOBUS II. M. B. Rex studia Litte-
* Dominus noster.

rarum fovet, & fub Ejus aufpiciis, SOCIE-
TAS Jefu Scholas aperit in Anglia.

*Congere nomina Regi tuo, quotquot potes
Anglia: Numquam dices qualem Eum fuæ virtutes effecerunt. Continere nequit ambitu ver-
borum, cujus gloria major eft Orbe Terrarum.
Magnæ virtutes, ut impercepta prodigia, ap-
pellatione carent. Plufquam Jupiter inter Au-
licos; plufquam Mars inter milites; plufquam
Apollo videbitur inter Mufas. Fabulofa nomina rebus geftis non implevit modò, fed etiam
exceffit; quia virtutes fecrevit, Sibi à vitiis
fabularum. Mendacia Poëtarum in Illo vera
non funt, folùm quia minora faftis ab illo. Vir
omnium virtutum, ideoque, major viro: qui
non unam fed omnes fimul Artes artem putet
regnandi, ita provexit difciplinam armorum,
ut augeret fimul ftudia Litterarum. Rarò omnia fimul conceduntur, interque magnas virtutes, aliquis locus eft vitiis; Iu illo tamen
junguntur oppofita, non excluduntur. Arma
inftruit nec Pacem deftruit: Litteras fovet, nec
alit ignaviam. Miles, non fine amore Sapientiæ: Sapientiæ ftudiofus, non fine arte pugnan-
di. Ut fortiter imperet ac fuaviter, claffica mi-
litum mifcet, & carmina Mufarum. Terret
Anglia finitimos & deleftat; Nam, quam
velut Martis Regiam timent, nec laceffunt, velut Academiam Scientiarum mirantur & ex-
petunt. Quid Britannia non fperet fub tanto
Rege? qui contra ignaviam manus, contra
ignorantiam erudire jubet ingenia; fciens non
minora Regnis ab erroribus, quàm ab hoftibus
imminere pericula; & hofte mortuo pugnare*

vehementius pacem, nisi ut arma bellum, ita pacem studia compescant. Hinc armatos excitat, inde Litteratos. Valida nimirum Pallas esse non potest, nisi sit integra: Nemo fortis est dimidiatus. Adest in subsidiis SOCIETAS JESU, utque fidem suam Regi testetur ac Regno, arma parat quæcumque potest ingenii; magnâ mercede, si Regi placeat, & Subditis prosit. Castra ponit, dum Scholas aperit: opus ingens aggressa sub tanti Regis auspiciis, quod sub Apolline non tentasset. Sanè deceret, Rex prestantissime, ut novus Æneas in novum Virgilium, & fortior Achilles incideres in meliorem Homerum. Sed ita magnum, Rex, es argumentum, ut nemo possit esse Poëta tuus, quia majora veris in Te nemo scit fingere. Habemus autem in Te nobiliores Lauros, Tuas nempe victorias. Habemus perenniorem Castalio fontem, Tuam nempe beneficientiam. Meritò Romanum hoc Lycæum, Nationum omnium voce, quæ huc conveniunt ad Sapientiam, gratias agit, Regnumque Tibi gratulatur, & Gloriam. Incrementa Tua sunt incrementa Sapientiæ.

Le Roi n'ayant rien fait, selon ces Messieurs, de plus digne de lui, que de leur établir un College à Londres, cet Eloge est aussi le plus fort de tous.

Jacobus II. M. B. Rex, quam Fratri morituro Religionem privato communicavit exemplo, Romano Patri publicis profitetur obsequiis.

Dilata diu Gaudia Innocentio & Jacobo

*ſimul regnaturis providè Cælum reſervavit.
Neminem alium hoc Patre Filium digniorem;
neminem hoc Filio Patrem invenerat. Trium-
phales inter Plauſus, cicatrices ſuorum vulne-
rum glorioſas, oſtentaret Religio : ſed illas tam
bene recens Amor obduxit, ut nullo ſuperſtite
Veſtigio, neſcias fuiſſe vulneri locum. Ad Britanniæ regimen evocatus Jacobus priuſquam
aſſumat Regnum Fratris hæreditarium, Romano Patri, Cæli ſe ſcribit hæredem : Deprehen-
dit ille ſtatim in Filio imaginem ſuam, & no-
vo jure adoptat in eandem ſortem etiam Regnum. Obliviſcere alienos Britaniæ animos, Roma. In uno Angliæ Rege Regali aſſidens Pie-
tati Religio, Negatum cum fœnore reddidit
obſequium, & cumulavit. Extremum Tibi
Carolus moriens, in Regni exordio Jacobus
etiam primum Religionis Amorem conſecrat.
Fidelis enim verò Hæres ; Qui ultimam De-
mortui voluntatem primam ſibi facit. Poſt ge-
minum hoc Fidei datæ pignus Roma, nec procul à Te vivere, futuri Britanniæ Reges po-
terunt, nec ſine Te mori.*

Jacobus II. M. B. Rex ad profitendam
Romano Pont. obedientiam, inter Regni
Proceres eligit Roggerium Palmerium.

*Æternum floret, Regum delecta triumphis
    Palma, nec à ſterili fronde ſuperbit apex.
Inſita Palmerii ſe jactat in indole virtus ;
    Sed dotes aliis educat illa ſuas.
Religio & pietas ſibi creſcit, & utraque
    Regi,
Sic bene cum Palma nomen & omen habet.*

Jacobo II. M. B. Regi Invictiffimo,
Collegium Rom. Regalium Symbola Virtutum confecrat.

Excipe Virtutum Princeps monumenta Tua-
    rum :
    Munera quæ Regi non aliena damus.
Has inter rerum formas Tua vivit imago :
    Illa refert fpeciem Principis, illa Ducis.
Interea Regalem animum fpectare videmur.
    Pars nobis præfens optima facta Tui eft.
Credidit hoc folum munus Te Principe dignum :
    Si fibi Te Regem, fe Tibi Roma daret.

Les Emblêmes & les devifes dont parle
cette Epigramme, étoient au nombre de
trente. Cela étoit peint dans des Cartouches ; & chaque chofe étoit expliquée en
profe & en vers. Il auroit été bien long,
& je me ferois peut-être rendu importun,
fi j'avois demandé à tranfcrire tout. Je me
fuis donc contenté de prendre feulement les
Emblêmes, pour les joindre à ces autres
Monumens illuftres que je viens de vous
donner.

(1.) Un Leopard qui après avoir pour-
fuivi fa proye, la faifit enfin. Avec ces paroles, *Quod fequor affequor.* C'eft le Roi
parvenu à l'Empire, après avoir travaillé à
fe l'acquerir.

(2.) Un Lion qui jouë avec un gros ba-
lon. *Et tanto in pondere ludit.* Le Roi ma-
nie les plus grandes affaires en fe joüant.

(3.) Une Harpe. *Summis confentit & imis.*
C'eft

C'est pour signifier que le Roi ne fait rien qui ne soit au gré des Seigneurs & du Peuple.

(4.) Un Lis blanc, qui s'éleve entre plusieurs autres de diverses couleurs. *Sed candida regnant.* C'est la Religion du Roi, parmi les autres Religions d'Angleterre.

(5.) Un Navire à l'ancre, & dont on a plié les voiles, afin qu'il soit moins exposé à la tempête. *Ubi noxia perfluant.* C'est le Roi recüeilli en soi-même, & consultant sa propre sagesse, dans les affaires difficiles.

(6.) Une Licorne qui plonge sa corne dans une fontaine, pour en faire sortir les bêtes venimeuses. *Mors quoque mortis erit.* Le Roi chasse ainsi de ses Etats toutes les personnes mal intentionnées.

Tabificas, Angli, jam non potabitis undas :
Rex cornu anguineum diluet Iste lutum.

(7.) Un Leopard qui regarde ses taches. *Ornant, non maculant.* Les erreurs, ou l'ancienne dissimulation du Roi, avant qu'il eût fait profession publique de la Rel. R. ne servent qu'à faire briller davantage la génerosité de sa foi.

(8.) Un Lion. *Pro sociis Animus.* C'est la force, la fermeté, & l'intrepidité du Roi, pour agir en personne, & pour encourager son armée, & ses sujets fidéles.

(9.) Une Harpe dont les cordes sont de Boyau. *Per viscera mulcet.* C'est la bonté du Roi, sa clemence, & la douceur de son Gouvernement.

Tome III. B

(10.) Un Lis, des feüilles duquel tombent des gouttes d'eau, qui au rapport dès Anciens naturaliftes, font la femence de nouveaux Lis. *Lachrymor in Prolem.* C'eft-à-dire, que les larmes du Roi fléchiront infailliblement le Ciel; & feront obtenir des Enfans à fa Majefté. [a] [*par l'interceffion ou par l'autorité de Nôtre-Dame de Lorette, laquelle commandé à Dieu fon Fils par fon droit de Mere.*]

Pro Natis, Jacobe, gemis, Flos candide Regum ;
 Hos Natura Tibi fi neget, Aftra dabunt.

Si Tu n'en peux avoir par le cours ordinaire de la nature ; poffede ton efprit en paix, ô grand Roi, il en tomberoit du Ciel plûtôt qu'il t'en manquât : Ne te mets pas en peine, la Providence y pourvoira : *Hos Natura Tibi fi neget, Aftra dabunt.* Cet endroit eft beau : c'eft le langage de cette ferme & vive foi dont parle l'Evangile, qui peut tranfporter les Montagnes.

(11.) Un Navire entre plufieurs écueils. *Cauta per cautes.* C'eft un fecond embléme de la prudence, de l'adreffe, & de la fageffe du Roi.

(12.) Une Corne de Licorne, dont il s'éxale une fecrette vertu qui chaffe les Afpics, les Scorpions, les Bafilics, &c. *In noxia Sudat.* Cet embléme eft à-peu-près le même que le fixiéme.

(13.) Une Fortereffe fur un rocher. *Bene fundata eft.* C'eft la foi du Roi,

[a] *Jure Matris impera.* Litanie de la Vierge.

(14.) Un Arbre que l'on a fecoüé, & duquel on voit tomber quelques feüilles. *Sed non ego defluo.* On a pû ôter au Duc d'Yorck la joüiffance de quelques Emplois, & quelques honneurs : mais il n'a pas été poffible de déraciner , ni d'ébranler fon zele pour la Foi Catholique.

(15.) Une Grenade. *Crevit in Coronam.* Le Roi eft né , & a été élevé pour être couronné.

(16.) L'Arc-en-Ciel, & l'Arche de Noé. *Ubi Numinis ira quievit.* Un Roi Catholique étant monté fur le Thrône d'Angleterre, c'eft un figne que la colere du Ciel eft apaifée envers la Nation.

(17.) Le grand Mobile. *Rapiuntur ab Uno.* Le Roi entraîne fes fujets par tout où bon lui femble, par une force à laquelle il n'eft pas poffible de réfifter. *Autoritatis vi pertrahit.*

(18.) Le Lion celefte, ou le figne du Lion. *Nunc jubar ante juba.* La vaillance du Roi éclate extraordinairement , depuis qu'il eft fur le Thrône.

(19.) Le Soleil. *Circonfpicit omnia.* C'eft la Prévoyance du Roi, & la vafte étenduë de fa perfpicacité , & de fa Connoiffance.

(20.) Un Cheval enharnaché pour un Général d'Armée. *Animoque paratior.* C'eft l'humeur guerriere du Roi.

(15.) Une Bouffole. *Quò femel huc femper.* La Conftance du Roi , & fa perfeverance dans la Religion pour laquelle il s'eft déclaré.

(22.) Un Cadran Solaire. *Totum in fe*

digerit annum. Le Roi prend soin de tout, en tout tems, & en toute occasion.

(23.) Des Abeilles dans leur ruche d'où elles chassent les Guespes & les frelons. *Ingenuas discernit opus.* L'Explication de l'Auteur porte, que le Roi sçaura bien distinguer les bons Catholiques, d'avec ceux qui ne le feront pas.

(24.) Un Buisson en feu, & des serpens qui sont obligés d'en sortir. *Pellit monstra cubilibus.* Le Roi mettra en fuite les Assemblées secrettes & empoisonnées de ses Ennemis.

(25.) Des Abeilles sur des fleurs. *Non legit infectos.* Le Roi choisit sagement ses Ministres. *In præcipua Regni munera, non nisi optimos eligit.*

(26.) Une Hache qui pénétre dans le tronc d'un arbre noüeux ou stérile. *Scit solvere nodos.* La Hache du Roi, la Hache d'Angleterre frapera les Opiniâtres, & tous ceux qui s'opposeront au bon plaisir du Roi, & à la force suprême de son Gouvernement; *Forti suo regimini.*

(27.) Le Soleil, luisant sur un Parterre. *Nil sine Te recreat.* Il n'y a de joie & de bonheur, que pour ceux sur lesquels le Roi daigne jetter ses benins regards.

(28.) Un Canon qui tire. *Mensura dat ictum.* Le Roi frapera droit, & à propos.

(29.) Un Bouclier du milieu duquel sort une pointe forte & aiguë. *Ferendo & feriendo.* Il est également facile au Roi d'attaquer & de se défendre.

(30.) Une espece de Gruë; une Machine

à élever des fardeaux. *Labor arte levatur.*
Le Roi, par son adresse, viendra facile-
ment à bout des choses qui paroissent les
plus difficiles.

Je serois ravi de pouvoir vous faire part
des autres Ouvrages d'esprit que les RR.
PP. Jesuites ont produit dans cette occasion. Vous y trouveriez sans doute beaucoup de plaisir; & tous les fidéles servi-
teurs du Roi, ausquels vous les pourriez
communiquer. Mais voilà ce que j'ai pû
obtenir jusqu'ici. Non que le jeune P. A.
mon Ami, fasse aucune difficulté de contenter ma curiosité, mais parce que comme il est obligé de chercher lui-même en
differens endroits les choses que je souhaite
d'avoir, j'apréhende de le trop importuner.

Je veux bien répondre à ce que vous me
demandez par commission, dites-vous,
touchant Mr. l'Ambassadeur. Mais que pen-
sez-vous que je puisse vous en dire? Rien
que ce qu'on en a toujours dit, il a fait
honneur ici à son Maître, à la Nation, &
à lui-même. On l'a regardé comme un Seigneur généreux, civil, libéral, sçavant,
magnifique. Si le succès de sa négociation
n'a pas été heureux; ce n'est ni à ses soins,
ni à son habilité qu'il faut s'en prendre;
soyez sûr qu'il n'a rien négligé, & qu'il a
suivi les meilleurs Conseils. C'est le *Bon-*
homme (a) qui n'a jamais voulu rien écouter.
Ce vieillard est d'une humeur, & d'un tour
d'esprit, que personne ne peut comprendre:
Et il faut même qu'il y ait quelque chose de

(a) Innocent XI.

particulier dans sa Religion: Comme s'il mé-
prisoit les fonctions publiques dont il est
obligé de s'acquitter par son caractere, il
allégue toujours quelque fluxion pour s'en
excuser. Il est vrai qu'il a écrit au Roi de
F. pour le féliciter sur la Révocation de
l'Edit de Nantes ; & qu'il a fait chanter ici
le *Te Deum*, pour la conversion de ceux
qu'on appelle Hérétiques. Mais tout cela ne
signifie rien autre chose, qu'un peu de po-
litique & de bienséance. Lorsque la Reine
Christine me parla des Missionnaires Dragons qui nous ont prêché comme chacun
sçait ; & qu'elle blâmoit cette maniere d'é-
tablir la Foi, ainsi que je crois vous l'a-
voir mandé : Elle ajoûta en propres termes,
que quoique ce vieux fou de Pape eût l'esprit ordinairement de travers (vous sçavez
qu'elle ne l'aimoit point, & qu'elle en parloit fort librement.) Il l'avoit eu assez droit
en cette occasion ; & qu'il avoit diverses
fois, & assez hautement desaprouvé la maniere de gagner le cœur, en mettant le poi-
gnard à la gorge. Mais pour en revenir au
Négociateur Anglois, je puis vous assurer
encore une fois, qu'il n'y a eu en lui ni né-
gligence, ni incapacité. Le S. Pere ne s'est
pas soucié de l'affaire. Peut-être ne desire-
t'il pas fort ardemment la réconciliation :
Et peut-être (soit dit entre nous je vous
prie) ne regarde-t'il pas encore *l'ouvrage*
comme achevé. Quoiqu'il en soit, je sçai
de science certaine (& vous en convien-
driez, si je vous nommois mon Auteur)
qu'il a été intraitable, quelque tour qu'on

ait pris pour l'amener à la raiſon. Aprèſ
pluſieurs Audiences qui s'étoient paſſées en
diſcours généraux, le Miniſtre qui n'étoit
pas venu à Rome pour ne parler que de la
pluye & du beau tems, voulut mettre ſur
le tapis le ſujet de ſon Ambaſſade : après
quelques paroles dites, ſurvint une heureu-
ſe toux, qui mit Sa Sainteté hors d'état de
parler ni d'entendre. A l'Audience ſuivan-
te, autre fluxion. Et ainſi trois ou quatre
fois de ſuite. Enfin par un Conſeil de gens
ſtilés dans cette Cour, & que par conſéquent il étoit raiſonnable de ſuivre, il fut
réſolu qu'après avoir tenté toutes les voyeſ
ordinaires, il falloit avoir recours à un nouveau moyen. Le nouveau moyen fut de
faire une eſpece de menace ; & de dire,
qu'on s'en retourneroit, puiſqu'on ne pouvoit pas eſperer de parler d'affaires. Sça-
vez-vous qu'elle fut la réponſe du bon Pere
Innocent ? Un froid, & une indifférence
étonnante. *E bene*, répondit-il, *ſe vuol an-
darſene, ditegli adunque che ſi levi di buon
matino al freſco, e che à mezzo giorno ſi re-
poſi perche inqueſti paeſi, non biſogna viag-
giare al caldo del giorno.* Le ſuccès de la menace ne fut-il pas heureux ? Et l'empreſſe-
ment de Sa Sainteté n'eſt-il pas admirable ?
Je tiens cela de gens très-croïables, & qui
diſent l'avoir oüi de leurs propres oreilles.
Comment tout cela s'eſt enfin terminé, je
vous avouë que je ne l'ai pû ſçavoir ; maiſ
j'ai lieu de croire que le Roi n'a pas été fort
ſatisfait. Je ne vous révéle point de myſtere ; je ne dis que ce que tout le monde ſçait

& dit à Rome ; quoique chacun ne foit pas
d'ailleurs fi particulierement inftruit que je
l'ai été.

Je vois qu'on vous a fait fort naivement
le portrait de notre C. de forte que je ne puis
rien donner de nouveau à votre demande
fur cet article. Dans l'état où font préfentement les chofes en Angleterre , vous pouvez bien penfer qu'il eft toujours au guet. Je
ne fçai s'il s'eft imaginé qu'étant de la Maifon du Duc d'O ***, je pourrois avoir oüi-
dire des chofes dont il tireroit ufage s'il les
fçavoit ; mais je me fuis apperçû dès mon arrivée, qu'il avoit envie de me faire parler.
Dans nos promenades de Caftel-Gandolfe,
de la Vigne Madame de fon Couvent de
Dominicains , & par tout où je me fuis rencontré avec lui ; il n'a jamais manqué de
m'honnorer de quelque converfation particuliere, & d'accompagner fes diverfes quef-
tions de quelques petites douceurs. Pour
lui donner le change , il a été à propos de
faire femblant de donner aufli dans le panneau ; mais je vous affure, que s'il a chargé fes tablettes de ce que je lui ai dit, il s'eft
pourvû d'aflez mauvais Mémoires. A un
homme qui connoît & la Cour & le Gouvernement , il falloit des réponfes qui ne
péchaffent pas contre la probabilité. Mais
il n'a pas été néceffaire d'avoir tant de cir-
confpection avec un certain Abbé qui eft
ici à la fuite du Marquis de Lavardin [a], &
qui m'eft venu voir quelquefois, parce que
nous avons été camarades d'Ecole. Je fuis

[a] Ambaffadeur de France.

perfuadé, que fi vous nous aviez entendus de quelque coin, nos converfations vous auroient diverti. Le trouvant curieux, j'ai contenté fa curiofité ; mais ce que j'ai trouvé de meilleur en cela, c'eft qu'il ne m'avoit pas fi-tôt quitté, qu'il couroit en pofte raconter à fon Ambaffadeur toutes les nouvelles, ou toutes les particularités qu'il avoit apprifes. Ne feriez-vous point de ces Cafuiftes féveres, qui fuivant l'opinion du bon Docteur qu'on appelle S. Auguftin, croyent qu'il ne faut jamais ufer d'aucune forte de diffimulation en paroles, *dût périr pour jamais l'Univers entier.* Je vous connois pour être fi fage, que j'ai quafi peur que vous ne le foyez trop, & que je n'aye rifqué à perdre quelque chofe de la bonne opinion qu'il me femble que vous avez de moi, en vous parlant des peu fidéles inftructions que j'ai données à mon Abbé. Mais non ; être trop fage à ce point-là, ce feroit tomber dans une folie dont un vrai bon efprit eft néceffairement incapable. Je reviens à Mr. le C. car il faut que je vous dife encore que je ne fuis plus guéres de fes amis. Je vous ai déja dit, que depuis que l'Etendard de la Foi Catholique eft arboré en votre Païs, ce dévot Prélat met ici la main à l'œuvre felon fon pouvoir. Entre autres chofes, il parle de Religion aux Voyageurs Anglois, & fur - tout aux plus qualifiés; il les preffe d'aller voir le Pape, qui, dit-il, eft un bon & honnête homme, & non pas une *vilaine beftia cornuta,* comme on le fait accroire en Angleterre aux petits

enfans. Sur-tout depuis le fuccès qu'il a eu
en faifant changer de Religion la perfonne
que vous connoiffez, (*a*) fon zele eft terri-
blement embrafé ; & pour parler plus franchement, il eft devenu importun. Il s'eft
donc mis en tête depuis quelques jours,
de vouloir que le jeune Seigneur que j'ai
l'honneur de conduire, aille vifiter le Pape. Il fait les mêmes inftances à Monfieur
le Comte d'Effex, à Monfieur le Comte
d'Orery, & à quelques autres perfonnes
de qualité qui font ici. Je laiffe pour le préfent la queftion de fçavoir, fi un homme
d'honneur qui n'eft pas de la Religion Romaine, doit s'aller profterner aux pieds du
Pape, comme il le faut faire de néceffité,
& lui rendre des hommages qui ne font
point des hommages de civilité ou de ref-
pects humains, mais des hommages de Religion fondés fur des paffages de l'Ecriture,
& rendus non au Pape Prince, mais au Pape
Dieu, comme parlent plufieurs Docteurs de
cette Communion : je mets cela à part. Mais
à ne regarder que la préfente conjoncture
des chofes, feroit-il de la prudence à des
gens tels que *nous*, de s'en aller faire des
baffeffes ridicules, à contre-tems plus que
jamais, & dont on pourroit tirer des con-
féquences ? Nous avons donc déclaré que
nous n'avions que faire au Pape ; & voilà
ce qui m'a broüillé, moi en mon particulier avec Mr. le C. qui m'accufe d'être la
caufe du refus qu'a fait Mylord. M. le Comte d'Effex, Mr. le Comte d'Orery & les

(*a*) Le Comte de Salisk.

autres, ont fait le même refus, ce qui affurément n'a point été agréable à fon Em.
Mais cela n'empêche point que ces Seigneurs ne reçoivent affez fouvent de fes
préfens & tous les témoignages ordinaires
de fa civilité. On le va voir auffi, comme
on faifoit auparavant, on l'accompagne
toutes les fois qu'il fort avec cortége ; & fi
quelque chagrin a paru de fa part comme
un éclair, il a auffi difparu de même.

Je paffe aux autres articles de votre Lettre, afin de fatisfaire, s'il eft poffible, à tout
ce que vous defirez de moi. J'avois déja vû
le beau Vafe [a] antique d'agathe dont vous
parlez, qui eft dans la Bibliothéque Bar-
berine ; mais j'y retournai hier pour l'exami-
net de plus près, & pour vous en donner des
nouvelles certaines, M. Bartoli qui l'a def-
finé fort exactement, m'a donné une copie
de fon deffein que je vous envoye. Affurez-
vous que cela eft très-fidele : j'ai confronté
foigneufement la copie avec l'original, & je
n'y ai trouvé rien du tout à redire ; de forte que l'examen que vous ferez de cette piece décidera votre controverfe, fans qu'il
faille que j'entre dans le détail qui feroit
néceffaire, pour éclaircir vos difficultés. Il
y a une chofe importante & très-finguliere
qu'il faut vous dire, le deffein n'étant pas capable de l'exprimer. C'eft que toutes les figures que vous voyez & qui font de bas-reliefs, font d'un blanc parfait, au lieu que tout

______

[a] On croit que les bas-reliefs de ce Vafe re préfentent les prétenduës Amours de Jupiter avec Olympie mere d'Alexan-dre.

le fond & la masse du Vase en général, est
d'un noir de jayet. On prétend que ce Vase
(qui est d'environ dix pouces de haut & de
six de diametre dans sa partie la plus ven-
truë) s'est rencontré formé par la Nature
à-peu-près comme il est, avec une incrus-
tation blanche, que j'appellerai plûtôt une
superficie épaisse, (cette partie blanche
étant de la même dureté que le reste.) De
telle maniere que cette épaisseur travaillée
comme vous la voyez en figures de relief,
& les espaces de la même matiere qui les
divisent, ayant été enlevés, on a découvert par tout un fond noir, qui fait naturellement le champ des ornemens, c'est-à-dire, des figures blanches. Les petits Ca-
mayeux sont tous travaillés ainsi; mais qu'u-
ne piece aussi grande que l'est celle - ci, se
soit rencontrée faite en Vase par la Nature,
avec une robe blanche qui n'attendoit que
l'enrichissement du ciseau du Sculpteur ;
cela est si singulier, que si je ne puis le nier,
je ne me trouve pas disposé non plus à en
être bien persuadé. Quoique mes yeux
n'ayent pû découvrir de fraude, ni dans le
blanc, ni dans le noir, il ne s'ensuit pas que
l'Art n'ait aidé la Nature en quelques endroits. Ce qui est très-certain, c'est qu'on
assure le contraire ici.

Je ne m'étonne pas que vous veüilliez
joindre l'Epitaphe du Tasse à celles que je
vous ai envoyées de plusieurs autres Poëtes fameux. J'ai fait exprès le voyage de
Saint Onufre, pour vous satisfaire : j'appelle cela un voyage; car outre l'éloigne-

Tom. 3. Pag. 36.

Tom. 3. Pag. 36.

Tom. 3. Pag. 36.
Fond exterieur du Vase.

ment du quartier où je loge , il y a une montée à faire qui est assez difficile.

Torquati Taſſi Poetæ , heu , quantum in hoc uno nomine celebritatis ac laudum ! Oſſa huc tranſtulit , hîc condidit Bonif. Card. Bevilaqua , ne qui volitat vivus per ora virum , ejus reliqua parum ſplendido loco colerentur , quærerentur ? admonuit virtutis amor , admonuit adverſus Patriæ alumnum , adverſus Parentum amicum pietas. Vixit annos LI. Nat. magno florentiſſ. ſec. bono anno M. D. XLIV. Vivet haud fallimur æternum , in hominum memoria , admiratione , cultu.

Le portrait du Poëte en huile , qui eſt audeſſus du Tombeau , de l'autre côté de la porte , eſt celui d'un *Albertus Magnus* qui d'abord m'a ſurpris , ſçachant que le fameux [a] Albert le Grand étoit mort à Cologne. Celui-ci étoit un Soudiacre de Rome qui mourut il y a quatre-vingt ans. §. *Les noms d'Alberto & de Magno , ſont aſſez communs en Italie.*

Petrarque étant , ſi je ne me trompe , le plus illuſtre de tous les Poëtes Italiens , je vous donnerai ſon Epitaphe , toute mince qu'elle eſt , pendant qu'il m'en ſouvient , afin que vous la puiſſiez mettre , ſi vous ne l'avez pas déja , dans le recüeil que je vois que vous voulez faire. On la voit à Arqua auprès de Padouë , où Petrarque paſſa les cinq dernieres années de ſa vie.

Arqua

[a] Il étoit de La- | mourut à Cologne l'an vinghen en Suabe , & | 1280.

Frigida Francifci lapis hic tegit offa Petrarchæ,
Sufcipe, Virgo Parens animam, State
Virgine, parce,
Feffaque jam Terris, Cœli requiefcat in Arce.
Moritur anno Domini 1374. 18. Julii.

Je ne crois pas qu'il y ait jamais eu rien de fi fterile pour un fujet fi riche. §. *Il y a apparence que Miffon n'y a pas été non plus qu'au Tombeau de l'Ariofte, ou que fa mémoire l'a trompé. Au refte, le portrait du Taffe eft enclavé dans le mur, tout au bas de l'Eglife de S. Onufre. On voit dans la Chapelle qui eft à côté, un Tombeau moins fimple que celui du Taffe. Il eft d'Alex. Guido Gentilhomme de Pavie, qui voulut qu'on le tranfportât de Frefcati où il mourut en 1712. à S. Onufre, & qu'on l'enterrât auprès du Taffe. Ce Guido a traduit en vers Italiens les belles Homélies de Clement XI.*

Le Monaftere de S. Onufre n'a rien de fort beau, mais c'eft une charmante retraite à mon gré. La vûe en eft très-belle & les promenades tout-à-fait agréables : ce font des Hyeronimites. Le petit Cloître eft orné de diverfes peintures, entre lefquelles on voit l'hiftoire de S. Onufre, dont la figure eft d'un Sauvage affreux. J'avouë que je ne connois point ce perfonnage, mais j'ai appris par une Infcription qui eft là, qu'il étoit fils d'un Roi de Perfe, & qu'il a vécu foixante ans dans la folitude des Déferts de l'Egypte, fans être cônnu de perfonne. (*S. Honufrii Regis Perfarum filii, qui*

annos sexaginta occultus Mundo , solus in vas-
ta Ægypti solitudine latuit ,) Vita , Mors ,
Miracula pićturis hisce expressa. (1600.)

Puisque nous nous retrouvons sur l'article des Eglises , & qu'il me reste encore un
peu de papier , j'ajoûterai quelques observations que je tirerai de mes tablettes comme elles s'y rencontreront.

Vers les restes du Pont Triumphal , il
y a un Hôpital joint à une ancienne Eglise renouvellée , qu'on appelle du S. Esprit en Saxe. Albert Baffan rapporte que le
Pape Innocent III. ayant reçû ordre par une
voix céleste d'aller pêcher dans le Tibre ,
il y fit jetter le filet , en tira plus de quatre cens enfans nouveaux nés ; qu'ensuite
le même Oracle lüi fit entendre qu'il falloit bâtir une maison [a] où les filles de mauvaise vie puffent porter leurs enfans & les
y mettre par quelque machine , sans être
connues ; que tout cela fut exécuté , & que
l'Eglise fut dite du S. Esprit,à cause de la révélation. On a ajoûté en *Saxe,* parce qu'autrefois les Saxons réfugiés à Rome pendant
les guerres de Charlemagne , avoient bâti
dans le même lieu une Chapelle que l'on
appelloit Ste. Marie de Saxe. §. *Les Reli-*
gieux portent une croix blanche sur leur souta-
ne. Ils servent les malades , & ils ne peuvent
tester. Cet Hôpital est un des plus beaux de
Rome. Il y a quarante Nourrices qui demeu-
rent dans la Maison ; chaque fille qui y a été
élevée a cinquante écus Romains de dot. Le

[a] L'Hôpital est pré- | Pauvres & des malades de
sentement à l'usage des | tout âge.

Chef de cet Ordre s'appelle Precettore. *Il loge dans un fort beau* Palais, *qui est proche, où l'on voit la* Bibliotheca Lancisiana.

Les deux Eglises qui font cimetrie, & que l'on voit en face, en entrant à Rome, par la porte du Peuple , font appellées Sœurs , à caufe qu'elles fe reffemblent. Elles font toutes deux dédiées à la Vierge , & en ont chacune une Image des plus miraculeufes. L'une eft confacrée à Nôtre-Dame de la Sainte Montagne, ou du Mont Carmel ; & l'autre à Ste. Marie des Miracles. §. *Elle eft deffervie par des Picpus François.* Je fuis affuré qu'il y a dans Rome [a] 60. Eglifes pour le moins dédiées à autant de Nôtre-Dames différentes ; & fi l'on parcouroit tous les Païs *Catholiques*, on en rencontreroit fans doute plufieurs milliers.

§. *Sta. Maria in Cofmedin eft une Eglife très ancienne. On voit dans la Sacriftie une Sainte Famille en Mofaïque. Quoique riche , l'ouvrage eft peu délicat. Une Infcription qu'on y lit apprend qu'il fut fait en 705. & qu'il appartenoit à Jean VII. On trouve à l'entrée de cette Eglife, dans une efpece de parvis , quelques Infcriptions anciennes , & un marbre de figure ronde qui a environ trois pieds de diametre ; on l'appelle la Bocca di Verita, & l'on prétend que le trou qui eft au milieu fervoit à rendre les Oracles. D'autres difent qu'on y recevoit les fermens ; & d'autres enfin conviennent qu'on ignore à quel ufage ce mufla pouvoit fervir.*

[a] J'en connois plus de cinquante.

Ce qu'il y a encore de singulier, c'eſt que tel dont la dévotion eſt ardente pour *Ste. Marie de l'Echelle* [a], par exemple, ne daigneroit pas brûler un bout de bougie pour *Ste. Marie Grotte-Peinte,* ni pour quantité d'autres. Je parlois de cela il y a quelques jours à un Frere Cordelier qui nous apporte quelquefois ſon biſſac. Le bon Religieux me répondit qu'on invoquoit le Pere, le Fils, & le S. Eſprit, ſous des idées différentes, ſans que cela préjudiciât à l'Unité & à la ſimplicité de Dieu : qu'ainſi les diverſes Madones pouvoient être invoquées ſous divers Noms, & comme ayant des fonctions différentes, quoi qu'au fond, tous ces milliers de Madones ſe réduiſiſſent à l'Unique Mere de Dieu. Il me dit cela d'un ton ſi magiſtral, & d'un air ſi content de la juſteſſe & de ſa comparaiſon, que je ne crûs pas devoir entreprendre de conteſter avec lui. Je lui dis ſeulement que les trois Perſonnes de la Trinité guériſſoient des mêmes maladies, au lieu que les Nôtre-Dames avoient chacune leurs talens particuliers. Mais il nia la premiere partie de ma réponſe, & dit que puiſque les Docteurs Chrétiens de toutes les Religions, demandoient conſtamment des choſes différentes, à chacune des trois Perſonnes de la Trinité, il falloit bien qu'ils ne fuſſent pas de mon ſentiment. Il alloit même bien-tôt s'échauffer, & entreprendre de me prouver

[a] Santa Maria de la Scalla. Santa Maria Grot-ta pinta. Ce ſont des Ma-dones & des Egliſes de Rome.

que j'avois une Religion à part; fi pour l'ap-
paifer, je n'avois promptement mis quelque chofe dans fon biffac. Entre nous, il
eft certain qu'à beaucoup d'égards, la Rome Papifte, & la Rome Payenne, font d'un
caractére extrémement femblable. Les groffes & menuës Divinités de l'ancienne Rome, n'ont fait que changer de nom dans la
nouvelle. La multitude des Saints & des
Reliques, dont les différentes fonctions ou
vertus, leur attirent auffi différens adora-
teurs, ont juftement pris la place de tout ce
Polytheïfme du tems paffé. Les faux miracles, & les vrayes puerilités de l'une & de
l'autre, viennent d'une même fource de
dépravation d'efprit : & il eft affez évident
que la perche fructifiante de S. Chriftophe,
a tiré fon fuc de la même terre qui en a four-
ni à la Lance Verdoyante de Romulus.

Dans l'Eglife de S. Jean Calibita, (a) il y a
une Nôtre-Dame de la Lampe qui, à ce que
l'on dit, eft une des meilleures Images de
Rome : & ce que je vous en vais dire en eft
une preuve affez convaincante. Il y a cent &
tant d'années que le Tibre s'étant extraordinairement débordé, les eaux en monte-
rent jufqu'au deffus d'une lampe qui pen-
doit devant l'image de la Madone; mais fi elles enveloperent la lampe, elles ne l'éteigni-
rent point. Joignant l'Eglife, il y a un Hôpital qui eft gouverné par de bons Religieux
Siciliens, que l'on appelle *Fate-ben-Fratel-*
-li, Faites-bien-Freres. On les connoît auffi
fous le nom de *Freres du bon Jean de Dieu.*

(a) Dans l'Ifle.

Je ne sçai si vous sçavez qu'il y a ici un
certain [a] S. Antoine, qui est le Protecteur
des chevaux & des mulets. Le jour de la
fête du Saint, on méne tout ce qu'il y a de
ces animaux dans la Ville à l'Eglise, avec
leurs selles & autres harnois ; on les y bénit,
& on les arrose, avec le sacré goupillon,
moyennant tant pour chaque bête. S'ils bé-
nissent, ils sçavent aussi maudire : Ils adju-
rent, exorcisent, livrent au Diable les hannetons, chenilles, souris, sauterelles, &c.
§. *Voici le fait. Quand on perd un cheval
par une maladie contagieuse, on porte un écu
à cette Eglise pour faire prier le Saint, que
les autres chevaux ne la gagnent point.*

A Ste. Agnès hors de Rome, cette ancienne Eglise dont je vous parlois l'autre
jour ; on fait aussi tous les ans la cérémonie
de bénir deux Agneaux blancs. La laine de
ces Agneaux sert à faire un certain tissu
(qui à ce que l'on m'a dit, est en forme
d'étoile & parsemé de croix) que l'on at-
tache en certaines solennités aux habillemens Sacerdotaux du Pape. Le Pape en envoye aussi aux Prélats, pour les faire souvenir que le bon Pasteur doit quelquefois
porter ses brebis sur ses épaules.[b]§. *S. Louis
des François est une Communauté ou Seminaire pour vingt-quatre Prêtres François, Lorrains ou Savoyards. L'Eglise est la plus belle
que les François ayent à Rome. On y voit les
Tombeaux des Cardinaux d'Alquié, d'Ossat,
de la Tremoille & d'Angennes de Rambouil-*

[a] S. Antoine à Ste.
Marie Majeure.

[b] C'est le *Pallium.*

let. *La Maison reçoit les Pelerins pendant quelques jours. On y marie tous les ans quarante pauvres Filles Françoises, Lorraines, Savoyardes & Francomtoises. Leur dot est de trente-huit écus Romains. Celles qui préferent le Couvent au Mariage ont le double. Mrs. de S. Louis desservent encore l'Eglise de S. Sauveur, Nelle Terme qui n'est qu'à deux pas de la leur. On prétend que c'est en cet endroit qu'arriva l'Histoire de la Charité Romaine. Une Bulle qui est à la porte, dit formellement que celle qui sécourut son pere, de la maniere que tout le monde le sçait, étoit Femme, & non pas Fille. Cela rend le fait un peu plus vraisemblable. Il reste cependant une difficulté. Comment des bains pouvoient-ils se trouver dans une prison, ou une prison dans des bains?*

S. Marc est une Eglise Canonicale, où les Venitiens & les Cardinaux de cette Nation qui demeurent à Rome se font d'ordinaire enterrer. M. le Cardinal Quirini y a fait faire de grandes réparations. L'Autel & la Confession de S. Marc Pape, meritent bien d'être remarqués. La Mosaïque qui est au-dessus, représente entre autres douze Agneaux, & l'Agneau Pascal au milieu. Cette Eglise passe pour être fort riche. Le Palais de l'Ambassadeur de Venise est attenant.

La Madone de la Victoire est une très-jolie Eglise.

On voit à la Minerve les Tombeaux d'Urbain VII. de Benoist XIII. qui y est représenté à genoux, du Cardinal Pimentel, & de plusieurs autres.

Rome est un monde dont il est bien mal-

aifé de fortir. Cependant il faut s'y réfou-
dre. Demain nous partons de fort grand
matin, & j'ai encore quelques petites dé-
pêches à faire. Je finis donc, & je fuis,

Monfieur,

Vôtre, &c.

A Rome ce 4. May 1688.

Juftement comme je cachetois ma Lettre, le Pere A. m'a envoyé deux grandés
infcriptions, pour être ajoûtées à celles
qu'il m'avoit déja données. Mais ces pa-
piers font d'une grandeur & d'une épaiffeur
à ne pouvoir entrer dans mon paquet: &
d'ailleurs le tems ne me permet pas de les
copier. Le titre de l'une de ces Infcriptions
porte que, *Jacobus Dux Eboracenfis, ne ini-
quis Religionis legibus fubfcriberet, ultro fe ho-
norum titulis abdicat.* L'autre titre eft ainfi,
*Jacobo fecundo Angliæ Regi, Quod ipfo vitæ
exemplo præeunte, & impellente confiliis Carolus Frater & Rex mortem obierit ad modum
piam.* N'ayant lû tout cela qu'avec précipi-
tation, je ne vous en dirai guéres de nouvelles; je vous marquerài feulement quelques endroits du dernier de ces Eloges, qui
me paroiffent un peu finguliers, ou difficiles à entendre. Vous les débroüillerez vous-
mêmes à loifir. *Regnaturus à tergo Frater,
Alas Carolo addidit.* Je vois bien qu'il s'a-
git en général des inftructions falutaires par
le moyen defquelles le Roi a ouvert le chemin du Ciel à fon Frere mourant. Mais il
me femble que l'expreffion d'*addere Alas*
emporte plus que cela; fur-tout, étant pré-

cédée de ce *Frater Regnaturus à tergo. Dare alas*, ou quelque chofe de femblable, feroit fournir la voiture ; mais *addere alas*, c'eft pouffer, hâter, & faire aller plûtôt, ou plus vîte qu'on ne feroit allé. Je trouve que le *Fratrem mifit*, qui vient incontinent après, eft trop fort encore. JAQUES , dit l'Auteur, voulant faire fçavoir aux * Dieux qu'il alloit regner, afin de leur envoyer un Ambaffadeur qui fût digne d'eux & de lui, *Fratrem mifit*, il leur envoya fon Frère. Je fuis fort trompé fi *mittere* en Latin, comme *envoyer* en François, ne fignifie *donner ordre, & faire en forte que la perfonne que l'on envoye, aille dans le lieu qui lui eft marqué.* Il feroit inutile de répondre que Charles ne feroit pas allé au Ciel, fi JAQUES ne lui en eût montré le chemin ; car remettre un Voïageur égaré dans le bon chemin, lui procurer même des commodités, fans lefquelles il ne pourroit jamais arriver dans le lieu où il veut aller : ce n'eft pas l'envoyer ; & je ne crois pas qu'on ait jamais parlé ainfi. Si quelqu'un difoit que le Pape Clement II. fut envoyé en Paradis par fon fucceffeur Damafe qui l'empoifonna : Ou fans s'éloigner tant, que le Roi y a autrefois envoyé Mylord Ruffel avec quelques autres ; à la bonne heure ; quoique cela fut dit comme en raillant, ce feroit pourtant parler affez jufte ; car il y avoit ordre : il falloit partir ; & on ne laiffoit pas au pouvoir des gens qu'on envoyoit, de s'en aller, ou de ne pas s'en aller.

* Superis.

Je n'entens pas non plus comment le Roi JAQUES pouvoit envoyer le Roi CHARLES en Ambaſſade; car il n'y avoit pas alors deux Rois vivans enſemble en Angleterre : *Ut Cœlo dignum, & dignum Se Rege Legatum eligeret, Fratrem miſit.* Si le Roi n'avoit alors que la qualité de Duc, il étoit ſujet de ſon Frere, qui vivoit toûjours; & il n'appartenoit pas au Duc ſujet, d'envoyer aucuns Ambaſſadeurs : moins encore un Ambaſſadeur Roi, & un Roi ſon Frere aîné, & ſon Souverain : Tout cela eſt abſurde. Et il n'eſt pas moins déraiſonnable de dire, que [a] *Charles porta la premiere nouvelle au Ciel, du Régne de ſon Frere.* Car il me ſemble que dans un langage Chrétien, comme doit être celui de cette Inſcription, Dieu n'eſt point informé des premieres nouvelles de ce qui ſe fait en Terre, par des Meſſagers que les hommes lui envoyent.

Il y a encore une autre choſe dont on pourroit peut-être s'étonner. C'eſt que le Roi Charles qui avoit ſi long-tems vécu en Hérétique ou en prévaricateur, ait paſſé tout droit de la Terre au Ciel, ſans avoir beſoin d'être un peu purifié par les flâmes du Purgatoire : mais un paſſeport du Pape, ou une Meſſe dite ſur quelque Autel privilé-

---

[a] *Nancli ex Anglia Proceres retulerint Regibus aliis Jacobum regnantem Cælo primus omnium retulit Carolus ? Nec immeritò ; Reges alii ; Legatos ſuſcipiunt, mittuntque Principes ; Legatos Reges Deum excipere decuit, Jacobum mittere.*

gié, feroit la réponfe à cette objection; de
forte que je n'y infifterai pas. Voilà une
critique qui eft je vous affure un véritable
impromptu: c'eft pourquoi fi je me trompe,
ma faute en eft plus pardonnable. Ce que
je trouve de plus plaifant dans mon com-
mentaire, c'eft que je m'apperçois qu'il n'eft
guéres moins long, que le Difcours dont je
n'ai pas crû avoir le tems de faire la copie.
Adieu.

Vôtre délicateffe pourra trouver d'autres
chofes à cenfurer, dans les piéces que je
vous envoye ; mais vous demeurerez d'accord qu'il y a auffi de très-beaux endroits :
& en général vous prendrez la chofe par la
bonne anfe, qui eft le mérite du Roi, & le
zéle de fes ferviteurs.

Je n'oublierai pas de vous dire que les
Dominicains Anglois, & les autres Religieux de la même Nation, n'ont pas été
muets au milieu des acclamations publiques. Nous avons vû chèz eux des Tro-
phées, où l'Heréfie paroît foulée aux pieds
par le Roi & par l'Angleterre, &c. Quand
l'affaire fera tout-à-fait finie, quelque autre
Pape en fera fans doute peindre l'hiftoire
entre les Mémoriaux, dont je vous ai parlé, d'une des fales du Vatican.

LETTRE XXX.

MONSIEUR,

Entre Rome & Viterbe, nous n'avons trouvé que fort peu de chofes qui méritent d'être remarquées. Il y a [*a*] quelques beaux endroits de la *via Emilia ;* je les ai mefurés, & je les ai trouvés de la même largeur que les autres chemins Confulaires. L'ancien lac *Cyminus* appellé aujourd'hui lac de Vico, eft au pied de la montagne du même nom, à fept ou huit mille de Viterbe. La montagne eft fort haute, mais on la monte par un chemin aifé. Elle eft prefque toute couverte de ficomores & de châtaigniers ; & nous y avons trouvé auffi quantité de primevéres, de narciffes, d'hyacinthes, & d'autres fleurs de cette faifon. Du haut de la montagne on découvre la Mer.

Viterbe eft une Ville de médiocre grandeur, prefque toute bâtie de pierre, & ceinte d'un mur. Outre les clochers des Eglifes, on aperçoit de loin huit ou dix hautes tours quarrées dont l'effet eft affez bizarre. C'étoient des torts & des retraites, que les plus riches bâtiffoient joignant leurs maifons, pendant les ravages que les factions des Guelfes & des Gibelins faifoient en Italie. §. *Les Papes Jean XXI. Alexandre IV.*

[*a*] Vers le Bois de Bacano.

Tome III.　　　　　C

Adrien V. & Clement IV. font inhumés au Dôme de Viterbe.

Vous verrez le rétabliffement de l'ancien nom Tofcan de Viterbe dans l'infcription que voici, & que j'ai copiée à l'Hôtel de Ville. *Defiderius ultimus infubrium Rex, longulam, Vetuloniam, atque Volturnam mœnibus cingit, & Etrurie priore nomine inducto, Vitereium mulctâ capitis indictâ appellari jubet. Sal. An.* DCC. IXXIII.

Une autre infcription qui fe voit dans le même lieu, fait foi de la donation que la Comteffe Mathilde fit de fes Etats au Pape. *Æternæ memoriæ inclitæ Mathildis, quæ ob præftabile Religionis ftudium ac pietatem Sedi Pontificiæ fuum hoc Patrimonium divi Patri in Thufcia dein nuncupatum elargitur; & in veterem Urbis ejus fplendorem intuens Pafchalis II. Bleden Pontifex maximus, ejus Metropolim ut ante Viterbium conftituit. An. S.* 1113. [a] Il feroit difficile d'en produire autant pour la [b] Donation du premier Pa-

---

[a] Schraderus dit qu'il a vû à Viterbe une ancienne infcription qui mérite bien d'être ici rapportée. *Marcum Tullium Ciceronem ob egregias ejus virtutes, fingularefque animi dotes, per totum Orbem noftris armis virtuteque perdomitum, falvum & incolumen effe jubemus.*

[b] Barth. Pierne, & Aug. Steuchus l'ont donnée en Latin, comme traduite du prétendu Original Grec, qui eft au Vatican. Et elle a été inférée dans le Decret de Gratien : [Diftinct.] Mais elle ne fe trouve point dans les anciens Decrets, comme le fait voir S. Antonin, Archevêque de Florence. N. Everard, L. Valle, Raph. de Volterre, A. Alciat, J. Aventin, F. Vafquius, le Cardinal Cufa, & même le Pape Pie II. ont folidement refuté cet-

trimoine par Conſtantin. Je me ſouviens
d'avoir lû quelque part, qu'un [a] Ambaſſadeur de Veniſe étant à Rome, ſe mocqua
un jour aſſez plaiſamment de cette prétenduë donation. [b] Le Pape lui demandoit
en raillant, en quel endroit des Annales
de Veniſe ſe trouvoit le titre de poſſeſſion
du Golfe Adriatique ? ſi vôtre Sainteté, répondit l'Ambaſſadeur, prend la peine de regarder le contrat de donation fait au S. Siége par Conſtantin le grand, Elle y trouvera notre titre endoſſé.

Encore que dans l'inſcription de Didier,
il ne ſoit parlé que de trois Villes unies en
celle de Viterbe. J'ai remarqué qu'en quelques autres endroits, cette Ville eſt appellée *Tretrapolis*, & ſes habitans, *quaterni po-*
puli. Le diſtique que voici ſe lit au haut de
l'eſcalier de la Maiſon de Ville, & vous y
verrez les noms des quatre Villes.

Hanc Fanum, Arbanum, Vetuloni, Longulæ
*   quondam*
*   Oppida dant urbem : prima elementa.*
*   F. A. V. L.*

Ils-prétendent que l'ancienne Viterbe
Hetruſque fut bâtie par Iſis & Oſiris, & ils
produiſent quelques inſcriptions Gréques &
Latines, qui font, diſent-ils, mention de
cette antiquité de leur Ville. Mais ayant été
averti à Rome, que ces inſcriptions étoient

<hr>

ſe Fable. Voyez auſſi le *dans* ſon Traité *de Metro-*
Figmentum Donationis | *politanis Urbibus.*
Conſtantini, par le Je- | [a] Jerôme Donat.
ſuite *P. Joſ. Cantelius*, | [b] Alex. VI.

suppofées, & qu'elles font, comme on croit, de la façon du Dominicain Jean Annius, que nous appellons communément en François Anne de Viterbe, qui faifoit métier de ces fortes de (*a*) filouteries ; je ne me fuis pas amufé à les copier ; outre qu'elles font fort longues, & d'un caractere menu & difficile.

On a peint dans une des fales de cette Maifon, un événement affez extraordinaire. Ce font de volées des fauterelles en nombre innombrable : des nuages épais de ces infectes, qui font éclipfer le Soleil, (*b*) qui couvrent la terre, qui rongent, & qui détruifent tout aux environs de Viterbe. On voit tout le monde en campagne, qui tâche par plufieurs moyens, de fe délivrer de ce fleau d'Egypte. La Croix même & la banniere font portées en proceffion avec l'eau benite, pour conjurer & pour maudire ces méchantes.

Je me fouviens que Mezeray rapporte une chofe femblable (*c*). *L'an* 873, dit-il,

(*a*) *Joannes Annius dum gloriam quandam aucupari conatur, cudit novum Metafthenem,* [pro Megaftenem] *Berofum, Manethonem & Philonem, quos commentariis auctos in publicum emifit, & pretiofis hifce veterum Autorum titulis, toti Mundo ferè impofuit.* ... *Megafteni hiftorias attribuit, de quibus nunquam cogitavit.* Calvif. Ifaq. Chron. c. 21.

(*b*) L'an 1576.

(*c*) Orofe rapporte un femblable fait arrivé en Afrique : l'an du monde 3825. Il ajoûte qu'il y eut enfuite une pefte fi terrible, que dans la feule Numidie, il mourut huit cens mille hommes, & trente mille Soldats Romains. Zonare, Surius, Baronius, & tous les Chroniqueurs, ont raporté plufieurs pareils événemens,

vers le mois d'Aouſt, une quantité effroyable de locuſtes volantes, firent un dégat incroyable en France. Elles étoient de la groſſeur du pouce, & avoient leurs dents plus dures que des cailloux. En un inſtant elles avoient brouté toute la verdure d'un païs, juſqu'à l'écorce des arbres. Un vent fort les jetta dans la Mer Britannique, où elles furent noyées; mais le flot les ayant rapportées par gros monceaux ſur le rivage, il s'en fit une corruption ſi grande, qu'elle engendra la peſte dans les Provinces voiſines.

Si vous liſez la vie de Charles le Chauve, vous trouverez cette hiſtoire mieux expliquée.

Comme nous arrivions à Montefiaſcone, MONTE-
qui eſt une petite ville ſur un côteau à huit FIASCO-
milles de Viterbe, les enfans ſont venus au NO.
devant de nous, nous demander ſi nous voulions voir l'*Eſt, Eſt, Eſt.* L'hiſtoire ne vous fera peut-être pas nouvelle, mais je ne laiſſerai pas de vous la faire à tout hazard. Un Gentilhomme Allemand qui voyageoit en Italie, ou peut-être un Abbé ou un Evêque, comme vous le remarquerez tout-à-l'heure, donnoit ordre, dit la tradition, à un Valet qu'il envoyoit toujours devant lui, de goûter le vin dans tous les cabarets qui ſe trouvoient ſur la route, & de marquer celui qui étoit le meilleur, en écrivant le mot d'*Eſt* ſur la porte. Le *moſcatello* de Montefiaſcone s'étant trouvé fort au goût du valet, il en fit l'éloge en triplant l'*Eſt:* Et le maître en bût tant, qu'il en tomba malade dans le lieu même, &

qu'il en mourut. Nous avons donc été voir
ſa tombe plate, dans l'Egliſe de S. Flavien,
à deux cens pas de la Ville. Le défunt y eſt
repreſenté ayant la mitre en tête, & de
chaque côté deux (*a*) écuſſons de ſes armes,
& deux verres à boire. A ſes pieds eſt écrit
en lettres uſées & demi-Gothiques ; *Eſt,*
Eſt, Eſt, prop. nimium Eſt, (b) Jo. de Fuc.
D. meus mortuus eſt. C'eſt comme vous
voyez, l'épitaphe que lui fit ſon valet. J'ai
vû cette inſcription rapportée en trois ou
quatre endroits, & je n'ai pas trouvé qu'aucun la donne préciſément comme elle eſt.

En allant de Monteſiaſcone à Bolſene,
on ſuit toûjours à quelque diſtance, le lac
qui en porte le nom. Ce lac eſt à-peu-près,
de figure ovale, & a, dit-on, quarante milles de circuit. Les deux Iſles s'appellent
Martana, & Preſſentina : & ce fut dans la
premiere, que la pauvre Amalazonte, fille
de Théodoric, Roi des Gots, fut relegué
& (*c*) étranglée par les ordres de l'ingrat
Théodat, qui étoit ſon Couſin, & qu'elle
avoit aſſocié au Gouvernement.

BOLSE-   Bolſene n'eſt qu'une miſerable petite vil-
NE. le, dont l'Evêché a été transferé à Orvieto.
Derriere, ſur la hauteur, on voit les ruines
de l'ancien (*d*) *Volſimium*, qui au rapport
de Pline, fut réduit en cendre par un coup
de foudre.

(*a*) Parti, au premier
de - - au Lion de ·-·-·
Au ſecond de ·-·-·-·-·
aux deux faces de -·-·-·-·
L'Ecuſſon n'eſt pas bla-
ſonné.
  (*b*) La tradition explique Io. de Fuc par *Joan-*
nes de Fucris.
  Son nom eſt une des
meilleures familles d'Auſ-
bourg.
  (*c*) Ou poignardée.
  (*d*) ou *Vulſinium.*

On ne peut pas voir un plus mauvais païs que la route de Bolſene à Aquapendente. Cette derniere Ville toute pauvre & toute deſerte qu'elle eſt, joüit du titre d'Evêché, depuis la démolition de Caſtro. AQUA-PENDENTE.

Les Terres du Pape finiſſent au petit village de Centino, au pied de la montagne de Radicofani. Le bourg & la (a) Citadelle qui portent ce nom, ſont la moitié du tems enveloppés des nuës, au ſommet de cette haute montagne. Un orage furieux nous a obligés d'y coucher, & nous avons toute la nuit entendu le tonnerre, comme (b) grondant ſous nos pieds.

Au ſortir de Radicofani, quand on va vers Sienne, on ne voit que montagnes toutes découvertes, & preſque entierement ſtériles; mais le terroir commence à devenir meilleur vers le bourg de S. Quirico, à huit ou dix milles de là. Il eſt vrai que cela ne dure guéres; du côté de Torrinieri, c'eſt pis que jamais; & le païs eſt ainſi mêlé juſqu'aux approches de Sienne, qui eſt bâtie ſur un riche côteau.

Sienne (c), Archevêché, & troiſiéme Ville de Toſcane, en eſt auſſi une des plus agréables. Sa ſituation haute & baſſe, la rend un peu incommode, mais l'air en eſt bon, les ruës nettes, & preſque toutes pavées de brique couchées ſur le côté : les mai-

(a) Premierement bâtie par Didier, dernier Roi Lombard.

(b) Il y a ſans doute quelques creux ſouterreins qui cauſent ce retentiſſement.

(c) Cette Ville fut aſſuiettie au Grand Duc de Toſcane, l'an 1555.

C iiij

fons belles , & les eaux excellentes. On y
parle le bon Tofcan , fans l'âpreté du Florentin ; & fouvent auffi les Etrangers choi-
fiffent ce féjour , quand ils veulent apprendre la langue.

La Cathédrale , quoique bâtie à la Gothique , §. *ainfi que le Portail qui eft prefque
tout de marbre ,* eft un édifice dont la beauté
eft d'autant plus remarquable , que tout
eft (*a*) achevé. Je fais cette obfervation ,
parce que rarement trouve-t'on de grandes
Eglifes, qui foient conduites à leur derniere
fin. Celle-ci eft entiérement revêtuë de
marbre, en dehors & en dedans, & les ornemens de fon architecture font des plus
beaux en leur efpece. Le pavé eft de marbre blanc & noir, rapporté dans le Chœur
en maniere de marqueterie ou de mofaïque.
Cet ouvrage avoit été commencé par le
Duccio , & fut achevé par Dominique
Beccafumi. La partie qui eft la plus près
du Chœur , eft la mieux confervée : §. *On
la couvre depuis une trentaine d'années :* on
y voit le Sacrifice d'Abraham , & le paffage de la Mer rouge. La voûte de l'Eglife eft
azurée , & parfemée d'étoiles d'or. §. *Il y
a quelques Tombeaux de Papes dans cette
Eglife, deux defquels font du Bernin. La petite Chapelle de la Vierge eft fort riche : elle
renferme un Tableau miraculeux foutenu par
deux Anges de bronze doré en bas relief, &
fur un grand fond de Lapis. Il y a quatre
grandes ftatuës de marbre. Elles font bonnes ,*

(*a* Il n'y a qu'un petit | qui n'eft pas encore revêtu
endroit , derriere l'Eglife, | comme l'eft tout le refte.

& celle de la Madelene & de S. Jerôme sont du Bernin. La derniere est de son plus beau. On voit encore dans cette Chapelle deux bons Tableaux de Carlo Maratte.

Tout autour de la grande Nef en dedans il y a un corridor, où l'on voit toutes les têtes des Papes. Ce que j'ai rencontré d'auteurs, entre ceux même qui nient la Papesse, font mention de la statuë de cette Femme, comme étant là entre les statuës, ou têtes, des autres Papes. Baronius dit qu'elle a été ôtée & mise en poussiere. Launoy, qui a écrit en 1634. assure qu'on la voit encore. Blondel demeure d'accord du fait, quant au principal ; comme il avouë aussi l'autre statuë de Rome, dont parle Théodore de Niem qui fut érigée dans l'endroit de l'accouchement de JEANNE, & que Sixte V. fit jetter dans le Tibre ; mais il ne dit pas ce qu'est devenuë la premiere. Le P. Mabillon, qui a écrit le dernier de tous, non-seulement ne conteste pas la verité de la statuë (tête) mais il circonstancie le fait, & dit que le nom de la Papesse y fut mis. (*Appositum statuæ nômen fuit, Joannes VIII. Femina de Anglia.*) Et il ajoûte que sous le Pontificat de Clement VIII. on lui changea les traits du vilage, & qu'on en fit un Pape Zacharie dont on mit le nom à côté.

Ayant attentivement consideré toutes ces têtes de Papes, que les Auteurs que je viens de citer, nomment improprement des statuës, j'ai trouvé que pour le présent on ne pouvoit faire aucun jugement sur ce qui regarde celle de la Papesse. L'Eglise ayant été réparée depuis quelque tems ; ſoit par ignorance , ſoit par affectation , on a re-placé toutes ces (a) figures en déſordre. Launoy a vû la Papeſſe entre Leon IV. & Benoît III. qui eſt ſon véritable lieu : pre-ſentement , Leon IV. eſt entre Nicolas I. & Gregoire IV. Et Benoît III. eſt entre Serge II. & Adrien II. En un mot tout eſt renverſé. Au reſte, j'ai quelque ſoupçon , que l'on connoiſſoit plus la figure de la Pa-peſſe par ſon rang , & par ſon nom , que par (b) ſon air de Femme, puiſque de tou-tes ces têtes de Papes , il n'y en a que (c) trois avec de la barbe : Et qu'entre les au-tres , qui n'en ont point , on peut remar-quer dix ou douze viſages tout-à-fait jeu-nes. Je ne comprens pas non plus comment on a métamorphoſé Jeanne en Zacharie , car il n'y a jamais eu qu'un Pape Zacharie, que je trouve ici (quoique (d) hors de ſon rang,) & que je puis juger avoir été fait en même tems que les autres. J'aimerois mieux croire ce que dit poſitivement Baro-nius que la Papeſſe fut abſolument ôtée.

De l'Egliſe on entre de plein-pied dans le lieu ou étoit autrefois la Bibliothéque , pour y voir les belles peintures à freſque , qui repréſentent toute l'hiſtoire du Pape

(a) Le nom de chaque Pape eſt écrit ſur la tête qui le repréſente ; mais en quelques endroits l'écritu-re eſt effacée.

(b) Je ne ſçai pas ſi l'on avoit affecté de la repré-ſenter avec quelque coëffu-ſe particuliere.

(c) S. Pierre, Anaclet I. & Sixte I.

(d) Au lieu qu'il de-vroit ſucceder à Gregoire III. & être ſuivi par Eſtien-ne II. ils l'ont mis après Eſtienne III. & avant Gre-goire III.

Pie II. (*a*) Le deſſein eſt de Raphaël, & de ſa premiere maniere : mais la peinture eſt de la main de Pietro Perugin ſon maître, du Bernardin, & du Pinturicchio : il ne ſe peut rien voir de plus fini. (*b*) §. *Les d=ſſeins pourroient bien être auſſi de Perugin au jugement de quelques connoiſſeurs.* L'ame du Pape qui s'envole, ſous la forme d'un oiſeau de Paradis, & le bon homme Hermite qui la regarde, eſt un morceau fort eſtimé. §. *Au milieu de cette ſale, on voit ſur un piedeſtal les trois graces antiques aſſez belles & tout-à-fait nuës, ce qui eſt aſſez ſurprenant dans un pareil endroit. On croit qu'il manque à cette antiquité quelque choſe.*

La façade de l'Archevêché eſt ſimple, mais elle eſt revêtuë comme l'Egliſe de marbre noir & blanc.

Si vous n'avez jamais lû l'hiſtoire de Ste. Catherine de Sienne, vous ſçaurez premierement que ſelon ſa Légende, l'étimologie de ſon nom eſt dérivée de *Katha*, qui, dit-on, ſignifie tout; & de *ruine* qui *vaut autant à dire* que *trébucheure ;* l'édifice du Diable ayant *trébuché du tout* en elle: De ſorte que de *Sainte Katharuine*, on a fait par corruption Ste. Catherine. Vous qui aimez les étymologies, j'eſpere que celle-ci vous plaira.

Vous ſçaurez en ſecond lieu, que cette Vierge étant à Sienne dans ſa maiſon, J. C.

(*a*) La plûpart des viſages de ces peintures, repréſentent des perſonnes qui vivoient alors.

(*b*) Pierre Damien dit que les ames en forme d'oiſeau, ſortent tous les Dimanches de l'Averne du Purgatoire, pour chercher du rafraîchiſſement.

lui rendoit de fréquentes vifites en propre
Perfonne , & qu'après le faint & intime
commerce qu'il eut avec elle, pendant quelques années, il l'époufa dans toutes les formes , & voulut que les nôces fuffent céle-
brées avec folennité. Il fit préfent d'un an-
neau d'or à fon Epoufe, dans lequel étoit
enchaffé un diamant entre quatre perles. Il
voulut que la Vierge Marie fa Mere fût du
feftin, avec S. Pierre, S. Jean, & S. Dominique ; & il commanda au Roi David
de décendre du Ciel, pour joüer de la harpe pendant la fête. C'eft une hiftoire que
j'ai lûë à Rome , dans la defcription de
l'Eglife de *Ste. Catharine in Strada Guilia.*
J'en ai vû le tableau en divers endroits : &
on nous a montré à Sienne la chambre même de la Sainte, & la fenêtre par où J.C. (*a*)
entroit, quand il la venoit vifiter fans vouloir être vû (*b*).

Un Peintre s'étant trouvé par hazard,
dans l'Eglife de Saint Dominique, comme
Ste. Catherine y étoit un jour en extafe, il
en fit le portrait fans qu'elle s'en apperçût.
On nous a montré auffi cette Image, &
l'on nous a fort affurés qu'elle eft des plus
miraculeufes. Sur-tout elle a la vertu de
mettre les Démons en déroute, quand on
la préfente à quelque Démoniaque.

Vous fçavez fans doute que cette Sainte
a gâté toute l'affaire des Scotiftes contre les
Thomiftes, touchant l'immaculée Conception de la Vierge. Car outre les divers ar-

(*a* L'an 1367.   la Tour de cette Eglife a
(*b*) Une grande partie de été abbatuë par la foudre.

gumens qu'avoient les premiers, ils s'appuyoient encore fur une révelation de Ste. Brigite, qui décidoit à peu-près la queftion : Mais malheureufement pour eux, Ste. Catherine a eu une révélation toute contraire; elle a déclaré net, que la Vierge avoit été conçûë en péché comme les autres femmes : de forte que les Thomiftes la révérent autant, que les Scotiftes en font peu de cas.

§. *Voyez l'Eglife bâtie en l'honneur du Crucifix, qui s'inclina devant elle, & qui lui envoya les cinq playes. Ce lieu eft petit, & trop clair pour les peintures modernes qui en ornent la Voute. La Chapelle de la Sainte eft à côté. Les peintures en font bonnes ; mais elle eft obfcure. Le lieu où elle demeuroit eft au-deffous de ces Eglifes. L'on y garde les briques qui lui fervoient de chevet.*

Le Palais où s'affemble ce qui refte de Juges de l'ancienne République, eft fur cette mê-me Place ; il n'a de beau que quelques frefques dans une Salle, & un Tableau du Jugement de Salomon. La Tour de l'Horloge paroît la plus haute d'une vingtaine, qui furmontent la Ville, & & qui font de loin un coup d'œil fingulier.

Il y a une bonne citadelle à Sienne, & quinze ou vingt tours quarrées comme à Viterbe. Celle qu'on nomme la *Mangiana,* paffe pour être fort haute; mais il n'y a que les gens qui n'en ont guéres vû d'autres, qui faffent cette remarque.

La ville de Sienne porte pour armes, la fameufe Louve (*a*) allaitant les enfans ju-

(*a*) On voit par les Médailles, que l'on mettoit fouvent de pareilles Louves, dans les Villes qui

meaux : On y voit cette Louve en divers
endroits fur une colonne. Cela vient de ce
que quelques-uns ont écrit que Sienne avoit
été bâtie par les enfans de Remus. C'eft
une chimere. La grande place eft profonde
en maniere de coquille (*a*) ; on peut la remplir d'eau quand il eft néceffaire , pour
éteindre quelque embrafement. §. *Par le
moyen d'une fontaine , le plan de la Place eft
orbiculaire , mais irregulier. Elle eft affez
grande.*

Plus on avance , en allant de Sienne vers
la riviere d'Arne, plus le païs s'aplanit &
devient fertile. Du côté de Camiano, de
Granayola, de Ponte d'Era , entre Pontgi-
bon & Pife ; c'eft une feconde *Campagna fé-
lice :* tout y abonde , & la route eft extrémement agréable. (*b*) Poggi-bonzi n'eft en
réputation que pour fon tabac.

La faifon où nous fommes, répand la
joye fur toute la Terre ; & dans tout ce que
je connois de païs , le mois de May a fes
jeux & fes fêtes particulieres. Mais je n'ai
rien vû de plus gai , que les bandes de jeu-
nes filles qui nous ont régalés de danfes &
de chanfons fur toute cette route : la rareté
du Sexe fait peut-être une partie de leur
prix. Cinq ou fix filles de quatorze à quinze ans, des mieux ajuftées , & des plus jolies du village , s'affocient enfemble , &
vont chanter de maifon en maifon , pour
fouhaiter par tout un *allegro Maggio :* Et

éroient faites Colonies | des Picolomini.
Romaines. | (*b*) Pongibou.
　(*a*) Il faut voir le Palais |

leurs chanſons ſont compoſées d'un grand détail de vœux, dont la plûpart ſont les plus plaiſans du monde. Elles ſouhaitent que l'on joüiſſe des plaiſirs de la jeuneſſe, en même-tems que de ceux de la ſaiſon. Qu'on ait toûjours un amour égal le ſoir & le matin. Qu'on puiſſe vivre juſqu'à cent deux ans. Que tout ce que l'on mange ſe puiſſe convertir en ſucre & en huile. Que ni les robes, ni les dentelles ne s'uſent point, Que la Nature ſoit toûjours riante, & que la bonté de ſes fruits puiſſe ſurpaſſer la beauté de ſes fleurs, &c. Enſuite viennent les vœux ſpirituels; Que la *Madone* de Lorette vous comble de graces; Que S. Antoine de Padouë vous ſerve d'Ange Gardien; Que Sainte Catherine de Sienne intercéde pour vous; & pour refrain de chaque couplet, *allegro Maggio, allegro:*

Je n'ai pas manqué de trouver auprès de Certaldo, ſelon l'avis que vous m'en avez donné, pluſieurs montagnes de ſable, toutes farcies de diverſes coquilles. Le Montemario, à un mille de Rome, en eſt tout rempli : J'en ai remarqué dans les Alpes; j'en ai vû en France, à Liſi & ailleurs. Olearius, Stenon, Cambden, Speed, & quantité d'autres Auteurs, tant anciens que modernes, nous rapportent le même phénomene ; & j'ai lû avec beaucoup de plaiſir, la petite diſſertation que vous m'avez envoyée ſur ce ſujet. Néanmoins, puiſque vous voulez bien que je vous parle avec liberté, il faut que je vous diſe que je ne ſuis pas de vôtre ſentiment pour le principal.

Si ces coquilles étoient un reste & une production du Déluge, je ne vois pas pourquoi le Déluge en auroit composé des montagnes, plûtôt que de les laisser dans les profondeurs & dans les vallées. Je ne vois pas non plus, pourquoi ces coquilles se rencontreroient si rarement : les eaux du Déluge auroient dû les répandre plus universellement sur la Terre ; & d'ailleurs, le peu qui s'en trouve, ne devoit pas être ramassé ensemble par monceaux, comme nous voyons qu'il l'est. Peut-être ne seroit-il pas impossible que ces coquilles se fussent conservées depuis le Déluge, c'est pourquoi je n'insisterai pas sur cette difficulté. Je remarquerai seulement encore, que vous vous faites, ce me semble, une fausse idée des eaux du Déluge. Pour expliquer comme quoi se rencontrent au milieu des terres, des coquilles que vous supposez être des coquilles de Mer, vous supposez aussi que le Déluge étoit une Mer. Pour moi, je conçois que l'eau du Déluge, qui étoit tombée du Ciel comme la pluye ordinaire, & qui par conséquent étoit douce, & plus legere que l'eau salée, n'étoit pas tellement confonduë avec l'eau de la Mer, que chacune conservât & sa douceur, & sa salure ou son amertume, & ses proprietés particulieres. Si la chose se passe ainsi, ce seul endroit dont vous tirerez vous-même la conséquence, seroit capable de détruire vos conjectures.

Ni les vents, ni les ouragans, ni les inondations, ne font pas encore, à mon avis,

des moyens capables de nous découvrir le
myſtére. La voye d'irruption, comme le
dégorgement ſouterrain dont a été formé
le nouveau Véſuve, ou le *Monte nuovo*, ne
ſeroit je crois pas tout-à-fait à rejetter. Telle montagne qui ſeroit compoſée de limon,
& de terre ſablonneuſe, mêlée de coquilles, & d'autres *corps* ou matieres marines,
ſur-tout dans un païs qui ſeroit ſujet aux
tremblemens de terre, pourroit bien, ce me
ſemble, recevoir cette explication. Mais
après tout, ſi vous voulez que je vous diſe
mon ſentiment, il ne me ſemble pas qu'il
faille de ſi grands détours, pour prouver la
formation & la rencontre de toutes nos coquilles, de quelque nature qu'elles puiſſent
être. Et afin que je m'explique en un mot,
je crois qu'on peut affirmer ſans difficulté,
que la même vertu & les mêmes proprietés
qui forment les coquilles dans la Mer, les
engendrent auſſi ſur la Terre : par la raiſon
qu'il ſe trouve dans les deux endroits, une
parité de ſubſtance propre à les former ; &
une parité de tout ce qu'il vous plaira d'a-
joûter encore, pour les circonſtances &
pour les moyens de cette formation. Que
ce ſoit par végétation, & par *intus-ſuſcep-*
tion, comme quelques-uns parlent, à peu-
près comme croiſſent les plantes ; Que ſe
ſoit par *juxta-poſition*, & par incruſtation,
comme ſe forment les bezoards, tant foſ-
ſilles qu'autres, & les pierres des reins; cela n'eſt pas préſentement du ſujet. Mais en-
tendez-le comme il vous plaira, quand vous
aurez bien raiſonné ſur ce qui fait des co-

quilles , dans les lieux que vous appellez
leurs lieux naturels ; je vous dirai toûjours
qu'il ne tiendra qu'à vous de raiſonner ſur
la montagne de Certaldo , de la même maniere que ſur le rivage de Livorne : excepté pourtant , lorſqu'il s'agira de ces coquilles , qui s'engendrent , dit-on ,en même
tems que l'animal , par la ſémence *ovaire*.

Je prévois une objeétion que vous me ferez ſans doute , mais à laquelle je répondrai
auſſi. Vous me direz que les coquilles ſont
inſéparables de quelque poiſſon , de quelque limaçon , ou de quelque autre ſemblable animal ; & que la nature ne produit
les unes que pour l'uſage des autres ; ſans
quoi cet axiome ne ſeroit pas univerſelle-
ment reçû , que *la Nature ne fait rien en
vain.*

(*a*) Afin de trancher court ſur cette difficulté , & ſans m'éloigner de l'exemple des
coquilles , je n'aurois qu'à vous alleguer
celles qui ſe ſont trouvées dans les reins ,
dans les apoſtumes , dans l'eſtomach ; &
dont nous avons des deſcriptions ſi exaétes,
& même ſi nouvelles , qu'il n'eſt pas poſſible de douter du fait. Je n'aurois qu'à vous
demander pour quelles ſortes de bêtes ces
coquilles-là ont été faites ? & je vous ré-
duirois à une diſtinétion de vôtre axiome ,
qui s'accommoderoit à mon principe.

Si vous prétendiez vous ſauver , en ré-
pondant qu'une coquille dans une apoſtu-

(*a*) V. Nouvelles de la | V. Paré , & pluſieurs au-
Republ. des Lettres , Dé- | tres Anatomiſtes.
cembre 1686. p. 1261. |

me, est une espece de monstre, dont il ne faut rien conclure pour le général ; je vous repliquerois que je ne veux point disputer des mots, ni rien conclure de trop général. Si les coquilles des reins & des aposthumes, sont des monstres selon vôtre langage ; à vous permis, de vous servir du même langage, pour les coquilles du Certaldo. Le plus ou le moins, pour le nombre des coquilles, ne vous devra faire aucun embarras. Si le rein eût été de la grosseur d'une montagne, & qu'il eût autant contenu de matiere propre à former des coquilles, qu'en contient la montagne de Certaldo, sans doute, on en eût vû dans le rein, dix mille au lieu d'une : dix mille monstres de même nature, formés en même tems, en même lieu, & par même accident, ne devant être comptés que pour un seul.

Je pourrois, ce me semble, lever ainsi vos difficultés, sans aller plus loin : mais pour donner plus de jour à ma pensée, j'en viendrai encore à l'explication du terme *en vain*. La nature ne fait rien en vain, je l'avouë ; mais que des coquilles sans poissons, soient des ouvrages inutiles de la Nature, je le nie : la diversité des œuvres de Dieu dans toutes ses créatures, étant une chose assez expliquée, & assez établie. Ainsi les coquillages fossiles, qui naissent dans le cœur des pierres & des marbres, ne sont pas faits en vain, quoiqu'ils n'ayent jamais renfermé ni poisson, ni autre animal. Les pierres appellées cornes d'Ammon, ne sont pas faites en vain, pour n'avoir jamais été

attachées au front d'un bellier. Les glosso-
petres (a) de Malthe ne font pas faites en
vain, pour n'avoir jamais été de véritables
langues. Je pourrois dire la même chofe
des Aftroïdes, des Belemnites, des *dactyli
Judæi*, & d'une infinité d'autres foffiles fi-
gurés, qui nous repréfentent en perfection
des plantes, des fleurs, des fruits, des animaux, des vifages humains. Pourquoi vouloir gêner la Nature en fait de coquilles, &
la laiffer agir à tous autres égards, avec un
caprice perpetuel, ou pour mieux dire,
avec une continuelle & une merveilleufe
varieté ?

PISE.   Pife, Archevêché, Univerfité, feconde
ville de Tofcane, & autrefois comme vous
fçavez, affez puiffante République, eft bâtie fur la riviere d'Arne, dans une plaine
tout-à-fait unie. C'eft une grande Ville, &
on peut dire qu'elle étoit autrefois fort belle. Les ruës font larges, droites & pavées
de grandes pierres ; & à generalement parler, les maifons font encore affez bien bâties. La riviere d'Arne eft navigable ; elle
eft plus large deux fois que le Tibre ne l'eft
à Rome, & elle fépare la Ville en deux parties qui ne font pas beaucoup inégales.
C'eft grand dommage qu'un fi beau lieu
foit fi pauvre & fi dépeuplé ; mais l'herbe
eft haute dans les ruës en divers endroits.

(a) Ou *Calcharies*.
Le Journal d'Allema-
gne de l'an 1661. fait
mention d'une rave qui
avoit la forme parfaite d'u-
ne main : & d'un champi-
gnon [trouvé dans la fo-
rêt d'Aldorf] d'où for-
toient à demi-corps, fix
figures humaines.

Cette désolée condition de la Ville de Pise, est sans doute une suite dès maux qu'elle souffrit pendant sa derniere guerre avec les Florentins; car ils la saccagerent, & la ruinerent presque entierement, lorsqu'ils en firent la conquête. Il ne faut pas douter non plus que la ville de Livorne, qui s'est édifiée depuis peu d'années à la porte de Pise, ne lui ait enlevé beaucoup de ses habitans.

La Cathédrale de Pise est d'une structure à-peu-près semblable à celle de la Cathédrale de Sienne; mais l'Eglise de Pise est plus grande, & sa situation au milieu d'une belle Place, lui est beaucoup plus avantageuse. Le Baptistere, & la fameuse Tour penchante, sont deux autres édifices considérables, qui se voyent d'un même aspect avec l'Eglise, & qui n'en sont qu'à trente ou quarante pas dans la même Place, l'un d'un côté, l'autre d'un autre, sur une même ligne. Le tout est revêtu de beau marbre, & d'une architecture uniforme.

Le Baptistere (a) est rond, & vouté en coupe, comme le Dome de S. Pierre, ou comme les Domes que vous avez vûs à Paris. Il s'y fait un Echo qui augmente de beaucoup le bruit : & si l'on frappe un coup, ou que l'on fasse un cri, le retentissement en dure aussi long-tems, que le tintement d'une grosse cloche.

Les uns ont dit touchant la Tour, *qu'elle*

(a) On a gravé sur une des colonnes du Baptistere, que l'Eglise fut achevée l'an 1153. Le Baptistere a cent quatre-vingt pas de tour.

avoit été bâtie penchante , par un caprice de
l'Architecte (a). Les autres ont écrit *qu'elle*
ne panchoit pas , mais qu'elle trompoit ainsi
les yeux , par un nouveau secret, & par un ar-
tifice d'architecture. Il y en a même qui ont
assuré *qu'elle sembloit pancher de tous côtés ,*
selon la situation de ceux qui la regardoient.
Tous ces gens-là se sont trompés , & ont
cherché du mystere où il n'y en eut jamais.
La Tour panche , & panche par accident,
les fondemens s'étant affaisés d'un côté: ce
sont deux verités qui n'ont pas besoin de
preuve, à quiconque veut un peu examiner la chose. La hauteur de cette Tour est
de cent quatre-vingt huit pieds , & sa forme est d'un vrai cylindre. La plate-forme ,
ou terrasse du haut est environnée d'une
balustrade , du bord de laquelle ayant jetté un plomb à l'endroit qui panche le plus,
après avoir fait plusieurs essais à droit & à
gauche, il se trouvoit que mon plomb tomboit à quinze pieds justes du fondement.

Le Cimetiere appellé Campo Santo , à
cause de la terre que les Païsans y (b) apporterent de la Palestine l'an 1228. est une
maniere de Cloître long de 190. pas, & large de 66. y compris la largeur des portiques.
On y voit quantité de Tombeaux. J'ai remarqué une ancienne inscription que l'on

---

(*a*) Bonanus.
Il y avoit autrefois une
colonne dans le Baptiste-
re , où quand il se tramoit
quelque chose contre l'E-
tat, cela s'y voyoit comme
dans un miroir. *Rohan.*

L'escalier de la Tour est
de cent quatre-vingt treize
degrés.
(*b*) Lorsqu'ils envoye-
rent du secours à Frederic
I. dit Barberousse , qui
prit Jerusalem.

Tour de Pis.

a enchaffée contre la muraille fous l'un des portiques, & qui eft un décret de la Ville de Pife, par lequel il eft ordonné que *nunciata morte Cæfaris*, on en portera le deüil pendant une année entiere, & on s'abftiendra de tous divertiffemens publics.

Je ne vous dirai rien du Jardin des Simples, non plus que des raretés naturelles qui fe voyent dans l'Ecole de Médecine, n'y ayant pas remarqué des chofes extraordinaires, que nous n'euffions déja vûës ailleurs.

Les (a) Chevaliers de S. (b) Eftienne ont leur réfidence à Pife. Vous fçavez que c'eft l'Ordre du Grand Duc, & que Come I. l'inftitua l'an (c) 156 . La ftatuë de ce Prince eft dans la Place, vis-à-vis l'Eglife des Chevaliers ; & cette Eglife eft fort remplie de drapeaux, de fanaux, & d'autres dépoüilles des Turcs.

Il y a quatorze milles de Pife à Livorne : le païs eft plat, & la plus grande partie du chemin fe fait entre les bois de chênes verds, de liéges, & de myrthes fauvages. On dit que la Mer couvroit autrefois ces forêts, & qu'elle venoit à trois milles de Pife, jufqu'au lieu où l'on voit une affez

---

(a) Ils portent une croix rouge, fur le manteau noir ; & un cordon couleur de feu.

(b) S. Eftienne Pape & Martyr.

(c) Le 6. Aouft, après qu'il eût gagné la bataille de Marcia. Les Chevaliers doivent être Nobles, & non bâtards. Ils font vœu de *Chafteté Conjugale.* Leur Croix eft femblable à celle de Malthe. Ils font obligés de dire chacun cent *Pater nofter*, & autant d'*Ave Maria* par jour, & en de certains tems ils doublent la dofe. *Davity.*

grande (*a*) Eglife, à l'entrée du bois. S. Pierre étant à la pêche, il s'éleva, dit-on, une tempête qui le pouffa jufqu'à cet endroit, & qui l'y fit échoüer. On ajoûte qu'il érigea un Autel, au tour duquel un Pape y fit bâtir l'Eglife quelques fiécles après. J'omets la fuite, & les particularités de l'hiftoire.

Je vous ai déja dit que Livorne eft une LIVOR-Ville toute nouvelle : elle eft fituée fur un NE. terrein plat, & environnée de belles fortifications revêtuës de brique. Les ruës font affez larges, toutes droites à la ligne, & paralleles : les maifons de hauteur égale pour le général, & prefque toutes peintes en dehors (*b*). Le port eft peu rempli, par rapport à quantité d'autres ; mais le négoce de banque eft très-confidérable. Livorne eft le feul port de Mer du Duché de Tofcane, & c'eft auffi où font les Galeres du Grand Duc. Les forçats ont une maifon faite exprès pour eux, une efpéce d'hôpital dans lequel ils couchent. Cela ne fe pratique en aucun autre lieu. §. *La Place eft grande & reguliere. C'eft peut-être ce qu'il y a de plus beau à voir à Livorne.*

Pour venir de Livorne à Luques, il a fallu repaffer par Pife. A trois milles en deça de cette derniere Ville, (*c*) on monte la rude montagne de S. Julien, où confine la Tofcane avec la Seigneurie de Luques.

(*a*) *S. Pietro d'Ingrado* ou *S. Pietro al mare.*
(*b*) La plûpart des peintures font d'Aug. Taffo, Bolonois.

(*c*) En allongeant un peu le chemin, on peut laiffer la montagne à droit. J'ai fait cette derniere route, & c'eft la meilleure.

Luques

Luques eſt ſituée au milieu d'une plaine Lu-ques fertile, qui peut avoir quinze ou vingt milles d'étenduë en ſes divers ſens, & cette plaine eſt bornée par des côteaux fort riches & fort habités. Les fortifications de Luques ſont aſſez régulieres & bien revêtuës, mais preſque à rez-de-chauſſée, le foſſé étant fort négligé & à-peu-près comblé. Nous avons fait le tour des rempars en une heure, ce qui vous doit faire juger que la Ville eſt petite. En récompenſe elle a beaucoup de grandes maiſons, & près de la moitié plus d'habitans que Piſe. §. *Elle n'a que trois Portes ; & il n'y en a qu'une par laquelle les Etrangers puiſſent entrer, à ce qu'on dit. Les remparts ſervent de cours à la Ville, & les ruës ſont aſſez bien allignées.*

On nous a menés au Palais [a] de la Ré-publique, où eſt logé le Gonfalonnier, avec ſes neuf Conſeillers, nommés *Anziani*. Ils couchent là, & y mangent enſemble pour l'ordinaire, quoique leurs femmes & leurs familles demeurent dans leurs maiſons particulieres. §. *On ne peut y entrer l'épée au côté, & même on ne la porte guéres dans la Ville.* L'Etat de Luques eſt fief, & ſous la protection de l'Empire, & le gouvernement en eſt purement Ariſtocratique. La Souveraineté réſide dans un Conſeil de deux cens quarante Nobles §. *permanents,* qui ſe diviſent par moitié, & ſe ſuccedent par ſemeſtre ; & à leur tête eſt le Gonfalonnier. La charge de ce premier Officier de la République répond aſſez à celle des Do-

[a] Vexillifer.

ges de Venife ou de Génes, excepté qu'elle n'eſt que pour deux mois, & qu'il n'en tire aucun autre émolument que ſa table. Il porte la *Barette*, & l'Etole, avec la robe de velours cramoiſi, & on lui donne le nom de Prince : mais on ne le traite que d'Excellence. Après une intervalle de ſix ans, il peut être élû de nouveau : ſa garde ordinaire eſt de ſoixante Suiſſes.

Des appartemens du Palais on entre à l'Arſenal. Les armes ſont en aſſez bon ordre, & en bonne quantité pour un ſi petit Etat. §. *Il y en a pour ſix ou ſept mille hommes.*

De-là, nous avons été à la Cathédrale, pour y voir la Chapelle du *Volto ſanto*. Ils racontent que Nicodéme ayant entrepris de peindre un Crucifix, & n'ayant jâmais pû en venir à bout, les Anges qui le regardoient travailler, lui prirent le pinceau de la main, & acheverent eux-mêmes le tableau. On ne ſçait pas trop bien comment ce Crucifix avoit été premierement apporté dans l'Egliſe de S. Fredien ; mais il eſt conſtant, dit-on, qu'il ſe tranſporta de cette Egliſe dans la Cathédrale, & qu'il ſe tint en l'air dans le lieu même où nous l'avons vû, juſqu'à ce qu'on lui eût bâti un Autel ſur lequel il ſe rencontra juſtement, & ſe répoſa. On érigea auſſi-tôt après une magnifique Chapelle, au milieu de laquelle eſt l'Autel. Cette Image ne fait pas tant miracles que quantité d'autres ; mais tout ce qu'elle fait eſt du plus ſurprenant, & c'eſt auſſi le grand objet de la dévotion de Luques. On la met ſur la monnoye, avec les Armes de la République.

Vous pouvez croire que ce Crucifix fut
bien reçû à la Cathédrale [a], mais on ne
laiſſa pas de s'étonner un peu qu'il préferât
S. Martin à S. Fredien : la Ville de Luques
ayant beaucoup plus d'obligation à ce dernier Saint qu'à l'autre. Le nombre des bien-
faits qu'elle en a reçûs eſt comme infini ;
mais un des plus grands eſt ſa délivrance
des inondations du Cerchio. S. Fredien s'é-
tant un jour rencontré à Luques , comme
cette riviere s'enfloit à vûë d'œil , & qu'elle
menaçoit d'un débordement extraordinaire ; il lui commanda de changer ſon cours ,
& de le ſuivre où il la conduiroit : ce qui
fut executé ſur le champ , à la grande joye ,
& au grand étonnement du peuple de Luques. [b] §. *S. Fredien eſt une vieille & vilaine Egliſe. On dit que c'étoit autrefois le
Dome. Elle eſt aujourd'hui deſſervie par des
Moines.*

On fait voir dans l'Egliſe de ce même
Saint une table de marbre longue de dix-
ſept pieds, large à-peu-près de ſix & demi , & épaiſſe de quatorze pouces ; dont
l'hiſtoire eſt contenuë dans l'inſcription
que voici. *O quiſquis legis , lapis es , ni lapis
hic te moveat in admirationem & cultum D.
Frediani , qui Templo huic conſtruendo , mo-
lem hanc in montibus ad quartum lapidem nac-
tus , viribus impar , ſed ſpiritu fervens , mi-
râ facilitate manibus humeriſque ſuis & Ca-
nonicorum , in plauſtrum binis indomitis vac-*

[a] La Cathédrale eſt
dédiée à S. Martin.

[b] La riviere paſſe pre-

ſentement à deux ou trois
milles de Luques.

culis trahendum impofitum , fexto falutis fæ-
culo ; hac in Æde ftatuit facrum monumentum.

Dans la même Eglife nous avons remarqué un Tombeau fur lequel eft écrit : *Hic jacet corpus Sancti Riccardi Regis Angliæ.*

Vous nous tirerez d'un grand embarras, fi vous nous apprenez qui peut être ce Roi S. Richard. [a] Richard I. fi je m'en fouviens bien, fils de Henri fecond, & frere de Jean fans terre, mourut d'une bleffure en France, après fon voyage d'Outremer, & fut enterré dans l'Abbaye de Fontevraut. Richard fecond, chaffé par le Parlement, & dépoffedé par le Duc de Lancaftre, fut poignardé à Pomfret, apporté à S. Paul, à Langley, & enfin à Weftminfter, où fon Tombeau fe voit aujourd'hui. Richard troifiéme, qui n'étoit point un Saint, non plus que les deux autres ; mais plûtôt un fort méchant homme, fut tué à Bofworth en *Lecefter-fhire,* & fut enterré dans la Ville de Leicefter. Avant la réünion des fept Royaumes, je ne penfe pas qu'il y ait eu de Roi Richard en Angleterre ; & ainfi nous ne comprenons rien à l'épitaphe de Luques. Je ne vous dis rien préfentement de nos conjectures ; mandez-nous les vôtres, & vous nous ferez plaifir.

Je ne puis m'empêcher de vous faire l'hiftoire de la N. Dame de Saint Auguftin ; peut-être n'avez-vous jamais entendu parler d'un plus joli tour d'Image. On dit que cette N. Dame étant autrefois contre la muraille d'un corps de garde, un foldat qui

[a] Surnommé *Cœur de Lion.*

jouoit aux dez, & qui perdoit, s'en prit in-
folemment à Elle, lui dit mille injures, &
lui jetta une pierre pour achever fon inful-
te. La pierre, dit l'hiftoire, vifoit droit à la
tête de l'Enfant Jefus ; ce que la Nôtre-Dame ayant apperçû, elle fut plus prompte
que le coup, & fit fi heureufement paffer
l'Enfant du bras droit au bras gauche, qu'il
ne fut pas bleffé.

En mémoire de cet évenement, le petit
Jefus s'appefantit fur ce même bras pour y
demeurer quand fa Mere le voulut remettre
fur le bras droit : & il y a toujours été depuis ; ce qui prouve la verité du fait, plus
clair que le jour, aux dévots Pelerins qui
viennent vifiter l'Image. Il faut fçavoir encore que la Terre s'ouvrit fur le champ, &
qu'elle engloutit le foldat. Le trou eft là,
& on avertit les curieux de ne pas en ap-
procher, parce qu'il defcend tout droit en
Enfer : on devroit bien l'environner de
quelques gardefous.

*§. L'Eglife Gothique, & la Place de S.
Michel, où fe tient le Marché, font affez vi-
laines. C'eft cependant ce qu'il y a de moins laid
à Luques.*

*Les Armes de Luques font une barre d'or
en champ d'azur, avec le mot de Liberta,
qu'on trouve écrit par tout. Il en eft à Luques
comme dans plufieurs autres Républiques ;
pour conferver cette prétenduë Liberté, perfonne n'en jouit. Il n'y a à Luques que très-
peu de commerce, & prefque auffi peu de fo-
cieté.*

Vous n'ignorez pas que plufieurs nobles

Familles de Luques [a], fe retirerent à Genéve dans le tems de la Réformation.

PIS-　　　Piftoia eft entre Luques & Florence, à
TOIA.　vingt milles de l'une & de l'autre, & tout
ce païs eft bon & bien cultivé. Ce qui manque tout-à-fait à Piftoya, c'eft le négoce.
La graiffe du païs la fait vivre, mais elle
n'eft pas capable de l'enrichir : auffi ne peut-
on pas voir une Ville plus pauvre & plus
déferte, fur-tout depuis qu'elle a perdu fa
liberté. Elle eft plus grande que Luques : les
ruës en font larges & droites, & on peut
juger qu'autrefois elle étoit affez belle.

Les habitans de Piftoya ont une particuliere véneration pour S. Jacques [b], à caufe
de quelques fecours qu'ils en ont obtenu,
& parce qu'ils ont auffi beaucoup de fes Reliques. Dans la Chapelle qu'on lui a faite à
la Cathédrale, j'ai remarqué une oraifon à
ce Saint, dans laquelle il eft appellé le premier des Apôtres : *Tu qui primatum tenes,
inter Apoftolos, imò qui eorum primus, &c.*

Quelques-uns difent que les factions des
Guelfes [c] & des Gibelins, ont été ainfi
nommées à caufe de Guelfe & de Gibel,
freres & Gentilshommes de Piftoia ; l'aîné
étant entré dans le parti de Gregoire IX. [d]
& le fecond ayant pris celui de F. Barbe-
rouffe. Mais je fuivrois plus vc'ontiers le

---

[a] *Calendrini, Bu-
lamachi, Turretini, Mi-
cheli*; & quelques autres.

[b] L'Autel eft tout re-
couvert de lames d'argent,
& environné de Lampes de
grand prix.

[c] *Citta Piftoyefa,
chiare cafe, ofcure Chic-
fe.*

[d] *Catilina in agro
Piftorienfi, ab Antoa. ne-
remptus eft.* Caffiod.

fentiment de ceux qui cherchent l'origine des noms de cette Faction, dans les Illuftres & puiffantes [a] Familles de Gibelins & des Guelphes, qui étoient depuis fi long-tems ennemies, lerfquelles poufferent à l'extrêmité leur jaloufie, & leur divifion, en fe déclarant l'une pour l'Empereur, & l'autre pour le Pape.

L'étymologie de Ste. Catherine, dont je vous ai tantôt parlé, vous paroîtra fi ridicule, que vous aurez peut-être peine à croire que jamais quelqu'un l'ait ainfi donnée. Cependant, je vous affure que je l'ai tirée de la fameufe Légende dorée. Et tant pour vous rendre ce fait plus croyable, que pour m'entretenir encore un moment avec vous, j'ai envie, avant que de finir ma lettre, d'ajoûter ici quelques autres étimologies de même efpece, dont j'ai la mémoire affez fraîche, les ayant lûës il n'y a pas long-tems.

D'où penfez-vous que vienne le nom de Ste. Chriftine; *c'eft* dit mon Auteur, *comme qui diroit ointe de craime; car elle eut le baume de bonne odeur, & l'huile de dévotion.* Cela ne faute-t'il pas aux yeux?

Damien *eft dit comme* main de Dieu, *car il opéra divinement.* Beatrix, *eft un abregé de* benoifte & trifte. Martin *eft dit comme tenant lieu de la bataille contre les vices, ou comme qui diroit* ung des Martyrs; des Martyrs ung; d'Martyrs in; Martyrin; Martin. Jamais *Equus* eft-il mieux venu [b] d'*Afana*,

[a] Aux confins de l'Allemagne & de l'Italie, fur le haut-Rhin. V. *Maimb.*

Decad. de l'Emp. l. 5.
[b] Voy. Menage & Bohours.

ou Laquais de *Verna ?* George *est dérivé de Terre & d'Orge , c'est-à-dire ,* Cultiveur d'orge. Saint Siphorien *est dit de symphonie ; car il mit hors deux chants de vertus.* S. Maurice *vient en droite ligne d'Amen & de Cis, qui veut dire* Vomissant dur *; & d'Us , c'est-à-dire ,* Conseiller *ou* hastif : Vomissant *par éjection de superfluité :* Dur *à souffrir tourment.* Conseiller *par admonestement des Chevaliers ses compagnons :* Hastif *par ardeur :* Cela est clair comme le jour. S. Gorgonien *tire son origine de gorgos qui signifie sujet , ou de gonos , c'est-à-dire ,* Ange ; *& de denan , signifiant fruit ; car il fut sujet à Dieu sans Ange , puis fruit nouvel par martyre.* Alexis *est comme qui diroit* issant de Loi ; *& la raison est qu'il issit de Loi de mariage , pour tenir virginité.* Jerôme *vient de* Norma ; Cecile, *de* Lis du ciel ; Cyprien *de* Cypris ; *&* Saturnien *de* saturare nuce , *à cause que les* Payens *& Ethniques se saoulerent de le martyriser , ainsi comme la corneille se saoule en mangeant la noix.* Quand vous en voudrez davantage, ma vénerable Légende vous en fournira : pour le present, je crois que ç'en est assez. Je suis,

Monsieur ,

Vôtre , &c.

A Florence ce 17. May 1688.

LETTRE XXXI.

MONSIEUR,

Je ne voulus pas négliger l'occafion que j'eus de vous écrire le lendemain de nôtre arrivée à Florence, quoique je n'euffe encore rien à vous dire de cette belle Ville. Nous y avons depuis vifité tant de chofes, que mon journal me fourniroit affez de matiere pour un volume. Mais j'en uferai felon ma maniere ordinaire : je vous dirai en peu de mots le principal, & je remarquerai enfuite quelques particularités, qui, à ce que je crois, vous feront nouvelles.

Florence, Archevêché, Capitale de la Tofcane, & fejour du Grand Duc de ce nom, eft fituée fur la riviere d'Arne, comme au milieu de l'aréne d'un amphithéâtre. Dans l'efpace de quatre ou cinq milles, excepté du côté de Piftoya, elle eft environnée de côteaux très-fertiles, qui s'élevent infenfiblement, & qui s'uniffent aux hautes montagnes. La grande quantité de maifons dont tous ces côteaux font couverts, auffi-bien que la plaine, eft une chofe très-belle & très-rare. Quand d'une des tours de Florence, on confidére ce vafte baffin, fi rempli de villages, & de maifons de plaifance, on juge que c'eft comme une continuation infinie des fauxbourgs de la Ville :

FLO-
RENCE,
dite la
belle.

D v

& l'on peut bien dire que cette riche & dé-
licieuse vallée, est un des endroits du monde le plus habité.

J'ai eu à Florence la conversation d'un
homme curieux & exact, de qui j'ai apris
que les murailles de cette Ville, ont justement quinze mille deux cens quarante brasses de circuit; & que la largeur de l'Arne,
qui traverse la Ville, est de cinq cens brasses : de sorte que la double largeur de cette
riviere, étant comprise avec les murailles :
le tour de Florence est de seize mille deux
cens quarante brasses. Trois brasses faisant
justement cinq pieds huit pouces, mesure
d'Angleterre, les 16240. brasses, font à
quelques pouces près, trente mille six cens
soixante & quinze pieds : réduisez-les comme bon vous semblera. La Ville est assez
ronde.

Cette même personne m'a assuré que
Florence contient entre ses murailles, huit
mille huit cens maisons, & soixante mille
ames : vingt-deux Hôpitaux : Quatre-vingt
neuf Couvens : Quatre-vingt-quatre Confrèries : Cent cinquante-deux Églises : Dix-
huit halles, ou galeries de Marchands : Soixante & douze Chambres de Justice : Six
Colonnes : Deux Pyramides : Quatre Ponts :
§. *Le plus beau est celui de la Trinité ou des
quatre Saisons. Ce dernier nom vient de quatre statuës de marbre qui les représentent, &
qui sont placées aux quatre coins du Pont.*
Sept Fontaines : Dix-sept Places, & cent
soixante Statuës publiques. Le pavé est par
tout de fort grands quarriers §. inégaux de

pierre grisâtre, qu'ils appellent *Pietra forte*, & qui se tire des carrieres voisines. Une bonne partie des maisons sont bâties de semblables pierres ; & quantité de ces maisons sont d'une grandeur, & d'une beauté qui n'est pas commune. Quelques-uns prétendent même, que les Palais de Florence, pour parler à l'Italienne, sont les mieux construits de toute l'Italie.

Le Palais (*a*) Pitti, où loge le Grand Duc, est un bâtiment magnifique, & vanté à outrance par les gens du pais. Une chose pourtant m'y paroît choquante, c'est que la Cour en est, ce me semble, beaucoup trop (*b*) petite. Jugez-en vous-même : la hauteur du Palais, jusqu'à la corniche du troisiéme Ordre, est de cent vingt-deux pieds, & la Cour n'en a que cent soixante de long, sur cent quarante de large. On est là si étroitement, que pour regarder le Palais, en quelque endroit que l'on se mette, il faut lever la tête d'une maniere incommode.

Avant que d'entrer dans l'ancien Palais Ducal, où se voyent toutes ces choses rares & précieuses, qui font tant de bruit dans le monde : nous nous sommes arrêtés à considérer diverses statuës qui sont vis-à-vis dans la Place. Je vous nommerai seule-

______

(*a*) Joignant la grande porte de ce Palais, il y a une grosse pierre d'aiman qui a été gâtée par le feu. Spon dit qu'elle pese cinq mille livres.

(*b*) Ils affectent quelquefois de faire les cours étroites, pour donner de la fraicheur aux appartemens.

D v j

ment le David, de Michel Ange. La Judith,
du Donatelle. La belle Sabine enlevée, de
Jean de Bologne. Le Persée de bronze, du
Cellini. L'Hercule & le Cacus, du Bandi-
nelli. Et la statuë équestre de bronze de
Côme I. par Jean de Bologne. Ce sont autant de pieces admirables. Les trois bas re-
liefs de piédestal de cette derniere statuë,
représentent Côme premier agenoüillé devant le Pape, dont (a) il reçoit le titre de
Grand Duc : le même Prince, faisant son
entrée à Florence, dans une maniere de
Char de Triomphe : & la cérémonie qui
se célebra, lorsque le Senat de Florence
lui remit l'autorité souveraine, en le revê-
tant de la qualité de Duc.

La grande Galerie du Palais est à-peu-
près longue de 400. pieds. Le plafond en
est peint, & on se promene entre deux
rangs de statues & de bustes qui sont presque tous antiques. Au haut contre la muraille, on a mis d'un côté les portraits des
anciens Philosophes ; & de l'autre ceux des
grands Capitaines.

Entre les plus belles & les plus rares statues, on nous a fait remarquer d'abord,
celle de bronze qui est (b) vêtue & que
l'on croit être de Scipion. La Leda qui reçoit avec plaisir les caresses de Jupiter, mais
non sans pudeur. Le Bacchus antique, accompagné d'une copie de Michel Ange, qui

(a) *Ob zelum Religio*
nis, præcipuumque Justi
tiæ studium.

(b) On soupçonne que

les caractetes qui se voyent
sur le bord de la robe, sont
le l'ancien Hetrusque. La
statuë est très-belle.

ne cede point à l'Original. La Julie , fille
d'Augulle. La Pomone. La Venus. La Dia-
ne. L'Apollon. Le fecond Bacchus. Le
Païfan qui frape un Sanglier. Les buftes
des Empereurs jufqu'à Galien ; & fur
tout, ceux d'Adrien , de Pertinax , & de
Severe.

De cette Galerie , on paffe en plufieurs
chambres toutes remplies de raretés. J'ai
remarqué dans la premiere un Chandelier
à branches , de grands morceaux d'ambre :
une belle colonne d'Albâtre oriental : une
corne de Rhinoceros extraordinairement
grande : quantité de bas-reliefs , & d'autres fculptures antiques : de médailles , d'I-
doles , de lampes fépulchrales , de pierres ,
de minéraux , & d'autres curiofités naturelles. (a) Dans la feconde , il n'y a que
des Tableaux. La troifiéme eft appellée ,
la Chambre des Mathématiques : la Sphé-
re & les Globes qui s'y voyent entre autres chofes , ont fept pieds de diametre. La
quatriéme eft toute tapiffée de peintures
plus rares que celles de la feconde. On y
remarque auffi le Cabinet d'ebéne , avec
fes ornemens d'ambre , d'yvoire , & de
pierres précieufes : La groffe émeraude bru-
te , enracinée dans fon rocher : La table
de lapis , fur laquelle on a décrit le plan
de Livorne. Les portraits des hommes illuftres de ce fiécle , font le principal orne-

____

(a) On ne montre plus | ce que tout le miracle ne
le cloud de fer , lequel di- | confifte qu'en la foudure.
foit avoir été changé en | *Spon.*
or jufqu'à la moitié , par- |

'ment de la cinquiéme Chambre : Entre les
Généraux d'Armée & les grands Capitaines , il y a trois Anglois ; Cromwel , le
Général-Monk , & le feu Comte d'Offori,
fils aîné du Duc d'Ormond aujourd'hui vi-
vant. Dans la fixiéme , il y a cent trente-
fept portraits des plus fameux Peintres ,
faits de leur propre main. La feptiéme eft
garnie de vafes de porcelaine. Et les cinq
fuivantes font toutes remplies d'un nombre , & d'une diverfité étonnante de chofes curieufes ; il y a quantité d'armes de
toute façon & de tout païs , entre lefquelles nous avons remarqué un mouf-
quet , dont le canon eft tout d'or. C'eft
là qu'on voit auffi la pierre d'aimant, qui
levoit autrefois cinquante livres de fer :
mais dont la vertu eft beaucoup diminuée.
La queüe de cheval (a) longue de vingt
pieds , peut bien être nommée entre fes curiofités.

Ce qu'il y a de plus précieux eft gardé
dans le falon Octogone, qui eft appellé (b)
la Tribune. Ce falon a vingt pieds de diametre , & eft voûté en dôme. Le pavé eft
de différens marbres artiftement rapportés :
Les murailles font tapiffées de velours cra-
moifi , & garnies de mille chofes rares :
Les vitres font de criftal : & le dedans du
dome eft revêtu de nacre de perle. Rien
n'entre dans ce lieu-là qui ne foit d'un
grand prix, & d'une beauté exquife. Vous

(a Ce Cheval fut don- | de Lorraine.
né au dernier Grand Duc. | (b) De l'architecture de
par le feu Duc Charles | Buontalenti.

avez pû voir dans les voyages de Tavernier, la defcription qu'il donne du beau (*a*) Diamant qui tient à bon droit le premier rang, entre les joyaux de ce Cabinet. En voici la forme & la grandeur. On y voit encore, entre autres raretés, une tête antique de Jules Cefar, d'une feule turquoife groffe comme un œuf : Une armoire remplie de vafes d'Agathe, de Lapis, de criftal de roche ; de Cornaline : le tour garni d'or, & de pierreries fines : Une grande table, & un Cabinet d'ouvrage de rapport entierement compofée de diafpre oriental, de Calcedoine, de rubis, de topafes, & d'autres pierres précieufes parfaitement bien mifes en œuvre : Une collection de médailles très-rares : Mille & mille petites piéces de fculptures & de gravûres antiques, extraordinairement bien confervées : Des tableaux choifis, ou pour mieux dire, des chefs-d'œuvres des plus excellens Peintres : Six ftatues Grecques, dont les beautés furpaffent l'imagination : Deux hommes qui luttent : le Païfan qui aiguife fa ferpe, en écoutant la confpiration de Catilina : une Faune, un Cupidon qui dort : une

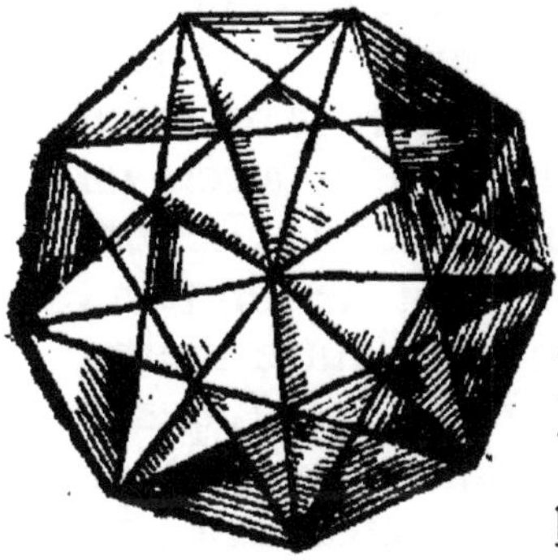

____

(*a*) Ce Diamant pefe cent trent-neuf karats & demi. C'eft dommage,   dit Tavernier, *que l'eau tire un peu fur le citron.*

Venus haute de fix pieds : & une autre Venus plus petite d'un pied, l'un & l'autre de
marbre blanc (*a*).

Vous connoîtrez la derniere, quand je
vous dirai que c'eſt la fameuſe Venus de
Medicis. Il faut avoüer que c'eſt le plus
beau corps, & le plus bel ouvrage du monde. Cette incomparable ſtatuë a la tête un
peu tournée vers l'épaule gauche : elle porte la main droite au-devant de ſon ſein,
mais à quelque diſtance ; de l'autre main,
*ſi cuopre le parti onde la Donna arroſſi, quan-
do ſi ſcuoprono ;* ce qu'elle fait ſans y toucher
non plus. Elle ſe panche doucement, &
avance un peu le genou droit, afin de ſe ca-
cher mieux, s'il lui eſt poſſible. La pudeur
ſi bien-ſéante au Sexe, la modeſtie, & la
chaſteté ſont peintes ſur ſon viſage ; avec
une douceur, un air de jeuneſſe, une beauté, & une délicateſſe inexprimable : Il ne
lui manque que la voix & le vermillon.
Son bras rond & tendre s'unit inſenſible-
ment à ſa belle main : ſa gorge eſt admirable ; & en un mot, ce rare chef-d'œuvre
eſt une parfaite imitation de la plus belle
nature.

De ce Palais, nous avons paſſé par une
petite galerie de communication, à l'ancien Palais de la République, où l'on nous
a fait voir les meubles de la Garderobe,
& le riche caroſſe qui ſervit à la ſolemnité

(*a* La baſe eſt de la
même piece de marbre que
la ſtatuë, & ſur cette baſe eſt écrit :

ΚΛΕΟΜΕΝΗΣ ΑΠΟΛ-
ΛΟΔΟΡΟΥ ΑΘΗΝΑΙΟΣ
ΕΠΟΙΗΣΕΝ.

du Mariage du Grnad Duc. La grande fale
de ce Palais, eſt longue de cent ſoixante &
douze pieds, & large de ſoixante & quatorze.

La Cathédrale de Florence, eſt un très-
grand & très-ſuperbe édifice, quoique d'u-
ne Architecture à la Gothique, en pluſieurs
de ſes parties. Elle eſt toute revêtuë en dehors, & toute pavée de marbre poli de couleur differente. Sa longueur eſt de quatre
cens quatre-vingt-dix pieds; & ſa hauteur,
juſqu'à l'extrémité de la croix du globe, de
trois cens quatre-vingt. On ne peut ſe laſ-
fer de conſiderer ce beau bâtiment : c'eſt
grand dommage qu'il n'ait point encore de
façade.

Les plus belles ſtatuës d'entre celles qui
ſe voyent dans cette Egliſe, font, le S. Jaques du Sanſovin, contre un des piliers qui
ſoûtient le Dôme. L'Adam & l'Eve qui
font derriere le grand Autel, du Bandinello.
La ſtatuë de D. le Pere, du Chriſt mort,
& de l'Ange qui le ſoûtient, ſur le même
Autel, & du même Ouvrier. On critique
l'Eve, ſur ce qu'elle eſt de plus grande taille qu'Adam.

Les peintures du Dôme repréſentent la
Reſurrection, & font de Fred. Zucchero.
On eſtime beaucoup cet ouvrage, quoiqu'on n'aprouve pas la maniere de ce Peintre, en ce qu'il a fait ſes reſſuſcités de diffe-
rent âge, & qu'il les a vétus.

(a) On nous a fait remarquer dans un Tableau qui ſe voit dans cette méme Egliſe,

(a) Voyez Tome II. pag. 206. & 253.

& qui eſt de Paul Ucello, une choſe qu'on regarde auſſi comme une faute conſidérable. C'eſt une figure équeſtre d'un [a] Général d'Armée, dont le Cheval répoſe ou ſe ſoutient ſur les deux jambes d'un même côté, les deux autres étant en action de marcher. Cela paroît étrange à ceux qui ne connoiſſent pas l'allure des chevaux d'amble, & je crois qu'il y en a peu en ce Pays-ci.

Les morceaux de la Verge de Moïſe, & de la Verge d'Aaron, ſont les deux plus curieuſes Reliques qui ſoient à la Cathédrale, quoiqu'on n'en convienne pas à S. Jean de Latran, où l'on prétend avoir les deux Verges entieres.

Le clocher eſt tout auprès de l'Egliſe; c'eſt une Tour quarrée, haute de cent quatre-vingt pieds; toute revêtue de carreaux de marbre, rouges, blancs & noirs, & ornée de pluſieurs ſtatues. Le vieillard à tête chauve du Donatelle, eſt une fort bonne piéce. Ce *Sculpteur* eſtimoit plus, dit-on, ſon *Zuccone*, que tous ſes autres ouvrages : auſſi cette figure repréſentoit-elle un de ſes amis, outre qu'elle meritoit par elle-même qu'on en fît un grand cas.

Le Baptiſtere eſt revêtu de la même maniere que l'Egliſe, & la fabrique en eſt à peu-près ſemblable à celle du Baptiſtere de Piſe : on dit que c'étoit autrefois un Temple de Mars. Après les changemens qui y furent faits, lorſqu'on bâtit la Cathédrale

____

[a] G. Acurius, Anglois, Général de l'Armée des Piſans.

on le deſtina pour ſervir de Baptiſtere, & on le dédia à S. Jean Baptiſte. La moſaïque de la voûte eſt aſſez eſtimée ; & entre les ſtatues que ce Temple renferme, on diſtingue la Madelaine en bois, du Donatelle. Mais ce que l'on y admire le plus, ce ſont les trois portes de bronze, dont les bas-reliefs repréſentent des hiſtoires ſacrées. Celle de derriere, où l'on voit écrit *Andreas Ugolini de Piſis me fecit* 1330. eſt la moins conſidérable, les deux autres ſont belles par excellence. On ne manque jamais de raconter aux Etrangers, que Michel-Ange ne ſe pouvoit laſſer de les admirer, & qu'il les avoit eſtimées dignes d'être les portes du Ciel.

Dum cernit valvas aurato ex ære nitentes
In Templo Michaël Angelus, obſtupuit.
Attonituſque diu, ſic alta ſilentia rupit.
O divinum opus ! ô Janua digna Polo !

Dans la Place [a], vis-à-vis de la porte du milieu de ce Baptiſtere, il y a deux colonnes de porphyre enchaînées enſemble, quói qu'un peu éloignées l'une de l'autre. Leur hiſtoire eſt, nous a-t'on dit, que les Piſans ayant fait quelque conquête dans l'I-

---

[a] Proche de l'Egliſe de la Trinité, il y a une belle Colonne qui ſoutient une ſtatuë de la Juſtice, plus grande que nature : elle eſt de porphyre. On dit que la Colonne étoit autrefois au Panthéon, & qu'elle fut donnée par le Pape à Côme. *Gal. Guald. Prior.* Le proverbe dit à Florence, que la Juſtice y eſt ſi haut montée, que perſonne n'y peut atteindre.

Île de Majorque, avec les secours des Florentins, ceux-ci témoignerent qu'ils desiroient avoir deux Colonnes, qu'ils avoient remarquées entre les dépoüilles des ennemis. Quelques-uns ajoûtent que les Pisans, ne leur ayant accordées qu'à contre cœur, en ternirent le lustre par le feu, & les envoyerent en cet état sous un velours dont ils les envelopperent ; mais tous ne conviennent pas de cette circonstance.

Je ne vous dis rien de l'autre Colonne qui se voit près de là : c'est un mémorial d'un prétendu miracle qui arriva en cet endroit, quand le corps de S. Zénobius fut transporté de S. Laurent à la Cathédrale. Sa chasse toucha, dit-on, par hazard au tronc d'un [a] arbre sec qui étoit-là, & qui poussa incontinent des fleurs & des fruits. J'ai oublié le reste du conte.

L'Eglise de S. Laurent est fort grande & fort riche ; & l'on peut je crois bien dire, sans se trop avancer, que la fameuse Chapelle où l'on travaille incessamment depuis si long-tems, sera la plus belle du Monde. Je n'oserois me hazarder d'en entreprendre la description, mais je ne puis m'empêcher aussi de vous en donner quelque idée.

Cette magnifique Chapelle est fort grande & fort exhaussée. Au milieu de chaque face de son exagone, s'éleve un double pilastre de diaspre, avec le double chapiteau de bronze doré, la corniche, & tout l'enta-

[a] On montre un Crucifix qui a été fait du bois | de cet Arbre, à S. Maria Nipotecosa.

blement étant de même matiere. Sur le piédeſtal de chaque pilaſtre, on voit divers emblêmes, en pierres précieuſes, rapportées avec tout l'art imaginable. Dans les ſix angles, il y a ſix ſuperbes Tombeaux de porphyre, de granite oriental, & d'autres marbres des plus précieux. Sur chaque Tombeau, un grand [a] oreiller de diaſpre, enrichi de pierreries fines de diverſes ſortes ; & ſur chaque oreiller, une Couronne beaucoup plus riche. Le piédeſtal, ou la baſe qui ſoutient les Tombeaux, eſt revêtu de porphyre & de Calcedoine, & l'on y ajoûtera les épitaphes des Princes, auſquels les Tombeaux ſont deſtinés. Leurs ſtatues de bronze doré, & plus grandes au double que nature, ſe verront dans les niches de marbre noir, qui ſont préparées dans la muraille, au-deſſus de ces mêmes Tombeaux. Le ciel du dôme, ſera de pur Lapis ; avec des roſes, & quelques autres ornemens dorés. Tout le reſte des murs eſt revêtu en compartimens, de fines agathes, de granites rares, d'onyces, & de toutes ces ſortes de pierres qui tiennent rang entre les précieuſes ; chaque panneau étant diſtingué avec des quadres, & avec d'autres ornemens de cuivré doré. L'Autel ſurpaſſera tout le reſte ; & vôtre imagination doit auſſi porter plus loin, que mon imparfaire peinture n'eſt capable de la conduire.

La Bibliothéque de S. Laurent eſt parti-

[a] On dit que chaque oreiller coûte ſoixante mille écus.

culierement fuperbe par fes Manufcrits [a].
Je vous dirai, puifqu'il m'en fouvient, à
propos de Bibliothéque, que Mr. Magliabecchi n'a pû me faire voir la lettre de
S. Chryfoftome à Cefarius, ayant reçû du
G. Duc, une expreffe défenfe de la communiquer à perfonne. Mais vous pouvez
dire avec toute certitude à nòtre Ami, que
M. Magliabecchi m'a affuré pofitivement,
que le paffage cité par Martyr, fe rapporte lettre pour lettre au MS. dont il eft queftion.

On nous a conduits à l'Eglife de S. Croix,
principalement pour y voir le Tombeau de
Michel-Ange ; mais quoique ce monument
foit confidérable, il ne nous a pas femblé
tout-à-fait digne de ce grand homme.
§. *On en peut dire autant de celui de Galileo
Galilei. Cette Eglife eft deffervie par des Cordeliers qui tiennent le Tribunal de l'Inquifi-
tion. On y trouve des peintures à frefque de
Giotto, & de fon école ; & un S. François
qu'on prétend être de Cimabüé. On voit dans*

[a] Elle eft longue de quatre-vingt braffes, & large de vingt. La braffe de Florence eft de deux pieds Romains ; & le pied Romain eft plus court de fix lignes que le pied d'Angleterre.

On y voit un Virgile MS. du tems de Theodofe. Il y a auffi un gros MS. Grec, qui comprend la Chirurgie des Anciens, d'Hipocrate, de Galien, d'Afclepiade, de Bithynus, d'Appollonius, d'Archigenes, de Nymphodorus, d'Heliodore, de Diocles, de Rufus Ephefius, & d'Apollodorus Citienfis ; avec des figures peintes en vélin, pour faire voir la maniere de remettre les diflocations. C'eft un grand tréfor. C'eft l'unique pareil ouvrage que l'on fçache aujourd'hui. *Spon.*

*la Sacriſtie vingt quatre petits Ovales, où
Giotto, dit-on, a repréſenté douze des principales actions de J. C. & au-deſſous douze
autres de S. François, qui y ont quelque rapport, par exemple, ſous la Transfiguration.
On voit S. François enlevé au Ciel dans un
char de feu. Tout cela eſt extrêmement délicat. Au fond de la Sacriſtie eſt la Chapelle Ri-
nuccini, fondée en 1371. On croit que les peintures en ſont de Gaddi, mais elles ont été re-
touchées.* Nous avons remarqué dans cette
même Egliſe, à la Chapelle de la Famille
Zanchini, un grand Tableau, §. *peint ſur
bois*, qui eſt ſur l'Autel, & où J. C. eſt repréſenté, délivrant les ames des Peres. Il y
a là je ne ſçai combien d'Ames femelles,
qui ſont bien gaillardes pour un Tableau
d'Autel. On dit même que celle qui s'appelle Eve, étoit le vrai portrait de la Maî-
treſſe du Peintre, nommé Angelo Bronzini.
Et on ajoûte que cette figure d'homme, qui
eſt au coin droit du Tableau en bas, & qui
regarde la prétendue Eve, eſt auſſi le viſage de Bronzini. Cela me fait ſouvenir du
Pinturicchio, qui peint au Vatican le Pape
Alexandre VI. proſterné aux pieds de Julie
Farneſe, ſous prétexte de lui faire adorer
la Vierge. §. *On voit dans le Couvent une Bi-
blothéque aſſez conſiderable compoſée de MSS.
qui ſont tous enchaînés. Il y en a une autre de
Livres imprimés, mais c'eſt peu de choſe.*

Des raretés ſaintes que nous avons remarquées dans les Egliſes, je ne vous nommerai avec les verges de Moïſe & d'Aaron,
dont je vous ai déja parlé, que le Coque-

cluchon qu'avoit S. François, quand il fut
ftigmatifé , & qu'on montre dans l'Eglife
de tous les Saints. Deux des trente pieces
d'argent que reçut Judas , qui fe voyent
à l'Annonciade. Et aux Carmes, le Crucifix qui parla au beat André des Urfins.

Les Moines de S. Marc, §. *ce font des Do-*
minicains, font d'excellens baumes, & pré-
parent toutes fortes de bonnes odeurs. Nous
en avons fait provifion chez eux , & nous
avons quelquefois eu le plaifir de nous promener dans leurs Cloîtres & dans leurs Jar-
dins , où tout eft parfumé dans cette faifon ; on n'y refpire qu'Orange & que Jaf-
min. Mais de quelque côté que l'on aille,
on eft enchanté des environs de Florence.
Le Grand Duc y a plufieurs belles Maifons,
entre lefquelles nous avons feulement vû
Poggio Imperiale, & Prattolino. Ces lieux-
là font fort agréables, & on peut même dire
qu'ils ont des beautés non communes. Mais
la verité eft qu'on a pouffé fi loin en France, la magnificence des Eaux & des Jardins, que ni les Frefcatti , ni les Prattolino, ne doivent pas prefentement fouhaiter
qu'on entre dans tout le détail de toutes les
petites merveilles qui étoient autrefois fi
vantées chez eux.

§. *On lit dans l'Eglife de S. Marc quelques*
Epitaphes fans Tombeaux. Voici les plus re-
marquables.

D. M. S.
Joannes jacet hic Mirandula, cætera No-
runt

Et Tagus & Ganges, Forſan & Antipa-
des.
Obiit An. Sal. 1494. Vix. ann. 32.
Hier. Benivenius ne disjunctus poſt mortem locus oſſa ſeparet, quorum animos
in vita conjunxit amor, hac humo ſuppo-
ſita poni curavit: ob. an. 1542. Vixit an,
nos 89. menſ. 3.

Au-deſſous on lit ce dyſtique ſi connu.

Politianus in hoc tumulo jacet Angelus
        unum
    Qui caput, & linguas, res nova, tres
        habuit.
Obiit an. 1494. Sep. 24. Ætatis xl.

*Le corps de S. Antonin Archevêque de Flo-
rence, répoſe dans l'Autel même de la Chapelle Salviati dans cette Egliſe. On conçoit ai-
ſement que cette Chapelle doit être belle. Le
S. Eſprit eſt une aſſez belle Egliſe. On y voit
dans une Chapelle, derriere le Chœur, & ſous
l'Autel de cette Chapelle, le Tombeau du ſçavant P. Victorius, & de pluſieurs perſonnes
de ſa famille. Sous le Cloître on voit des peintures à freſque, qui repréſentent l'hiſtoire &
les miracles de S. Auguſtin & de S. Nicolas de
Tolentin. Ce dernier y réſuſcite deux perdrix
roties.*

*L'Annonciade eſt revêtuë de marbre. On y
voit une Madonne fort riche qui fait des miracles. Son Autel eſt au bas de l'Egliſe, & tellement oppoſé au grand Autel, que lorſqu'on
célébre les Saints Myſteres à l'un & à l'autre;*

les deux Prêtres & tous les affiſtans ſe tour-
nent mutuellement le dos.

Nous avons vû l'Arſenal & la Citadelle de S. Jean Baptiſte, qui eſt en bon état, & bien forte : Les deux Forts de Belvedere & de S. Miniato, ſont comme abandonnés.

Le Grand Duc a pluſieurs *Ménageries* (a), où l'on nourrit diverſes ſortes d'Animaux. Le Villani a écrit que l'an 1331. il nâquit à Florence deux Lionceaux qui devinrent grands. Le même Auteur raconte que dans un autre tems, un Lion échappa de ſa Loge, & jetta la terreur dans toute la Ville. Qu'ayant rencontré un enfant, qu'il prit ſans le bleſſer, comme entre ſes bras. La Mere de l'enfant toute éplorée, & toute échevelée, courut à ce raviſſeur avec cris & larmes ; & que le Lion la regardant attentivement, lui rendit ſon enfant, ſans faire aucun mal ni à l'un ni à l'autre.

Je ne puis fermer cette lettre ſans vous parler de certaines pierres qui ſe trouvent dans les montagnes du voiſinage de Florence, & qui étant ſiées en deux, tout au travers du cœur, & enſuite polies, repréſentent, les unes des arbres, les autres des villes & des ruines de châteaux ; & cela d'une maniere ſi naturelle, qu'on ne peut s'empêcher d'en être ſurpris. Kirker appelle les

(a) A l'Hôpital *ad Sça-*
las, on voit le Tombeau & l'Epitaphe d'un Monſtre humain qui n'avoit qu'un corps, deux têtes, & quatre mains. Ce double homme, [nommé Pierre, & Paul] n'avoit pas les mêmes affections. L'un pleuroit & l'autre rioit, l'un dormoit & l'autre veilloit, & ainſi du reſte. Il vécut vingt ans & vingt jours. *Schraderus.*

premieres *dendrites*, à caufe des figures d'arbres qui paroiffent : & ce même Auteur fait
fur cela diverfes remarques très-curieufes,
mais dont je ne vous entretiendrai point ici,
ne doutant pas que vous ne vous en fouve-
niez auffi-bien que moi.

Au refte, j'ai à vous dire encore, que
quelque belle, & quelque bien fituée que
foit Florence, le féjour en eft pourtant bien
mélancholique, pour des gens qui font accoûtumés à goûter les douceurs de la focie-
té. Le Chevalier D. qui comme vous fçavez, réfide depuis quelques années, ne
paffez exprimer le chagrin qu'il a con-
tes manieres gênées, & les cérémonies
éternelles des Florentins, auffi-bien que
contre *l'invifibilité* des Femmes. Il faut être
né parmi ces coûtumes, pour ne les trouver pas tout-à-fait étrangeres. Je fuis,

Monfieur,

Vôtre, *&c.*

A Florence ce 23. *May* 1688.

LETTRE XXXII.

Monsieur,

Il ne nous a pas été possible de trouver une seule litiere à Florence, pour faire le voyage de Boulogne. Je ne sçai par quelle avanture il y avoit alors une inondation de Moines, qui couvroit le païs; & ces gens-là s'étoient emparés de tout ce qu'il y avoit de voitures commodes. Quelques rudes & quelques montagneuses que soient ces deux journées de chemin, la route n'en est pourtant pas impraticable aux caléches; mais on est si souvent obligé de descendre, & de marcher à pied, que nous avons mieux aimé prendre des chevaux.

De Florence à Boulogne, c'est une enchaînure perpetuelle des montagnes de l'Apennin. La plus haute de celles que l'on passe, est appellée *Monte Juovo*. A parler généralement, c'est un païs stérile & désert: il n'y a que les vallées de [a] Scarperia & de [b] Fiorenzola, qui méritent quelque

[a] Le 3. Juillet de l'an 1642. cette petite Ville fut ruinée par un tremblement de Terre. *Schard*.

[b] Fiorenzola fut bâtie par les Florentins l'an 1332. Villani écrit qu'ils en jetterent les fondemens, sous l'ascendant du signe du Lion, afin qu'elle devint une Ville stable, & puissante; & il ajoûte que cela réussit mal.

Il y en a qui prétendent que c'est l'ancienne *Fidentia*.

diſtinction. Dans le premier de ces bourgs,
on fait beaucoup de coutellerie ; pour cinq
ou ſix ſols la piéce , ils donnent des coû-
teaux qui ont juſqu'à douze lames ſur la
même poignée : il y en a de tout prix.

Kirker dit qu'il a obſervé que vers le
Village de *Pietra-mala* l'air étincelle quelquefois pendant la nuit. Mais j'ai vû une
autre choſe [a] proche de ce Village, qui
eſt tout-à-fait curieuſe. C'eſt une flamme
auſſi pure que celle d'un fagot de menu
bois ſec , ſans aucune odeur , & qui s'éleve
continuellement au milieu d'un chemin fort
dur & pierreux , ſans qu'il y paroiſſe aucune ouverture. Les très-grandes pluyes étei-
gnent cette flamme , mais elle renaît un
moment après plus forte qu'auparavant :
& les pluyes médiocres l'irritent, & la rendent plus belle & plus vive. Je vous entretiendrai une autrefois plus amplement de
ce phénoméne ; car il eſt à mon avis des
plus rares, & je ne trouve perſonne qui en
ait parlé.

Un peu en deçà , entre Pietra-mala &
Loyano, au village de Scari-calaſſino , ſont
les limites de Toſcane : les Armes du Grand
Duc ſont ſur un côté du pôteau ; & de l'autre côté les Armes du Pape.

Du haut des dernieres montagnes , qui
viennent finir à Boulogne , on découvre la
Mer à main droite, & vis-à-vis de ſoi, on
voit tout à plein ce vaſte & admirable païs

[a] A un demi quart de | Pietra mala , & aller à
lieuë hors de la route, il | pied. Ils appellent ce Feu
faut laiſſer les chevaux à | *Fuogo del Legno.*

E iij

de Lombardie, qui s'étend tout le long du
Pô, entre les Alpes & l'Appennin : la superficie de la Mer, décrivant toujours une por-
tion de cercle, il n'eft pas poffible, en quelque endroit qu'on y foit, que la vûë s'y
puiffe porter fort loin : Mais toute la Lombardie étant dans un parfait niveau, on en
découvre une prodigieufe étenduë.

L'Appennin s'humilie, & fe change infenfiblement en riches côteaux, en appro-
chant de Boulogne : & cette Ville eft [a]
fituée juftement à l'entrée de la platte campagne, au pied de ces côteaux. Pour la découvrir toute entiere, il faut monter au
Couvent de S. Michel *in Bofco*; on a en même tems le plaifir de voir un des plus magnifiques Monafteres qui foient en Italie : il
y a affurément peu de Princes Souverains
dont les Palais approchent de fa beauté. Je
ne fçai fi ceux des Dominicains & de S.
Sauveur lui cédent ; & on peut dire en general, que les Couvents de Boulogne font
extraordinairement vaftes, & fuperbement
bâtis.

Boulogne a titre [b] d'Archevêché, &
eft la feconde Ville de l'Etat Ecclefiaftique.
On affure qu'elle eft un peu plus grande
que Florence, plus peuplée d'un tiers, &
même plus riche. Elle n'eft ceinte que d'un
fimple mur, & n'a point de Citadelle.
Après quantité de guerres qu'elle avoit euës
avec fes voifins, & après plufieurs divifions
inteftines qui l'avoient cruellement déchi-

BOULO-
GNE,
dite la
Graffe.

[a] Sur la *Via Æmilia.* ... titre de Prince de l'Em-
[b] L'Archevêque a le | pire.

rée, elle pensa à se réposer entre les bras du [a] Pape ; mais elle ne se donna à lui, qu'aux conditions qu'on ne la mettroit point sous le fleau d'une Citadelle ; §. *qu'elle n'auroit point non plus de garnison ;* que les biens de ses Citoyens ne seroient sujets à aucune confiscation, sous quelque prétexte que ce fût ; & qu'elle auroit toujours un Auditeur de Rote, & un Ambassadeur à Rome : choses qui ont été jusqu'ici fidélelement observées [b].

L'Université [c] de Boulogne fut fondée l'an 425. par Théodose le Jeune ; mais elle ne tient son grand lustre que de Charlemagne : c'est par égard à cette Université, que Boulogne écrit sur sa monnoye, *Bononia docet.* Elle y met aussi le nom de *Libertas,* dans l'écu de ces armes.

§. *La Ville est inégale & mal pavée : elle a douze Portes.*

La petite riviere de Reno qui passe à Boulogne, ne lui seroit pas d'un grand secours pour son trafic, sans le canal de communication qui joint cette riviere au Pó. §. *Le Reno est à quelque distance de Boulogne. Le Canal qu'on a tiré de cette riviere traverse la Ville.* Il y a dans cette Ville quatre cens moulins à soye : elle fait aussi le négoce de cire, de chanvre, de lin, de jambons, de saucissons, de sa-

[a] Nicolas l'an 1278.
[b] Bologna si sensa Fisco & Citadella.
[c] Dans une des sales de l'Université, il y a un Monument érigé à Gabriel Tagliacozzo, habile Chirurgien, qui faisoit des Nez, des Oreilles, & des Lévres de rapport, de chair vive. *Huguetan.*

vonnettes, de tabac, de parfums. Quand leurs petits chiens étoient plus à la mode, ils les vendoient extrêmement chers. On fait ici un assez plaisant conte, d'un bon Limosin qui étant à Boulogne, & voyant le prix de ces petits chiens, s'en retourna exprès dans sa Province, pour amener une meute de grands mâtins : il esperoit de les vendre proportionnément à la différence du poids & de la taille.

Les maisons de Boulogne sont communément bâties de pierre & de brique, avec un enduit qui couvre le tout : Il y en a aussi quelques-unes de pierre de taille. Presque toutes les ruës ont de doubles portiques comme à Padouë, mais ces portiques sont beaucoup plus larges & plus exaucés, à-peu-près comme dans vôtre *Covent' s-garden*. Les ruës sont assez droites ; & à mettre le tout ensemble, on peut dire que Boulogne est une belle & bonne Ville. Les Femmes n'y sont pas si cachées qu'à Florence, on en rencontre beaucoup, & il y en a de fort belles. Les plus qualifiées s'habillent autant qu'elles peuvent à la Françoise, comme elles font presque par tout ailleurs.

Le Palais du Général Caprara, est un des plus beaux de la Ville : on nous y a fait voir quantité de riches dépoüilles que ce Général a prises sur les Turcs.

Le Cardinal Légat, & le Gonfalonnier avec ses Conseillers, sont logés au Palais Public. §. *Le premier ne peut rien faire sans consulter, du moins par forme, les autres.*

Le Sénat est composé de quarante Gentilshom-
mes. Le Gonfalonnier n'est en charge que pen-
dant deux mois : les quarante Sénateurs le font
tous à tour de rôle. Le Château de Légat est an-
cien, mais il est remoderné. Au-dessus du portail de ce Palais, on voit la [a] statue en
bronze de Gregoire troisiéme ; & à côté
celle de Boniface huit [b] : Nous avons vi-
sité dans ce même Palais le Cabinet des curiosités du célébre [c] Aldroandus : celui du
Marquis de Cospi y a été joint, & le tout
appartient à la Ville. Chaque piece de ces [d]
Cabinets porte son nom écrit. Nous avons
remarqué un portrait de femme qu'Aldroandus dit avoir vûe, & qui avoit la barbe
au menton longue, épaisse à la Capucine.

Toutes les raretés de ces Cabinets, n'ont
rien de si surprenant que ce que je vous vais
dire. Dans une chambre qui est à côté, il
y a cent quatre-vingt sept volumes *in-folio,*
tous écrits de la propre main d'Aldroandus ;
avec plus de deux cens sacs de diverses gran-
deurs, tous remplis de feüilles détachées ; il
est vrai que les marges sont grandes, & les
lignes assez distantes.

[a] Cette Statuë pese onze mille livres, & passe pour être très-belle. Elle est d'Alex. Mingenten, qu'Augustin Carrache appelloit le Michel-Ange inconnu.

[b] *Bonifacio VIII. P. M. ob eximia erga se merita. S. P. Q. B. A. M. CCC. I.*

[c] Ulisse.

[d] Mr. Lotier Banquier, a un très beau Cabinet de médailles. Il y a deux Othons de cuivre, dont l'antiquité ne peut être contestée. Il faut laisser dire aux ignorans, qu'il n'y a point d'Othons antiques, *Spon.*

E v

J'oubliois de vous dire qu'entre les Statues des Papes, qui font fur la façade du Palais, il y a une infcription Latine, par laquelle il eft dit que l'Empereur Charles-Quint, & le Pape Clement fept, s'étant rencontrés enfemble à Boulogne, l'an 1529. au mois de Novembre, ils donnerent la paix à toute l'Italie : après quoi le Pape [a] couronna l'Empereur dans l'Eglife de S. Petrone : Qu'ils firent enfuite une Proceffion triomphante par toute la Ville, & qu'ils y pafferent l'hyver enfemble.

Une autre infcription raconte le miracle d'une Nôtre-Dame, qui délivra Boulogne de la pefte ; & les premieres paroles de cette infcription font, *Adefte ô Sol ac Luna teftis.*

Dans un autre endroit, on a peint contre la muraille, [b] un certain Ugolino pendu par un pied ; & à côté on a mis ces paroles, *Ugolino traditore filatugliero alla Patria,* §. *Il y a apparence que cet Ugone étoit un Ouvrier en foie. Le mot de* filatugliero *le défigne affez. On fçait d'ailleurs que le Comte Ugolino fut enfermé dans une tour à Pife, où on le laiffa mourir de faim lui & fes quatre enfans. Je ne fçais pourquoi on l'auroit repréfenté ici pendu par un pied.*

[a] Charles-Quint avoit déja été couronné à Aix la Chapelle. Ce fut le 22. Octobre 1520. Il fut couronné à Boulogne Roi de Lombardie.

[b] Ce pourroit être le Comte Ugolino. Pifan, l'un des Chefs de la faction des Guelfes. On trouvera fon hiftoire & fa fin miferable, dans J. Villani, livre 7. chap. 120. & 127. Voyez auffi ce qu'en dit Leandre Alberti, dans fon Hetruria littoralis.

Les Statues de la Fontaine qui est vis-à-vis du Palais, sont du fameux Jean de Boulogne, & le reste est d'Antoine Lupi, sur le dessein qu'en donna le Loretti. §. *Ces Statuës sont un Neptune en pied avec quatre jolis petits tritons de bronze, posés sur un piédestal, & quatre Syrenes de pierre qui jettent un petit filet d'eau par chaque mamelle.* Voilà ce que vous vouliez sçavoir. J'ajoûterai que les jets d'eau sont trop petits, pour une fontaine si grande & si noble ; d'ailleurs ce ne sont que des filets qui n'ont aucune proportion avec le reste. On assure que cette fontaine coûte soixante & dix mille écus d'or, y compris la dépense des canaux souterrains.

S. Petrone est la plus grande Eglise de Boulogne. On y remarque la ligne Méridienne de Cassini, qui est marquée sur une lame de cuivre enchassée dans le pavé, & longue de deux cens vingt-deux pieds. L'Eglise étant à-peu-près située de l'Est à l'Oüest, il se trouve que cette ligne commençant à l'entrée de la grande nef, à main gauche, rencontre un juste passage entre les pilliers, & traverse son obstacle presque jusqu'à l'extrêmité de la petite nef. Justement au midi de la ligne, la voûte de cette derniere nef a une petite ouverture, par où vient un rayon de Soleil : & il arrive que ce rayon marque sur la ligne, les Solstices & les Equinoxes. C'est une chose infaillible & fort aisée à faire, pourvû qu'on ait un lieu propre : il n'y a qu'à partager les degrés de la ligne proportionnément à

la hauteur de l'ouverture où passe le rayon?
§. *Ce Temple est un beau vaisseau quoique Go-*
thique. Il est très-grand, élevé & proportion-
né. Les voûtes & les piliers en sont legers.
On prétend que S. Augustin a prêché dans la
chaire de cette Eglise ; & on ajoûte qu'il n'y a
que ceux qui ont parlé devant le Pape qui
puissent y monter.

À l'Eglise du *Corpus Domini*, on fait voir
un corps embaumé, noir & sec comme une
Momie. On dit que c'est [a] une Béate qui
fait force miracles. §. *Elle étoit Religieuse.*
On distingue quelque chose de blanc sur sa bou-
che, & l'on croit que cette marque est miracu-
leuse. Elle est assise dans un fauteüil, & revêtue de cent sortes d'atours, avec quantité de bagues aux doigts. Ses ongles & ses
cheveux [b] croissent, dit-on, toujours,
comme quand elle étoit vivante, & c'est là
le grand indice que l'on a premierement eu
de Sa Sainteté. Elle fait peur à voir, tant
elle est affreuse.

Ils ont aussi une extraordinaire vénéra-
tion pour une Notre-Dame de la façon de
S. Luc, laquelle demeure à cinq milles de
Boulogne, & qui y viendroit, dit-on, du
moins tous les ans une fois, si on ne l'alloit
pas chercher [c]. On lui épargne donc cette

[a] Catherine Vigri.

[b] Ambroise Paré Chi-
rurgien des Rois Charles
IX. & Henri III. a écrit
qu'il a gardé un Corps
pendant vingt ans, dont
les Ongles croissoient autant que quand la personne
étoit en vie.

[c] Au Mont de *la Gual-
dria.*

On a commencé, & dé-
ja fort avancé un chemin
couvert, sous lequel on ira
en procession de Boulogne
à cette Montagne.

peine, & on la promene pendant trois jours
dans la Ville, avec plus d'appareil & de cérémonie, qu'on n'en a jamais pû faire pour
Charles-Quint, & pour Clement sept. Les
Corps des Métiers, les Confrèries, les Couvents, les Paroisses, le Magistrat, le Gonfalonnier, le Légat, tout assiste à cette Procession solemnelle. La *Madone* est portée
sous un riche dais ; & quand elle passe, les
spectateurs se jettent à genoux avec des soû-
pirs & des gémissemens, qui nous ont fait
souvenir de vos *Quakers* d'Angleterre.

Nous avons vû aussi la magnifique Chapelle, & le Tombeau de S. Dominique,
dans l'Eglise des Dominicains. §. *Le Corps
est dans une chasse de marbre orné de bas-reliefs assez beaux.* Les bancs du Chœur de
cette Eglise sont ornés d'une marqueterie
de bois fort estimée, de la main du Frere
Damien de Bergame. On louë toujours cet
ouvrage, de la même maniere qu'on le
louoit autrefois, parce qu'on fait toujours
la moitié des choses par habitude. Cependant on a bien rafiné depuis ce tems-là : on
a trouvé le secret de donner au bois des
teintures naturelles ; & cet ouvrage en general se fait aujourd'hui avec une toute autre délicatesse.

On voit dans cette même Eglise le Tombeau de (*a*) Hentius, Roi de Sardaigne &
de Corse, & fils naturel de l'Empereur
Frederic second. Ce jeune Prince ayant été
fait prisonnier par les Boulonnois, comme
il amenoit un secours à ceux de Modene,

(*a*) Nommé aussi Enzelin.

contre qui ils étoient en guerre : Frederic mit tout en œuvre pour le ravoir; il menaça, il pria, il promit autant d'or qu'il en faudroit pour (a) environner Boulogne; & tout cela en vain ; jamais les Boulonnois ne le voulurentrendre. Ils le traiterent toujours en Roi, aux dépens de la République, mais en Roi prisonnier. Il vécut vingt-deux ans, neuf mois & seize jours dans sa captivité; & mourut au mois de Mars, l'an 1272. l'Epitaphe qui se lit sur le Tombeau, exprime plus au long toute cette histoire.

§. On trouve vis-à-vis cette Eglise la statuë de S. Dominique, placée sur une grande colonne de marbre rouge. La statuë est de bronze, plus grande que Nature. Elle regarde une Madone du Rosaire du même métal, placée sur une autre colonne de pierre.

Voyez les Cloîtres, les Dortoirs & la Bibliothéque de ce Couvent.

Quand je fais réflexion sur l'offre de l'Empereur, & sur la fierté de la petite République de Boulogne, il me vient en l'esprit de soupçonner qu'il y avoit du mystere dans le cercle d'or. Si l'intention de Frederic eût été de faire la chaîne pesante, il y a beaucoup d'apparence, qu'il en eût désigné la valeur sans cercle & sans détour. Et si les Boulonnois n'eussent pas aprehendé la surprise, ils n'auroient pas non plus tant fait les inéxorables. Mais un fil d'or auroit fait le cercle, & ce même fil pouvoit être leger.

(a) - - - *Cùm tantum auri pro redimendo polliceretur quantum ad mœnia Bononiæ circulo aureo cingenda sufficeret,*

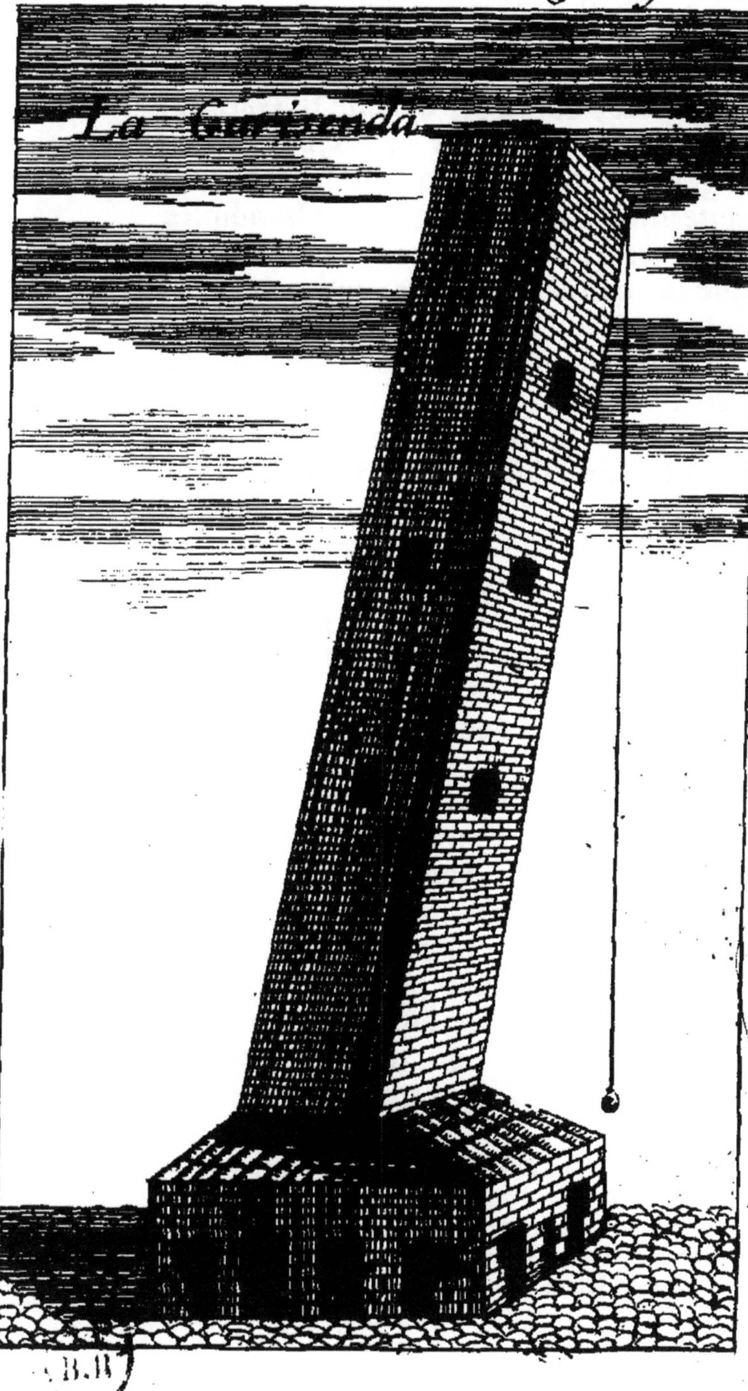
La Garisenda

Auprès de la grande tour (a) *Asinelli*, il
y en a une autre qui panche comme la
tour de Pise, & qu'on appelle la *Garisenda*. §. *Ces deux tours font de brique*. L'opinion générale eſt auſſi, qu'elle a été bâtie
de cette maniere avec deſſein. On admire
le *grand ingegno d'ell' Architetto* ; & on ſe
moque de certains Moines, qui vouloient
abandonner leur Couvent, à cauſe que ce
Couvent ſe rencontroit ſous le penchant de
la Tour.

Il y a de la ſimplicité à croire que cette
tour ait été ainſi faite exprès : C'eſt une tour
de brique, quarrée, & toute unie, comme
ces tours de Sienne & de Viterbe, dont je
vous ai parlé. Cela n'a point été bâti pour
raiſon d'ornement, & il n'étoit pas queſtion
de faire le bel eſprit, quand on l'éleva : il
étoit plus à propos de ſonger à lui donner
de la ſolidité, que des airs panchés qui ne
ſignifient rien. D'ailleurs, ce n'eſt point
une choſe qui ſoit difficile, de bâtir une tour
qui ſoit un peu penchante : vous en ſçavez
les raiſons auſſi-bien que moi, & vous en
pourrez faire l'experience quand il vous
plaira, en mettant en pile les Dames de vôtre Trictrat. Il ne faut point là de *grand'
ingegno*. Cette tour me fait ſouvenir de ce
qu'a écrit Childrei, l'un de vos Naturali-
ſtes Anglois, & qu'il y a un clocher à Bri-

(*a*) Cette Tour fut faite
par Gerard Aſinelli, l'an
1109. Elle eſt haute de
trois cens ſoixante - ſeize
pieds : la Gariſenda qui
fut bâtie par Othon, &
Philip. Gariſendi, l'an
1110. a cent trente pieds
de haut, & panche de
neuf. *Gal. Guald,*

ſtol, qui va & vient ſelon le mouvement des cloches.

J'avois déja bien lû ailleurs l'épitaphe de ce Proculus, qui fut enterré à Boulogne, dans l'Egliſe de S. Proculus :

Si procul à Proculo Proculi campana fuiſſet,
Jam procul à Proculo, Proculus ipſe foret.

Mais j'avois toujours compris, ſelon l'opinion commune, que la cloche de S. Proculus avoit écraſé l'autre Proculus ; au lieu qu'on dit ici, que ce Proculus qui étoit un homme fort ſtudieux, ayant continué longtems à ſe lever tous les matins au ſon de la cloche, ſon trop grand travail le rendit malade, & le fit mourir.

Les pierres luiſantes que vous connoiſſez aſſez ſous le nom de pierres de Boulogne, ſe prennent à trois milles de cette Ville, ſur la montagne de Paderno. Le Sr. Bartolomeo Zanicheli, eſt le ſeul qui ait le ſecret de les preparer.

§. *A S. François il y a un Crucifix miraculeux ; on le découvre un Vendredi du mois de Mars.*

Au ſortir de la porte de Mamelo, par laquelle il eſt défendu aux Etrangers d'entrer, on voit un beau Couvent d'Olivetans ; c'eſt S. Michel in Boſco. Les peintures du Cloître ſont des Carraches. Celles de l'Egliſe, de la Sacriſtie & de la Bibliothéque ſont belles. Les ſtales du Chœur ont leur beauté. Les Livres ſont en petit nombre, & il n'y a point de MSS,

Nous avons souffert de grandes chaleurs, entre les sables & les Montagnes de l'Appennin, & nous n'en avons guéres moins trouvé dans Boulogne : mais en récompense, on y peut avoir de la glace, & toutes sortes de liqueurs rafraichissantes. Par tout en ce païs, les hommes portent des évantails, aussi-bien que les femmes : on en fait de carte qui ressemblent à des giroüettes, & qui ne valent qu'un sol la piece. Nous avions dans nôtre auberge à Boulogne, une machine qui se branloit audessus de la table, pour en chasser les mouches.

On nous a servi plusieurs fois des tortuës de lacs, grandes comme des assiettes : la chair en est ferme, & d'assez bon goût.

Hier à Soleil couchant, nous partîmes de Boulogne, & vîmes au gîte à Samogia, petit village qui n'en est qu'à dix milles, & la même distance de Modene. Vous devez compter que désormais, jusqu'à ce que nous rentrions dans les Alpes, nous serons toujours dans un païs uni comme un jeu de boule : les terres labourées à droit & à gauche, & les vignes soutenuës sur des arbres plantés en échiquier. C'est ce que nous avons déja vû en divers endroits de la Lombardie, & c'est ce que l'on nous dit que nous y verrons presque toujours. Cette disposition de païs est bonne en elle-même, & fort agréable ; mais elle ne laisse pas de devenir ennuyeuse aux yeux des Voyageurs. La vûë est toujours bornée entre quelques rangs d'arbres, & l'on aime à changer d'objets.

Hier au soir, à nuit close, comme nous approchions de nôtre village, nous vîmes une chose qui nous étoit nouvelle, & que nous trouvâmes fort jolie & fort rare ; quoiqu'on n'y fasse aucune attention dans le païs, parce qu'elle y est ordinaire. C'étoient de volées de mouches (a) luisantes, qui remplissòient les hayes par millions, & qui en faisoient comme autant de buissons ardens. La campagne & les arbres n'en étoient guéres moins couverts, & tout l'air en brilloit aussi : on eût dit qu'il pleuvoit des étoiles, ou qu'elles voloient ; & je ne doute pas que Philon n'y eût été trompé, lui qui croyoit que les astres étoient animés.

Ces petits (b) insectes sont à peu-près de la forme des hannetons, mais ils n'ont tout au plus que deux lignes & demie de long, & une ligne de large. L'endroit brillant est sous le ventre : c'est un petit poil velouté couleur de citron, qui s'épanoüit à chaque coup d'aîle, & qui jette en même-tems un trait de feu fort vif.

Aujourd'hui nous sommes partis dès le grand matin, pour profiter des heures de fraîcheur, & nous n'avons mis que deux heures à venir à Modene. Nous avons vû en passant le (c) Fort d'Urbain VIII. & un

---

(a) J'ai lû dans une Relation des Isles de l'Amerique, écrite en Anglois ; qu'il y a dans la Barbade, de grandes mouches luisantes qui peuvent servir de Chandelles ; & que les Indiens se les attachent aux pieds & aux mains, pour voyager pendant la nuit.

(b) On les appelle Lueciole.

(c) Ce Fort a quatre bastions. Ils portent le nom de Sainte Marie, Saint

peu en deçà, nous avons paſſé dans un bac
la riviere de Panaro, qui ſépare le Boulonnois du Duché de Modene.

Quoique Modene ſoit ſituée dans un bon
païs, elle eſt pauvre, faute de négoce.
D'ailleurs ſes fortifications tombent en ruine : ſes ruës ſont petites & ſales : les portiques qui régnent preſque par tout comme à Boulogne, ſont bas & étroits ; il n'y
a point d'Egliſe fort remarquable. Les belles maiſons y ſont rares ; & il eſt certain que
cette Ville ſeroit très-peu connuë ſans ſon
ancienne réputation, & ſans le ſejour qu'y
fait ſon Duc. (a) Le vieux Palais de ce Prince étoit peu de choſe ; mais le nouveau qui
ſe bâtit en partie ſur les ruïnes du premier,
a des commencemens qui promettent beaucoup. §. *L'architecture en eſt belle. Il y a un
eſcalier fort beau, & un appartement rempli
de ſuperbes tableaux. On y voit entre autres
cette Nuit ſi vantée, qui, ſelon les connoiſſeurs,
meriteroit qu'on fit le voyage d'Italie pour la
voir.* Les Ecuries ſont belles & bien remplies. C'eſt tout ce que Modene a d'agréable, avec ſa ruë du cours, & ſes promenades ſur les remparts. Je ſuis,

Monſieur,

Vôtre, &c.

A Modene ce 28. *May* 1688.

Pierre, Saint Paul, Ste. | meuſe *Sechia rapita*, Tré-
Petrone. | ſor à la Cathédrale.
   (a) Il faut voir la fa-

LETTRE XXXIII.

Monsieur,

Nos caléches nous ont ramenez en quatre heures de Modéne à Regio. Cette Ville
n'a aucunes particularités fort remarquables : en general elle eſt mieux bâtie, &
plus agréable que Modéne. Ils vantent
beaucoup leur (*a*) Egliſe de S. Proſper;
mais quand on vient de Rome & de Naples, il eſt difficile d'admirer les Egliſes de
Regio. Ils aſpirent auſſi à s'aquerir quelque
réputation par leurs ouvrages d'os, & par
leurs éperons, auſſi-bien que ceux de Modéne par leurs bons maſques : pauvres endroits pour ſe rendre célébres. Les beaux
ouvrages d'os de Regio, ſont de méchantes
petites bagues de ſix ſols la douzaine, des
têtes de mort, des reliquaires, des Agnus
Dei, des croix ; & tout cela fait à coups de
ſerpe. Les Madones & les Reliques ne leur
manquent pas. J'ai appris qu'on a trouvé
quelques anciennes inſcriptions à Regio,
dans leſquelles cette Ville eſt appellée *Re-*
gium Lepidi, mais ce *Lepidus* n'eſt pas autrement déſigné. L'autre Regio de la Calabre ulterieure, étoit nommée *Regium Ju-*

____

(*a*) Il y a deux fameux | *Huguetan.* Il ne dit pas
Tableaux, l'un du Corre- | quels Tableaux ce ſont.
ge, & l'autre de Guide, |

lium, & l'on a remarqué que les habitans de la premiere font appellés par les Auteurs Latins, *Regienfes*; au lieu que les autres font nommés *Rhegini*. On a crû auffi, comme vous fçavez, que le dernier *Regium*, ou *Rhegium*, étoit dérivé de ῥήγνυμι; les terres de l'Italie & de la Sicile, ayant été féparées, & comme rompuës en cet endroit.

Ceux de nôtre Regio appellent leur Prince Duc de Regio & de Modéne. Vous fçavez que les Ecoffois en ufent de la même maniere, ils mettent l'Ecoffe avant l'Angleterre.

§. *Ce qu'il y a de plus remarquable à Regio, c'eft une ruë fort large, longue de fept ou huit cens pas, dans laquelle les Marchands établiffent leurs boutiques en tems de Foire.*

A huit milles de Regio, nous avons paffé fur un pont, la riviere d'Enfa, & nous fommes entrés de l'autre côté, dans le Duché de Parme. C'eft toujours un païs plat, mais on y trouve beaucoup de pâturages; au lieu que vers Boulogne & Modéne, prefque toutes les terres font labourées.

Parme (*a*) eft à dix-fept milles du pont d'Enfa. On apperçoit cette Ville d'affez loin, à caufe du chemin large & droit qui

PARME;
Evêché.

(*a*) Le Fromage fi renommé, qu'on appelle *Parmefan*, ne fe fait pas préfentement dans l'Etat de Parme; mais dans le Milanois; & particulierement autour de Lodi. Le meilleur vaut ordinairement vingt fols la livre; mais la livre eft de vingt-huit onces, & vingt fols de Milan, n'en font que neuf d'Angleterre.

y conduit , & qui découvre ſes plus grands
clochers. L'abord en eſt fort agréable, &
la Ville même l'eſt beaucoup auſſi. Sur la
porte par où nous ſommes entrés , on voit
les armes du Pape Paul troiſiéme : Vous ſçavez que ce Pape créa Duc de Parme & de
Plaiſance Loüis ſon fils bâtard : les Provinces de Parmeſan & du Plaiſantin , ayant
fait auparavant partie de l'Etat Eccleſiaſti-
que. La Citadelle de Parme eſt conſtruite
ſur le modéle de celle d'Anvers, & les fortifications de la Ville ſont aſſez bonnes. La
riviere de Parma paſſe au milieu de Parme ,
& en fait comme une double Ville : cette
riviere n'eſt pas navigable.

Le Palais Ducal n'a rien d'extraordinaire : on en bâtit un nouveau qui ſera plus
grand & plus regulier. Les Ecuries ſont belles : les Caroſſes extraordinairement riches :
& la Garderobe fort remplie. Le grand
Théâtre eſt une choſe rare ; ni Paris, ni Veniſe n'en ont point de ſemblables. Il eſt d'u-
ne grandeur extraordinaire ; & cependant
quelque bas qu'on y parle, on eſt entendu
de partout. §. *Lorſqu'il eſt plein, les décora-
tions & les ornemens des loges diminuent
beaucoup cette merveille.* Au lieu des loges , ce ſont des bancs qui s'élevent en
Amphithéâtre autour du parterre ; & ce
parterre, plus grand de beaucoup que les
parterres ordinaires , ſe peut remplir d'eau
à la hauteur de plus de trois pieds. On met
ſur ce petit Lac quelques gondoles dorées ,
& cela produit un effet très-agréable, avec
le ſecours d'une belle illumination.

§. *La Gallerie de Parme, avec toutes fes antiques, fes peintures, & fon médailler, a été tranfportée à Naples.*

Outre les Ecoles ordinaires de l'Univerfité, il y a un grand & beau College qu'on appelle le Collége des Nobles. Les Ecoliers de toutes Nations y peuvent être admis, §. *en payant,* pourvû qu'ils foient capables de la Chevalerie de Malthe. L'on y peut auffi apprendre toutes fortes d'Exercices, comme on y fait toutes fortes d'Etudes; tellement que les penfions font différentes, felon les diverfes chofes aufquelles on fe veut appliquer. Les Ecoliers mangent enfemble dans un Réfectoire; & leur nombre eft préfentement de deux cens trente.

Le Dome de la Cathédrale de Parme eft peint par le Correge (*a*); on trouve plufieurs autres bons Tableaux dans les principales Eglifes.

§. *La Cathédrale eft pavée de marbre. On y voit une Infcription fur une lame de cuivre, qui porte que Vidibold neveu de Charlemagne, & Chanoine de cette Eglife, y eft enterré. On y lit auffi cette Epitaphe finguliere:*

Io. Martinus Maivacca.
I. V. Doctor & Eques, nolens difcretioni
Heredum ftare Vivens pofuit.

Voyez les Eglifes de l'Annonciade, & de N. D. de l'Eftacade, le Palais des Jardins & le Collége des Nobles.

(*a*) Voyez à S. Jean, & à S. Antoine.

Nous avons vû de fort beau monde au Cours ; & fur tout des femmes, belles, & bien faites : mais ils ont la ridicule maniere de Rome : Les hommes & les femmes n'entrent jamais enfemble dans un même caroffe : On vòit un tas d'hommes dans un caroffe, & une troupe de femmes dans un autre. Il n'y auroit pas moins de honte à faire autrement, qu'à marcher tout nud. Le monde n'eft-il pas étrange, avec fes coûtumes & fes préjugés ?

De Parme à Plaifance il y a trente-cinq milles. On paffe à (a) Borgo S. Donino, qui eft une petite Ville démantelée. Ni les villages, ni les rivieres qui fe rencontrent fur cette route, ne meritent pas d'être remarqués.

PLAI-
SANCE,
Evêché.
Plaifance eft dans la plaine à cinq ou fix cens pas du Pô. C'eft une Ville affez agréable, plus grande que Parme, & bien joliment bâtie, quoique les maifons en foient baffes. La ruë du Cours qu'ils appellent le *Stradone*, eft droite à la ligne, & d'une largeur parallele. On a mis de chaque côté un rang de trois cens pôteaux, qui confervent le chemin pour les gens de pied, auprès des maifons, à la maniere de Londres : & ces pôteaux font juftement à dix pieds l'un de l'autre, d'où il réfulte que la ruë eft longue de trois mille pieds.

La ftatuë d'Alexandre Farnéfe Gouverneur des Païs-bas Efpagnols, & celle de Ranuce premier, fon Fils, fe voyent dans la plus grande Place.

(a) Païs des Truffes.

§. LI

§. *La premiere est la plus belle. Ce sont deux statuës équestres de bronze posées sur des pied-destaux de marbre, ornés d'amours & de bas-reliefs.*

Nous avons monté au plus haut clocher, selon nôtre coûtume ordinaire, & nous avons découvert un païsage admirable; le cours du Pô l'embellit beaucoup. On voit Crémone assez distinctement, quoique cette Ville soit éloignée de vingt milles.

Je ne vous dis rien des Eglises, (a) & déformais je ne vous en parlerai que très-peu. Quand on a l'idée remplie, comme je vous le mandois l'autre jour, de ces Temples magnifiques que nous avons vûs, on ne peut pas s'arrêter beaucoup à considerer les autres.

J'ajoûterai encore touchant Plaisance, qu'elle est mal peuplée; que ses maisons sont de briques avec peu d'exception; & que les poids, les mesures, & les monnoyes n'y sont pas les mêmes qu'à Parme. Les for-tifications de cette Ville ne valent pas grand chose, encore qu'on se soit fait une coûtume de les vanter beaucoup. Le *pomœrium* est borné avec des pôteaux, & l'on n'y bâtit rien du tout: Je ne sçai si je vous ai mandé que la même chose s'observe à Livorne.

Nous avons suivi le Pô à quelque distan-ce, jusques vis-à-vis de Crémone, & nous l'y avons passé dans un bac. Il faut remar-

CREMO-
NE,
Evêché.

(a) Il y a quelques Ta- | re-Dame de Raphaël, à
bleaux de Carache, à la | S. Sixte. *Hug.*
Cathédrale, & une Nô- |

Tome III.   E

quer qu'il ne se trouve aucun pont sur le Pô, au-dessous de Turin.

Crémone est sur la rive gauche de cette riviere, dans le Duché de Milan. C'est une assez grande Ville, mais plus pauvre encore & plus déserte que n'est Plaisance. Il n'y a rien à voir à Crémone ; cependant, deux choses y sont fort exaltées : La Tour, & le Château. *Una torre stimata la piu alta che si veda & par ciò numerata trai miracoli d'Europa. — Una rocca la più stupenda, la più forte & formidabile, the si retrovi in Italia :* C'est le langage d'un de leurs Auteurs. Des gens qui ne seroient pas un peu familiarisés avec les exagerations Italiennes, seroient bien trompés après avoir lû ces merveilles, quand ils arriveroient à Crémone, & qu'ils n'y trouveroient rien du tout de semblable. Le Château est une vielle masse informe, demi-ruinée, qui n'a jamais dû entrer en comparaison avec un Fort bien construit ; mais qui peut-être avoit quelque réputation du tems des arbalêtes. Et la Tour n'est ni belle ni fort haute, il y en a mille & mille qui la surpassent, & dont on ne parle point dans le monde. Elle fut bâtie par Frederic Barberousse, l'an 1184. On dit que l'Empereur Sigismond & le Pape Jean vingt-troisiéme, se trouverent ensemble au haut de cette Tour, avec un certain (a) Seigneur de Crémone ; & on raconte que ce Seigneur avoit souvent dit depuis ce tems-là, qu'il se repentoit de n'avoir pas jetté

____

(a) *Gabrino Fonduli*, *Tyranno di Cremona.* C. Tot.

l'Empereur & le Pape du haut en bas, pour la rareté du fait. Cette hiftoire a peut-être donné lieu à la réflexion qu'on a faite fur la hauteur de cette Tour.

§. *On voit au Dome le Maufolée du Cardinal François Sfondrate. Le Baptiftere eft proche du Dome. C'eft une Chapelle octogone & affez obfcure bâtie en 1488. Le dedans eft orné de feize colonnes de marbre. Les Fonts font au milieu. L'Eglife de S. Pierre eft deffervie par des Chanoines Reguliers. Ils fe vantent de poffeder le corps de Ste. Felicité, & de fes fept enfans. Voyez encore l'Eglife de S. Barthelemy, des Carmes, & celle des Jefuites.*

Les Crémonois parlent auffi beaucoup de l'antiquité de leur Ville, mais ils n'en produifent aucun monument. Il en eft juftement de l'antiquité de Crémone, comme de l'antiquité du Pô.

Dans l'efpace de quarante milles, entre Crémone & Mantoüe, on ne rencontre que des bourgades, qui ne méritent pas d'être nommées. Bozzolo eft pourtant une efpece Bozzolo. de petite Ville, environnée d'une maniere de fortification : cette place appartient, avec un territoire de quatre ou cinq milles d'étenduë, au Duc qui en porte le nom, & qui en eft le Souverain. Nous avons paffé l'Oglio dans un bac : cette riviere eft grande & rapide, & defcend du lac d'Iffeo dans le Pô.

Ni les cartes de Géographie, ni les autres defcriptions que j'avois vûës de Mantoüe, Mantoüe, Evêché. ne m'avoient point donné l'idée qu'il faut avoir de fa fituation. On repréfente ordi-

F ij

nairement cette Ville au milieu d'un lac, dont on la fait à-peu-près également environnée ; ce qui n'eſt point du tout ainſi. La riviere du Mincio (*a*) trouvant un païs bas, elle s'élargit, & forme une eſpéce de marais, douze ou quinze fois plus long qu'il n'eſt large. Mantoüe eſt bâtie ſur un terrein ferme, quoique dans un des côtés de ce marais. Quand on vient de Crémone on paſſe une chauſſée, longue ſeulement de deux ou trois cens pas : & de l'autre côté, quand on va vers Verone (*b*), le marais, ou le lac ſi l'on veut, eſt de beaucoup plus large. Il y a quelques endroits où ces eaux ſont toujours courantes ; mais en d'autres elles croupiſſent & infectent tellement l'air de Mantoüë, que dans la ſaiſon des plus grandes chaleurs, tous ceux qui peuvent quitter la Ville en ſortent.

La ſituation de Mantoüë ne reſſemble pas mal à celle de Peronne ; mais il y a cette différence, que Peronne, outre ſon marais, a une bonne fortification, au lieu que Mantoüë n'eſt ceinte que d'un mur : il eſt vrai que ſa Citadelle lui eſt une forte défenſe.

Cette Ville eſt de médiocre grandeur, à-peu-près comme Crémone ; mais de beaucoup plus riche & plus peuplée. Il y a quelques ruës aſſez larges & aſſez étroites. Pour les maiſons en general elles ſont inégales ; & ſi l'on en excepte un fort petit nombre,

(*a*) Cette riviere vient du Lac de Guarda.
(*b*) Le Marquiſat de Mantoüë fut érigé en Duché par Charles-Quint, l'an 1530.

tout le reste est du plus médiocre. J'avois
vû une description imprimée du Palais Ducal, qui m'avoit donné l'idée de ce Palais,
comme du plus superbe édifice de toute l'I-
talie. On voit que l'Auteur se tourmente à
inventer des termes, comme s'il n'y en
avoit point au monde de suffisans, pour
exprimer de si grandes choses; mais c'est
ou une flatterie, ou un préjugé terrible.
Ce Palais n'a aucune beauté, ni aucune sym-
metrie extérieure : les Etrangers le voyent
& le touchent, sans le connoître pour ce
qu'il est, s'ils n'en sont avertis : nous le
sçavons par expérience. Il est vrai qu'il y
a quantité de galeries & d'appartemens,
ce qui le peut faire nommer, & grand, &
commode. Mais c'est tout ce qu'on en peut
dire, aussi-bien que du Palais de Whitehall.

Ceux qui nous ont conduits à celui de
Mantouë, nous ont dit qu'il étoit meublé
d'une maniere très-riche & très-magnifi-
que, lorsque l'armée de l'Empereur (a)
ayant surpris la Ville, pilla le Palais, &
fit un dégat general. Il semble qu'on ait été
découragé par une si grande perte, & qu'on
ne se soit pas beaucoup soucié de la répa-
rer; car on voit dans ce Palais un grand
nombre de chambres tout-à-fait demeu-
blées. Néanmoins, l'appartement du Duc
est autant bien qu'il le puisse être : la sale des
Antiques renferme quantité de choses belles
& rares, & le Cabinet de curiosités en est
assez rempli.

(a) L'an 1650. le 18 Juillet par Colalio, Gé-néral de l'armée de l'Empereur.

Le Duc de Mantouë a fept ou huit Maifons de plaifance, dont nous avons feulement vû (*a*) Marmirol & la Favorite, ce
font de fort beaux Lieux. Marmirol particulierement eft une maifon tout-à-fait riante, extrémement bien meublée, & ornée
de tableaux & d'Antiques, accompagnée
d'une petite riviere claire comme du criftal,
d'un bois, de plufieurs jardins, d'orange-
ries, de volieres, & de fontaines.

Le vénerable Monfieur S. Longin eft la
plus precieufe Relique de Mantouë (*b*), avec
quelques goutes de ce miraculeux fang qui
fut trouvé dans cette Ville du tems de Leon
III. & qui (*c*) depuis a donné occafion à
l'inftitution de l'Ordre du Duc de Mantouë : ces deux chofes fe gardent dans l'E-
glife de S. André. J'ai remarqué auffi une
autre piéce extraordinaire à l'entrée de cette même Eglife. C'eft une cloche de près
de fix pieds de diamétre, autour de laquelle il y a huit ouvertures faites en forme de
fenêtres, larges d'un pied, & hautes de
trois. On ne nous a rien dit qui eût apparence de verité, touchant la bizarrerie de la
fabrique de cette cloche : Magius n'en a pas
parlé dans fon traité *de Tintinnabulis.*

(*a*) Cette maifon fut bâtie par Frederic I. Marquis
de Mantouë.

(*b*) Voy. Mezeray dans
la vie de Charlemagne.

(*c*) L'an 1608. Vin-
cent de Gonzague inftitua
cet Ordre aux nôces de fon
Fils François, avec Mar-
guerite de Savoye. Il créa
20. Compagnons de l'Or-
dre, & mit cette devife
fur le Colier : *Nihil ifto
trifte recepto.* Cet Ordre
eft appellé, du *précieux
Sang :* ou de la *Rédemp-
tion :* ou du *Tabernacle.*

Il n'est pas possible de sortir de Mantouë, sans se souvenir de Virgile qui nâquit au village (a) d'Andes, proche de cette Ville.

Mantua Musarum domus, atque ad sydera
    cantu.
Evecta Adino. Sil. It. l. 8.

Outre la Cathédrale, les étrangers vont ordinairement visiter les Eglises des *Jesuites*, de S. Barnabé, de S. Maurice, de Sainte Ursule, de S. Sebastien & de Sainte Barbe, la Maison de Ville. §. *Sa grande Sale avec la Statuë de Virgile, les titres de ses Ouvrages, & entre autres du Priapeia. C'est sous cette statuë qu'on fait lever la main. Voyez* encore le Théatre, les Manufactures, le Moulin des douze Apôtres, la Synagogue, & la Boucherie.

A vingt-deux milles de Mantouë, nous avons passé une riviere qui sépare ce Duché des Terres de Venise; & à dix-huit milles plus loin, nous avons trouvé Bresse, où nous avons couché le même jour de notre départ de Mantouë. Comme nous n'avions vû que des hommes depuis notre arrivée à Vérone : ce qui nous a d'abord le plus frapé les yeux en entrant en Bresse, ç'a été d'y voir les femmes dans les ruës & dans les boutiques, comme on les voit en France & en Angleterre. Bresse nous a paru une Ville assez bien peuplée, & de quelque commerce : le monde s'y remuë d'une tou-

(a) Aujourd'hui nommé *Pietola*; à deux milles de Mantouë.

te autre maniere, que dans la plûpart des autres Villes de médiocre grandeur, que nous avons vûës en Italie.

Ce que Breſſe a de fortifications, n'eſt pas grande choſe ; mais elle eſt défenduë d'une Citadelle très-forte, qui eſt ſur le côteau joignant la Ville, & comme ſur le premier degré des Alpes.

Le Palais de Juſtice eſt un grand & beau bâtiment, d'une certaine *pietra dura* qui reſſemble au marbre. On a écrit ſur le fronton de la façade, *Fidelis Brixia Fidei & Juſtitiæ (a) conſecravit*. Vis-à-vis de ce Palais, il y a un portique long de cinq cens pas, & preſque tout rempli de boutiques d'Armuriers : les armes à feu qui ſe font à Breſſe, ſont en réputation par toute l'Italie.

Le voiſinage des Alpes donne à cette Ville un grand nombre de belles fontaines, & une petite riviere, qui lui apporte beaucoup de commodités.

On garde à la Cathédrale avec une grande véneration, ce qu'ils appellent l'Oriflame de Conſtantion : perſonne ne nous l'a pû décrire, parce qu'on ne le fait jamais voir pleinement. Le Sacriſtain qui nous a raconté les vertus de cet Oriflame, nous a ſeulement dit que c'étoit une croix bleuë de matiere inconnuë ; & que cette croix eſt la même qui apparût à Conſtantin, avec ces paroles : *In hoc ſigno vinces*, lorſque cet Empereur combattoit contre Maxence : mais il ne faut pas prendre garde à ce diſ-

____

(a) Avec un c. *Juſticia*.

SPQR

cours. La croix, ou la figure de croix dont
on parle dans cette histoire de Constantin,
n'étoit qu'un signe qui parut en l'air, &
non pas une croix palpable. D'ailleurs,
cette croix ne devroit pas être nommée
Oriflame : le terme (a) d'Oriflame signifiant
une maniere de *gonfanon*, de drapeau, ou
de banderolle dorée. Mezeray rapporte que
les Rois de France de la seconde Race, faisoient porter à la tête de leurs armées, la
Chape de S. Martin. Mais que la Race des
Capets s'étant plus particulierement attachée à la dévotion de S. Denis, ils prirent
la banniere de cette Eglise, laquelle banniere portoit le nom d'Oriflame. Je croi-
rois donc que l'Oriflame de Bresse, pourroit
être le (b) *Labarum* de Constantin : cet Empereur y ayant fait mettre le nom de Christ,
après sa victoire contre Maxence. Pour parler plus vrai-semblablement, disons si vous
voulez, que cette Vision a bien la mine de
venir du cerveau de quelque Visionnaire,
aussi-bien que l'image resplendissante de la
Vierge tenant entre ses bras le petit Jesus,
que la Sibylle Tiburtine fit voir en l'air à
Auguste.

(a) Les uns font venir le
mot d'Oriflame de *Flam-*
mula, banniere ou éten-
dard ; & d'*Aurea*, parce
qu'il étoit attaché à une
lance dorée. Les autres disent que ce drapeau fut ainsi nommé, parce qu'il étoit
d'une étoffe de couleur
d'or & de feu. [Il étoit
orné de houpes vertes.]
Du Cange.

(b) Le *Labarum* étoit
une banniere de pourpre
enrichie de franges d'or
& de pierreries. Constan-
tin y fit mettre le chiffre
des premieres lettres du
nom de Christ. Voy. To-
me II. pag. 321.

En allant de Bresse à Bergame, on suit toujours à droit l'enchaînure des Alpes, à la distance de deux ou trois milles. Nous avons passé une seconde fois la riviere d'O-glio, au bourg de Palazzuolo, justement entre Bresse & Bergame, à quinze milles de l'un & de l'autre.

Bergame est une place forte, & une Ville de commerce : elle est située sur une petite montagne, au pied des Alpes. Outre que ses fortifications sont bien revêtuës, & en bon état : elle a sa Citadelle, avec quelques forts, & quelques ouvrages avancés, qui défendent les éminences qui la commanderoient. (*a*) Bergame a cinq faux-bourgs qui valent chacun une petite Ville.

On fait voir à la Cathédrale le Tombeau du brave Barthelemi Coglione, qui commanda les troupes de Venise contre les Milanois. Ce fut ce Général qui s'avisa le premier de mener (*b*) du Canon en campagne. Dans le chœur de l'Eglise des Dominicains, on fait aussi remarquer la marquetterie des bancs : elle est de même nature, & de la même main, que la marquetterie des Dominicains de Boulogne.

Le Patois de Bergame passe pour si ridicule, que tous les Arlequins d'Italie affectent de le parler : mais il y a une autre chose qui n'est pas moins desagréable parmi le

(*a*) Ambroise Calepin est enterré aux Augustins. Il étoit de Calepio, Village, près de Bergame.
(*b*) *Angli in oppugna-**tione Cenomanorum, primum æneis tormentis, & Urbe potiuntur. An.* 1421. Pol. Virg.

peuple de cette Ville. La moitié de ſes habitans ont la gorge bourſouflée d'un vilain
goître, qui rend les viſages difformes; &
qui eſt à mes yeux une enflure fort dégoû-
tante. C'eſt une choſe qui leur eſt comme
naturelle ; & on leur fait dire que la queſtion eſt douteuſe, de ſçavoir lequel eſt un
défaut, ou d'avoir le goître, ou de ne l'a-
voir pas (a)? Vous ſçavez ſans doute que
ceux de la Maiſon d'Autriche prétendent
guérir de cette maladie, en donnant un verre d'eau à boire, & dénoüer la langue des
bégues, en les baiſant.

Tout le Bergameſe, & tout le Milanois,
ſont arroſés des petites rivieres qui deſcen-
dent des Alpes, & que les habitans diviſent
en une infinité de ruiſſeaux par toute la
campagne, quand il en eſt beſoin. Cela re-
médie aux déſordres de ſes ſechereſſes, &
entretient la terre dans une merveilleuſe
fertilité.

Le débordement de la riviere d'Adda,
qui vient du lac de Come, nous a obligés
de quitter nos caléches au village appellé
la Canonica, à douze milles de Bergame.

(a) Henri VIII. Roi d'Angleterre, béniſſoit des anneaux d'or, leſquels, diſoit-il, guériſſoient de la crampe : mais Edoüard ſe moqua de cette eſpece de taliſman. Guillaume III. aujourd'hui régnant, a auſſi mépriſé & aboli l'uſage ſuperſtitieux établi chez les Rois ſes prédeceſſeurs, depuis Edvvard le Confeſſeur, de toucher ceux qui étoient malades dés écroüelles, pour les guérir.

Pline dit que Pirrhus guériſſoit les douleurs de rate, en touchant du gros doigt du pied droit. En tout tems on a flatté les Grands, juſqu'à leur faire faire des miracles.

Nous y avons traversé cette riviere en bat-
teau , & avec beaucoup de peine , à caufe
de fon extraordinaire rapidité. Nous nous
fommes embarqués de l'autre coté fur le
Canal appellé Navilia della Martefana. Ce
Canal commence à Trezzo, deux milles au-
deffus de la Canonica , & va prefque en
droite ligne à un demi mille de Milan : fa
longueur entiere eft de vingt milles. Il em-
prunte fes eaux de l'Adda ; mais comme le
cours de cette riviere eft fouvent fort penchant & précipité , avant qu'elle fe trouve
au niveau de la platte campagne, il arriva
que le Canal la furmonte de vingt-cinq ou
trente pieds, vis-à-vis de la Canonica.

Beaucoup d'Ingenieurs avoient, dit-on ,
tenté en divers tems cette communication
de l'Adda à Milan , par la voie d'un canal ,
mais perfonne n'y avoit pû réüffir ; lors
qu'enfin Leonard de Vinci, le plus accom-
pli homme de fon fiécle, entreprit & ache-
va cet ouvrage.

Je lifois l'autre jour, avec autant d'admiration que de plaifir, ce que Mr. Félibien a
écrit de ce grand homme ; je ne penfe pas
que jamais on ait tant vû de mérite enfemble. Vous ne ferez pas fâché que je faffe ici
une petite digreffion en fa faveur. Cet illuftre Florentin étoit grand & de bonne mine ; doux , fage , affable , plein d'efprit, de
courage & de génerofité. Sa force alloit jufqu'à tordre d'une main le battant d'une
groffe cloche. Il fçavoit parfaitement monter à cheval, danfer, faire des armes , &
tout ce qu'il y a de beaux exercices. Cha-

tan le connoît pour avoir été l'un des plus
excellens Peintres de fon tems. Lui, &
Michel - Ange furent caufe que Raphaël
quitta fa premiere maniere. Mais outre cela, Léonard étoit habile Architecte, bon
Sculpteur, grand méchanifte, fçavant Ma-
thématicien, Muficien, Anatomifte, Phi-
lofophe, Poëte, Hiftorien. Il n'eût pas été
jufte, qu'un homme fi rare eût terminé fa
vie fans quelque particularité extraordinaire. A l'âge donc de foixante & quinze ans,
étant tombé malade à Paris, & François
premier lui ayant fait l'honneur de l'aller
vifiter ; Léonard fit quelque effort pour fe
lever, le Roi s'en approcha pour l'en empêcher, & le pauvre malade mourut entre
les bras du Roi.

Nous nous fommes entretenus de ce
grand Perfonnage, en voguant fur fon beau
canal. Le païs eft délicieux à droit & à gauche, & le canal eft fouvent accompagné
de jolies maifons, de vergers, & de jardins,
comme quand on va de Delft à Leyde, ou
d'Amfterdam à Utrecht.

Je ne me propofois pas de vous donner
de mes nouvelles avant nôtre départ de Milan : mais puifque l'occafion s'en préfente, je joindrai cette lettre à celles que
nous fommes obligés d'écrire aujourd'hui.
Je fuis,

Monfieur,

Vôtre, &c.

A Milan ce 7. Juin 1688.

LETTRE XXXIV.

MONSIEUR,

MILAN, dite la grande, Archevêché.　Quoique la Ville de Milan ait souvent été ravagée, & même toute (*a*) détruite, par les plus terribles fleaux de la peste & de la guerre : elle s'est si bien rétablie, que présentement elle peut être comptée entre les plus belles & les meilleures Villes de l'Europe. Sa forme est assez ronde, le circuit de ses murailles est d'environ dix milles ; & l'on assure qu'elle n'a pas moins de trois cens mille habitans : mais j'ai lieu de douter, que ceux qui parlent ainsi, ayent une parfaite certitude de ce qu'ils avancent. C'est une chose assez singuliere, qu'une Ville de cette conséquence soit bâtie au milieu des terres, sans mer (*b*) & sans riviere.

Je me souviens d'avoir lû dans quelque

(*a*) L'an 1162. Frederic I. dit Barberousse, la rasa, & y sema du sel. Il n'épargna que quelques Eglises.

(*b*) Il y a de bonnes eaux de source, & quantité de petits ruisseaux dans tout le païs. D'ailleurs, les canaux qui viennent, l'un de l'Adda, l'autre de Tésin, fournissent une eau courante dans le fossé de l'enceinte intérieure de la Ville. [La fortification ou enceinte extérieure a été faite depuis le saccagement de Barberousse.] Galeas Visconti, Pere d'Azzon, entreprit de faire un Canal navigable, de Milan à Pavie, mais la mort empêcha l'execution de ce dessein. On voit le commencement de ce Canal, proche de la porte de Pavie.

Auteur Latin, que *Mediolanum*, ou *Medio-lana* fut ainſi appellée (a) *a ſue dimidia la-nata* ; ce pourceau demi revêtu de laine, ayant été trouvé dans le lieu où furent jet-tés les fondemens de la Ville. Le Docteur Laſſels, homme fort heureux en étymolo-gies, croit que *Milano*, peut bien venir de *Mirano*, parce que c'eſt, dit-il, une Ville admirable.

§. *On compte en cette Ville ſoixante-onze Paroiſſes, & trente-deux Colleges. Mais tout cela n'eſt guéres peuplé ni frequenté. Il ne paroît pas que Milan ait plus de cent mille habitans.*

La premiere choſe que nôtre Conduc-teur nous a fait voir à Milan, ç'a été le fa-meux (b) Cabinet du feu Chanoine Man-fredi Settala, Perſonnage non moins no-ble que riche, & non moins adroit à tra-vailler de ſes propres mains, que ſubtil d'eſprit, & ſçavant en toute maniere. Un homme de cette ſorte ne pouvoit faire que de bons choix ; auſſi ne voit-on rien dans ce cabinet, qui ne mérite d'être conſideré avec attention.

Nous y avons remarqué pluſieurs ſortes de machines très-ingénieuſes, qui tendent à trouver le mouvement perpetuel : des miroirs de toutes façons, des Cadrans, des

---

(a) *Circa annum Mun-di 4809. Mediolana Ci-vitas conditur, ſic dicta, quod ibi apparuit ſus, que pro media parte por-tabat lanam pro pilis.* Wern. Rolvvink.

Et qua Lanigerâ de ſue nomen habet. Sidon. Apol.

(b) Il y a deux deſcrip-tions de ce Cabinet : l'une en Latin, par Paul-Marie Terzago ; l'autre en Ita-lien, par Pi. Fran. Scarza-belli.

Horloges, des inſtrumens de Muſique, anciens & modernes ; quelques-uns deſquels
ont été inventés par M. Settala. Des Livres, des Médailles, des Clefs & des Ser-
rures curieuſes, des Cachets, des Anneaux,
des Peintures, des ouvrages des Indes, des
momies, des armes, des habits étrangers, des
Lampes, des Urnes, des Idoles, une infinité d'autres ſortes d'Antiques, des Fruits,
des Pierres, des Mineraux, des Animaux [a],
mille ſortes de coquillages : des ouvrages
d'acier, de bois, d'ambre, & d'yvoire : un
grand morceau de toile d'Amianthe ; &
ſans m'engager plus avant, dans un détail
que j'avois dit que je ne ferois plus ; tout
ce que l'Art, & tout ce que la nature peuvent fournir de plus rare & de plus curieux,
ſans même oublier les monſtres.

Le plat d'ambre jaune, de deux pieds de
diametre, eſt une piece qui mérite d'être
diſtinguée.

Il y a quantité de morceaux brutes, de
cette même ſorte d'ambre, dans le cœur
deſquels on voit diſtinctement des ſaute-
relles, des araignées, des fourmis, des
moucherons, & pluſieurs autres eſpéces
d'inſectes [b]. Cela prouve, ce me ſemble,

[a] Un ver à ſoye, une fourmi, & pluſieurs autres inſectes pétrifiés. Un caroſſe tiré par quatre chevaux, ſuivi de Chaſſeurs, à pied & à cheval, de chiens, &c. le tout d'une ſeule piéce d'yvoire, & ſi délicatement travaillé, qu'il peut paſſer par le trou d'une aiguille ordinaire. Une Bibliothéque bien choiſie, compoſée de près de dix mille Volumes.

[b] Il y a auſſi dans ce Cabinet, des morceaux de criſtal, dans leſquels ſont renfermées diverſes ſortes

affez clairement, quoiqu'il y ait beaucoup
de differentes opinions fur la nature de
l'ambre, que cette matiere n'eft autre chofe qu'une gomme ou bitume, qui s'endur-
cit, ou à l'air, ou dans l'eau, ou par quelqu'autre raifon, qu'il ne s'agit pas préfentement d'examiner. Quand une fourmi,
par exemple, fe rencontre fur quelque endroit frais & gluant de ce bitume, elle s'y
trouve arrêtée ; & la maffe de cette matiere molle & onctueufe, venant à s'augmenter & à s'affermir, il arrive que la fourmi y
demeure entierement enfevelie. Ç'a été
précifement la penfée de Martial.

Dum Phaëtontæa formica vagatur in umbra,
Implicuit tenuem fuccina gutta feram.
Sic modo quæ fuerat vitâ contempta manente,
Funeribus facta eft tunc pretiofa fuis.

Quoiqu'il foit inconteftablement vrai,
que les Licornes foient des Chimeres ; &
quoiqu'on fçache auffi que les cornes qu'on
leur attribuë, foient les dents ou les défen-
fes d'un poiffon qui fe pêche dans les Mers
du Nord ; il y a dans ce Cabinet trois ou
quatre de ces mêmes dents, qu'on veut toujours qui foient des cornes de la prétenduë
Licorne. Ils difent la même chofe à Venife
des dents de leur Tréfor, & quantité d'autres font dans le même entêtement. Chofe
étrange, que jamais aucun homme n'ait
rencontré cet animal, & que tout l'Univers

foit pourtant rempli de fes cornes ; je fuis
affuré d'en avoir vû plus de cent pour ma
part. Outre ces aiguillons, ou efpéces de
dents de poiffon, il faut remarquer qu'il y
en a de foffilles, qui leur reffemblent parfaitement, quoique la matiere en foit différente.

La Rémore [a] qui arrêta la Galére du
malheureux Antoine, eft un autre animal
fabuleux, tout célébre qu'il eft, & qu'on
peut mettre fans héfiter, au rang des Licornes. Cependant il en faut avoir dans les
Cabinets des curiofités, afin qu'il n'y manque rien. On choifit pour cela de petits
poiffons peu connus, à peu près de la grandeur d'un harang. J'en ai vû pour le moins
une douzaine, & je fuis affuré qu'il n'y
en a pas un des douze de la même efpéce.

[b] L'Eglife Cathédrale de Milan, eft un
ouvrage prodigieux : j'ai trouvé que cette
Eglife eft moins grande que S. Pierre de
Rome, d'une fixiéme partie, mais il y a
pourtant du travail infiniment davantage.

§. On y compte fept mille ftatuës, tant en dedans qu'en dehors. Il y en aura peut-être plus
de dix mille quand l'ouvrage fera fini. Il faut
être Milanois pour mettre celle de S. Barthelemy au-deffus de tous les ouvrages d'Apelles,
& de toute l'antiquité. Cette Eglife fut bâtie,

[a] Montagne prétend que la Rémore eft un poiffon à coquille.

[b] Les fondemens en furent jettés le 13. Juin 1386. par J. Galeas Vif-conti, premier Duc de Milan. Il y avoit auparavant dans le même lieu une même Eglife appellée ste. Marie Majeure. C'eft le centre de la Ville.

ou du moins commencée en 1386. & S. Charles la consacra en 1548.

Il n'y a que quelques parties de l'Eglise qui soient tout-à-fait achevées. On y travaille depuis trois cens ans; mais vrai-semblablement le dessein est de ne finir jamais, parce que ce n'est pas l'interêt du Chapitre. Les legs testamentaires, & les autres dons que l'on fait pour bâtir l'Eglise, apportent des sommes immenses, dont on sçait tirer divers usages. J'ai lû dans l'Eglise une inscription sur du marbre en lettres d'or, par laquelle il étoit dit, qu'un certain [a] Jean Carcanus Milanois, laissa en mourant la somme de deux cens trente mille écus d'or, pour travailler à la façade de cette Eglise. Ils en ont peut-être reçû mille fois autant, selon la même intention de divers Testateurs ; cependant la façade est toujours presque nuë. C'est une amorce, ou un filet toujours tendu.

A dire la verité, je crois aussi qu'ils se sont trouvés embarrassés pour la construction de cette façade. La raison de l'uniformité, la demande Gothique avec tout le reste, & la raison du bon goût voudroit une autre architecture. Ce qui m'a donné cette pensée, c'est que je vois de l'un & de l'autre dans ce qu'il y a de commencé ; il paroît qu'ils ont été gênés, & qu'ils ont balancé. Le plus sûr pour eux est de prendre toûjours, & de ne pas se tourmenter pour le reste.

[a] *Templi hujus fronti erigendæ, atque ornandæ acxx. Aureorum millia legavit, Jo. Petrus Carcanus Mediol. &c.*

Le Pape Martin V. ayant [a] beni l'Autel, avant que S. Charles Borromée eût confacré l'Eglife, on érigea une [b] ftatuë à ce Pape, dans le chœur de la même Eglife. J'ai remarqué qu'on l'a repréfenté fans barbe, avec une phyfionomie de jeune homme ; cependant il avoit cinquante ans quand il fut élû.

§. *Le grand Autel eft de bronze, & ne répond pas à la beauté du lieu. Les fieges du Chœur font magnifiques, ils font de bois, & repréfentent l'hiftoire de Theodofe. Le corps entier de S. Charles Borromée eft dans une Chapelle voutée fous le grand Autel. On y voit de fort beaux bas-reliefs d'argent.*

Derriere le Chœur on voit en deux tables de marbre, le catalogue des Reliques de l'Eglife ; j'y ai encore trouvé un bout de la [c] Verge de Moïfe. Le Cloud de la Crucifixion, duquel on dit que Conftantin fit faire un mors de bride, eft la Relique de Mi-

[a] Le 15. Oct. 1468. plus de cent mille Etrangers vinrent à Milan pour voir cette cérémonie : Quantité de gens furent étouffés dans la foule. P. Mor.

[b] Cette ftatuë fut faite par un certain Jacobinus, lequel dans l'Infcription qui fe voit au-deffous, eft dit plus habile que Praxitele.

—*Præftantis imaginis Author De Tradate fuit Jacobinus in arte profundus,*

Non Praxitele minor, fed major farier aufim.

Ce dernier vers cloche. Près de-là eft auffi la ftatuë de Pie quatriéme.

[c] On prétend avoir ce bâton, ou cette baguette entiere, à S. Jean de Latran. J'ai parlé du morceau qui fe voit à Florence ; en voici un fecond : & Baronius, après Glaber, dit qu'on en trouva un autre à Sens, l'an 1008. Le Rabbin Abrabanel, après une longue differtation, & bien des rêveries

lan., pour laquelle on a plus de vénéra-
tion. [a] Ce Cloud, ou ce mors, eft attaché à la voûte au-deffus du grand Autel,
entre cinq lumiéires qui brûlent nuit &
jour. Le Cardinal Borromée, appellé S.
Charles, le porta folemnellement en Proceffion, pour faire ceffer la pefte, l'an 1576.
Ce Cardinal étoit pieds-nuds, & avoit une
groffe corde au col, quoiqu'il fût auffi revêtu de fes ornemens ordinaires.

[b] Le pavé de cette Eglife eft plus beau
& plus folide que celui de S. Pierre de Rome : à S. Pierre ce ne font que des feüilles
de marbre, qui fe fendent déja, & qui ne
manqueront pas de s'enlever dans un certain tems : au lieu qu'ici les carreaux ont
beaucoup d'épaiffeur.

Les maçons taillent la pierre, & les femmes coufent & filent, ou vendent du fruit
au milieu de l'Eglife ; ce qui étant joint à
fon obfcurité, & à ce que bien des chofes
y font encore imparfaites. le dedans de cette Eglife n'a rien qui frape ni qui réjoüiffe
beaucoup la vûë.

sur cette *Verge*, conclud que Moïfe l'emporta fur la montagne où il mourut, & qu'elle fut mife dans le Tombeau de ce Prophête. Quoiqu'il en foit, on n'a jamais fçû ce qu'elle eft devenuë, non plus que l'Arche.

[a] Les uns croyent que Théodofe le Grand le donna à S. Ambroife, & les autres difent que ce Saint l'alla chercher dans la boutique d'un certain Paolino Marchand de Ferraille à Rome, ayant été averti en fonge qu'il l'y trouveroit.

[b] Ce pavé n'eft pas encore fini ; il coûtera foixante-fix mille deux cens quatre-vingt-dix écus, fans y comprendre celui du chœur, qui en a coûté cinq mille deux cens cinquante. *P. Morigi.*

§. On ne voit plus à présent de ces irreve-
rences. M. de la Martiniere a copié Misson en
cela, & n'en a pas mieux fait non plus que
sur quelques autres articles.

Nous avons monté au clocher, d'où non-
seulement on peut considerer Milan, mais
d'où l'on découvre quatre ou cinq autres
Villes, dans la vaste Ville de la Lombardie. On voit aussi les Alpes qui s'unissent
à l'Apennin du côté de Génes. La grosse
cloche s'appelle S. Ambroise : elle a sept
pieds de diametre, & pése trente mille livres.

Vis-à-vis de cette Eglise, il y a une assez
grande Place, où j'ai observé que sur le soir
il y avoit ordinairement une trentaine de
carosses, qui changoient de place de tems
en tems, & qui s'arrêtoient de lieu en lieu,
afin que ceux qui étoient dedans vissent les
passans. C'est une maniere de se promener,
qui est assez singuliere. On a aussi un cours,
c'est une grande ruë du fauxbourg, qui n'est
point pavée, & qu'on [a] arrose tous les
jours, comme on fait le Vorhout à la Haye.

La Bibliothéque [b] Ambrosienne fut

[a] C'est pourquoi on l'appella *Strada marina.*

[b] Ph. Vannemachero, & Ch. Torre, assurent que cette Bibliothéque est enrichie de quatorze mille MSS. mais ils ne marquent point le nombre des Livres imprimés. *§. Cela est fort exagéré.*

Elle a été beaucoup aug-mentée par celle de Vincent Pinelli. *R. Lass.*

La version de Joseph par Rufin, est un des plus anciens Manuscrits de cette Bibliothéque, *G. Burnet.* Fabio Mangani en fut l'Architecte. Elle contient plusieurs appartemens. La grande sale est longue de quarante brasses (*soixan-*

ainſi nommée par Frederic Borromée Cardinal & Archevêque de Milan ; qui la fonda, & qui la dédia à S. Ambroiſe. J'ai lû dans une petite deſcription de cette Bibliothéque, imprimée à Tortone, qu'elle eſt compoſée de douze mille manuſcrits, & de ſoixante & douze mille volumes imprimés. Mais cet Auteur s'eſt beaucoup trompé : on voit bien que cela ne peut pas être ; & d'ailleurs, le Bibliothécaire nous a dit qu'il n'y a pas plus de quarante mille volumes en tout. Cette Bibliothéque s'ouvre tous les matins pendant deux heures, & deux autres heures l'après midi. On y a du feu en hyver, & on y trouve des ſiéges & des pupitres, avec la même commodité qu'à la Bibliothéque de S. Victor à Paris.

On nous a fait remarquer un grand Livre de deſſeins de méchaniques, qu'on dit être de la propre main de Leonard de Vinci. Toute l'écriture en eſt à gauche, de telle maniere qu'il faut un miroir pour la lire. Ils ont écrit contre la muraille, qu'un Roi d'Angleterre qu'ils ne nomment point, a voulu donner trois mille piſtoles pour ce Livre.

Joignant la Bibliothéque, il y a une Aca-

te-quinze pieds) & large de ſeize, (*trente pieds.*) On n'a pû l'élargir, à cauſe des Egliſes & des maiſons voiſines. Outre les Livres & les Tableaux, on y conſerve diverſes collections de très-belles Medailles ; avec des pieces rares de Sculpture & d'Architecture, tant antiques, que moulées ſur l'antique. Le P. Boſchi a fait un Traité *De Origine & ſtatu Bibliothecæ Ambroſianæ.* C. Torre. §. *in* 4.

démie de Peinture , où l'on nous a fait voir
quantité de bons Tableaux. Je me souviens
d'une histoire de J. C. lavant les pieds de
ses Disciples , par Raphael ; de quatre
Elemens , du Brugle ; & d'un Clement
dix , qui imite si bien l'estampe , qu'on y
est trompé.

La Citadelle de Milan , est un exagone régulier , bien revêtu , bien muni de
canon , avec de bons fossés & une bonne contrescarpe : mais il faudroit raser les
vieilles murailles , les tours , les donjons ,
& toutes les autres antiquailles de fortification que cette citadelle renferme avec
quantité de maisons : Si tout cela étoit
nettoyé , la Place en vaudroit infiniment
mieux. Après avoir fait le tour des remparts , on nous a fait entrer dans une sale
du logement du Gouverneur , pour nous
faire voir une vingtaine de soldats , qui
exerçoient leurs postures , & leurs fara-
bandes Espagnoles , pour la solemnisation
de la Fête-Dieu. Ils devoient être habil-
lés en maniere de Pantalons , & marcher
à la tête de la Procession , en (a) dansant
leurs ballets.

§. *Le vieux Château des Ducs de Milan , sert de Cazerne à la Citadelle , & ne
pourroit pas servir à grande chose de mieux.*

Sans parler ni des Eglises , ni des Couvens : Le Palais du Gouverneur , celui de
l'Archevêque , les Hôtels du Marq. Ho-
modeo , du Comte Barth. Arese , & du

____
(a) 2. *Sam.* 6. 16. *&c.*

S. T.

S. T. Marini : le [a] Seminaire : le Collége Helvetique : le Collége de Breva, des Jesuites : la Maison de Ville, & le grand Hôpital, font les principaux Edifices de Milan. La grande cour de l'Hôpital eft un quarré de fix vingts pas, & les portiques intérieurs & à double étage, font foûtenus de chaque côté & à chaque étage, de quarante-deux colonnes d'une feule piéce chacune, & d'une efpece de marbre des Alpes voifines. Le corps du bâtiment eft de brique, mais ces briques font moulées & façonnées en divers ornemens d'Architecture. L'ancien Hôpital eft joint à celuici, & les deux enfemble n'en font qu'un feul [b].

Le Lazaret en eft une dépendance : c'eft un Hôpital pour les Peftiferés, à deux ou trois cens pas de la Ville. Il eft compofé de quatre galeries jointes en quarré, & contenant chacune quatre-vingt douze chambres, avec un portique foûtenu de colon-

[a] Ce Bâtiment fut fondé par S. Charles de Borromée ; & Jofeph Méla en fut l'Architecte. Un double portique long de quatre-vingt quatorze braffes, (*cent foixante-feize pieds trois pouces*,) & large de neuf, (*feize pieds dix pouces & demi*,) régne autour de la grande cour quarrée, en dedans. Le premier Ordre eft Dorique, le fecond Jonique. Sur le grand Portail, on voit d'un côté la Pieté, ayant un Soleil fur fon cœur, le Soleil étant le pere de la lumiere ; & de l'autre côté, la Sageffe qui prépare des fécondes mammelles pour fes Nourriffons. *C. Tor.*

[b] Commencé l'an 1489. par le Duc Louis Sforce, dit le More : & achevé par Loüis XII. l'an 1507. Le Bramante en fut Architecte.

nes de marbre, qui régne tout autour en dedans. Chaque chambre ayant vingt pieds de large, ou peu moins, il faut qu'avec l'épaiſſeur des murs, chaque galerie ſoit longue d'environ dix-huit cens pieds. La grande place du dedans eſt un pré, arroſé de pluſieurs ruiſſeaux d'eaux vives; & au milieu du quarré eſt un Autel, ſous un dôme ſoûtenu de colonnes. Les portes des chambres ſont diſpoſées d'une telle maniere, que les malades peuvent voir dire la Meſſe chacun de ſon lit.

L'Egliſe que l'on appelle aujourd'hui de S. Ambroiſe, eſt la même dont cet ancien Docteur refuſa l'entrée à Théodoſe, dans l'occaſion qui ne vous eſt pas inconnuë.

§. *S. Ambroiſe y fut, dit-on, inhumé entre les corps de S. Gervais & de S. Protais. S. Cyrien, frere de S. Ambroiſe, y eſt auſſi; mais on ne ſçait préciſement en quel endroit. On voit un Tombeau vuide qui n'a pas plus de trois pieds de longueur, qu'on prétend être celui de Ste. Marcelline. Quand aux portes de l'Egliſe, on les a tellement gratées par dévotion, qu'on a été obligé d'y clouer des planches en dedans; c'eſt ſans doute par un autre motif qu'on a enlevé tout le cuivre qui les couvroit. La tradition veut que ce ſoient celles que S. Ambroiſe ferma à Théodoſe, & qu'elles ſoient de bois de cedre. Ce qu'il y a de certain, c'eſt qu'elles ſont bien vermolues; & ſi la devotion a toûjours été d'en prendre comme on fait aujourd'hui, il y a long-tems qu'elles devroient être anéanties. Les mauvaiſes peintures dont Miſſon ſe plaint, ne ſubſiſtent*

plus, ni dans l'Eglise, ni dans le Couvent.

Cette Eglise est desservie en differentes heures par dix-huit Chanoines, & par cinquante Religieux. Ceux-ci ont deux très-beaux Cloîtres. On voit dans leur Jardin une petite Chapelle élevée à l'endroit où S. Augustin fut appellé par une voix du Ciel. On prétend que le Figuier sous lequel il étoit alors, vivoit encore au commencement de ce siécle, (le dix-septiéme) qu'il étoit chargé de fruits en hyver comme en été, mais qu'ils ne meurissoient plus. On montre assez proche de cette Maison, une Chapelle & les Fonts Baptismaux où S. Ambroise baptisa S. Augustin. On ajoûte que ce fut en revenant de cette Chapelle à l'Eglise que ces deux Saints composerent le Te Deum.

On voit là des peintures & des sculptures, qui sont du tems de la plus épaisse ignorance [a]. On nous y a fait aussi remarquer un Serpent de bronze, qui est sur une colonne de marbre. Donat Bossi croit que c'est une figure de serpent d'Esculape. Morigi, Besozo, & quelques autres, disent que c'est une copie du Serpent que Moïse éleva au Désert; & ils alléguent quelques chroniques, qui sont favorables à ce sentiment. D'autres ont leurs raisons pour croire qu'il a été fondu des débris de ce Serpent. Et enfin le Peuple ne doute nullement que ce ne soit le Serpent du Désert en propre per-

---

[a] Tristan Calco soupçonne que c'est un mémorial de quelque évenement extraordinaire, comme l'Oye du Capitole. Voyez les *Exercitationes Sacræ* de Mr. George Mœbius, *De Æneo Serpente.* II. Rois, ch. 18. v. 4.

fonne. Et dans cette perfuafion, on a quelquefois recours à lui, comme à une Relique des plus efficaces. Le Boffi, & Charles Torre, difent qu'ils ont été témoins du
culte qu'on lui a plufieurs fois rendu. §. *Il
eft vrai que ce Serpent a caufé autrefois quelque fuperftition. Mais S. Charles fit placer
vis-à-vis un Crucifix, qui dès-lors & depuis
ce tems-là, attira feul toute la véneration des
Fidéles.*

On garde à S. Euftorge le Tombeau où
étoient les trois Rois, avant qu'on les tranfportât à Cologne. §. *On y voit encore celui
de S. Pierre Martyr, Religieux de l'Ordre de
S. Dominique, à qui la Maifon & l'Eglife appartiennent.* L'odeur de fainteté qui eft reftée
dans ce Tombeau, acheve, dit-on, de
guérir : mais elle n'entreprend pas les cu-
res difficiles. On a pour cela à Milan,
d'auffi bonnes *Madones*, & des Reliques
auffi operantes, qu'il y en ait dans toute l'Italie. A Saint Alexandre feulement,
on en garde de cent quarante-quatre mille Martyrs, des Catacombes de Saint Se-
baftien.

Les autres curiofités de Milan, font les
ouvrages d'acier, & le criftal de roche : le
criftal fe prend près de-là dans les Alpes.
On en ménage les plus grands morceaux,
pour faire de glaces de miroirs ; mais ces
morceaux parviennent rarement à un pied
en quarré.

§. *On prétend qu'il y a à Milan fept cens
Eglifes, & foixante-dix colonnes dans les ruës,
portant des Saints de bronze, des croix ou*

*des statuës de marbre. Voyez encore l'Eglise
de S. Paul, son portail & la balustrade. Celle de S. Laurent, bâtie, à ce qu'on prétend,
des débris d'un Palais de Marc-Aurele. L'E-
glise & le Couvent de S. Victor, & ses beaux
Cloîtres. Les Jesuites. Le Tombeau de Gaston
de Foix, tué à la bataille de Ravene en 1512.
dans la Chapelle de Ste. Marthe. L'Eglise de
S. François des Cordeliers. Celle de S. Marc
des Augustins, & le Tombeau qui est dans
leur Cloître. L'Eglise de S. Antoine des Théa-
tins ; & sur-tout celle de S. Alexandre, son
Portail, & sa magnifique Chaire.*

Le proverbe dit que, *Qui voudroit accom-
moder l'Italie, il faudroit ruïner Milan.* Les
uns entendent que ce seroit en répandant
en Italie le Négoce de Milan ; & les autres
croyent que ce proverbe est fondé, sur ce
que Milan a toujours [a] causé des guerres
fatales à l'Italie.

Nous avons été exprès à la Maison du
Marquis de Simonetta, à deux milles de
Milan, pour entendre un Echo qui repete
plus de [b] cent fois la derniere sillabe. On
se met sous une galerie ouverte d'une des
aîles de cette maison, & l'Echo répond de
l'autre aîle. Chaque ton va toujours en di-
minuant, comme les bonds d'une boule
d'yvoire.

En allant de Milan à Pavie, qui n'en est
éloigné que de quinze milles, nous nous
sommes un peu détournés, pour voir la cé-

[a] Cette Ville a été | *Du Val.*
assiegée quarante fois, & | [b] Dans la Plaine de
prise vingt-deux fois. | Barco.

lébre [a] Chartreufe, qui fut fondée par [b]
Jean Galeas Vifconti, premier Duc de Milan. §. *Il y eft enterré. Son Maufolée eft ma-*
gnifique. On admire fur-tout les bas-reliefs.

Le corps de l'Eglife eft d'une architecture Gothique, mais les Chapelles &
les Autels, ne cédent point à ce qu'il y a
de plus riche & de mieux travaillé dans les
Eglifes de Naples. Le Cloître eft auffi fort
beau ; & les parcs, les jardins, les rivieres,
les avenuës, avec les autres dépendances
de cette Maifon, la rendent une très-agréable retraite. Le nombre des Religieux eft
préfentement de cinquante-huit.

PAVIE,   La pauvre Ville de Pavie a perdu tout
Univer-   fon ancien luftre. On ne diroit pas à la voir,
fité,   qu'elle auroit été le féjour de plus de vingt
Evêché. Rois, & la Capitale de leur Royaume. Le
Château eft une vieille maffe comme abandonnée ; & les fortifications de la Ville font
auffi en bien pauvre état. Pour voir Pavie,
il n'y a qu'à la traverfer par la grande ruë :
ce qui eft à droit & à gauche eft triftement
habité.

Autant que nous avons pû juger, [c] l'U-

---

[a] C'eft le même qui a fondé la Cathédrale de Milan.

Toutes les peintures de de la Chapelle de S. Mi-chel, font de *P. Peruzin*, Maître de *Raphaël.* Dans la Sacriftie, on eftime un Chrift couronné d'épines, du *Paffignani.* Les pein-tures du Chœur font de *Daniel Crefpi.*

]b] Lucrece vante un Echo qui multiplioit fa ré-flexion jufqu'à fept fois.

Sex etiam aut feptem
Loca vidi reddere voces,
Uniam cùm jaceres. l. 4.

[c] Fondée par Charle-magne, rétablie par Char-les IV. Boéce étoit de Pa-vie.

niverſité eſt beaucoup déchûë, auſſi-bien que le reſte. Il y a cinq Colléges, entre leſquels celui de Borromée mérite d'être diſtingué, pour la beauté de ſon bâtiment. Les Ecoliers marchent dans la Ville avec leurs robes ; & ceux de chaque Collége ont de différentes Etoles.

Vis-à-vis de la Cathédrale, qui eſt une vieille Egliſe baſſe, obſcure, & bâtie tout de travers ; il y a une [a] ſtatue équeſtre de bronze que l'on ſoupçonne être d'Antonin Pie. On appelle communément cette ſtatue *Regiſole*, mais je n'ai pû apprendre la raiſon de cette dénomination. Je ſçai bien qu'on l'appelloit ainſi dès le tems de Platine ; & je me ſouviens même que cet Auteur [b] dit, qu'il croit qu'elle fut apportée de Ravenne, lorſque cette Ville fut priſe & ſaccagée par le Roi Luitprand. Paul Jove (Hiſt. l. 25.) dit poſitivement qu'elle eſt d'Antonin ; mais je ne ſçai s'il en étoit bien informé, non plus que de ce qu'il ajoûte, que Lautrec en fit préſent à un de ſes Soldats (nommé Hoſteſſe) parce que ce Soldat avoit le premier monté à la bréche. Une pareille ſtatue n'eſt guéres un préſent à faire à un Soldat.

[c] Ce fut, dit-on, le même Roi Luitprand, qui apporta de Sardaigne à Pavie, le corps

---

[a] La bride, le poitrail, les éperons & les étriers, ſont des piéces nouvellement ajoûtées.

[b] Dans la vie du Pape Gregoire II.

[c] On montre dans la Cathédrale, une eſpece de mât de Navire que le Peuple croît être la lance de Roland le Furieux.

de S. Auguſtin, [a] & qui l'enterra dans
l'Egliſe de S. Pierre, aujourd'hui occupée
par des Auguſtins : mais on n'a jamais ſçû
l'endroit où ce corps fut mis ; & le magni-
que Tombeau de marbre que l'on fait voir
dans la Chapelle qui eſt à côté de l'Egliſe ,
n'eſt qu'un Tombeau honoraire, que les
Religieux de l'Ordre lui ont érigé. §. *Ce
Tombeau eſt de beau marbre blanc, mais de
mauvais goût.*

Eſtant à Pavie, dans une boutique de
Libraire, j'y rencontrai par hazard l'hiſtoire de cette Ville, écrite par Bernard Saccus
l'un de ſes Citoyens ; & je trouvai dans cet
Auteur l'article de la tranſlation du corps
de S. Auguſtin. Je copiai ce qu'il en dit de
principal, & comme cela n'eſt pas long, je
le joindrai ici. *In templo D. Petri à Luit-
prando edificato, conditum Auguſtini corpus
fuit : & ne facile reſciri poſſet, ferunt Luit-
prandum tribus locis effoſis, ſtructiſque ſepulchris, alibi deinde noɔte, paucis operi adhibi-
tis, juſſiſſe corpus condi, omnibus ſepulchris ea-
dem noɔte occluſis, ut certâ corporis ſede igno-
ratâ, difficilior in ævum fieret occaſio, ejus
perquærendi rapiendique. Conſtructum deinde
alio ſeculo ſacellum Divo Auguſtino fuit, jux-
ta Templum Divi Petri, in quo ſacello, Arca
marmorea ac celebris, compoſita eſt Auguſtini [b] ſepulchrum repreſentans.*

J'ai appris de ce même Auteur, que le

[a] S. Pierre au Ciel doré.

J'ai apris qu'on prétend avoir trouvé le corps de S. Auguſtin (dans un cer-
cüeil d'argent) vers la fin l'an 1695.

[b] B. Sac. l. 10. c. 3.

terroir des environs de Pavie, produit naturellement deux fois l'année de fort bonnes afperges, & que la plûpart des Païfans
les mangent crües.

J'ai lû auffi que le Pô, qui eft préfentement loin de Pavie de cinq à fix milles,
avoit auffi changé fon cours ; & qu'on voit
encore fon ancien lit à cinq cens pas de cette Ville : ce qui explique le paffage de quelques anciens Géographes, qui repréfentent
Pavie comme étant affez près du Pô. *Pa-
dus*, ajoûte cet Auteur, *fæpe totus ab alveo
profiliens, alium fibi extemplò alveum fine
fofforibus eruit. Si ab Apennino aquarum copia irruat, fluctus in adverfam ripam torquet :
contra verò, fi ab Alpium latere, aquarum
impetus fiat. Si ex utraque parte, effertur fu-
pramodum.*

Je remarquerai ici en paffant, que cette
fameufe Riviere, auffi-bien que le Volga
& le Danube, qui font les deux plus fameux Fleuves de l'Europe, a fon cours
d'Occident en Orient. Il y en a quantité
d'autres, entre lefquels je ne dois pas oublier la célébre Tamife ; je ne fçaürois imaginer fur quoi peut être fondé le langage
de ceux qui font la fauffe obfervation,
que les rivierés ne coulent point contre
l'Orient.

En fortant de Pavie, nous avons paffé (*a*)
le Téfin fur un (*b*) pont couvert : cette Ri-

(*a*) Le Téfin eft fi ra-
pide, qu'en moins de trois
heures de tems, avec un
feul Rameur, nous fîmes
plus de trente milles, dit
le D. Burnet.

(*b* Fait par Jean Ga-
leas. L'Infcription qui eft

viere est très-rapide, & est la plus grande de toutes celles qui tombent dans le Pô. On en apréhende les débordemens, ses eaux ayant une qualité fatale aux prairies qui en sont baignées. Quand il arrive que le *Tésin* est débordé pendant huit jours, ce qui à la verité est une chose rare, sa froideur tue les racines des herbes, & la terre est quelques années à se bien remettre. Voilà une grande différence, entre les eaux de cette riviere, & les eaux du Nil.

Autrefois (*a*) Pavie étoit appellée *Ticinum* du nom de la riviere qui arrose ses murs : mais Saccus raconte qu'on changea son nom, lorsqu'après avoir été détruite par Odoacer, ce Prince accorda aux habitans de Pavie, une immunité de cinq ans, avec une permission de rebâtir leur Ville. Ils la nommerent *Papia, quasi piorum patria;* Non pas comme quelques-uns disent, parce qu'elle reçût alors le Christianisme; il y avoit déja long-tems qu'elle l'avoit embrassé : mais pour exprimer l'amour, ou, comme on dit aussi, la pieté pour la Patrie, de ceux qui se transportoient à Ravenne, pour implorer la grace du Roi, *Me si audieritis :* dit l'un des Députés après son

<table>
<tr><td>sur la porte de ce Pont, du côté de la Ville, fut faite par la feue Reine Mere d'Espagne, sœur & belle-mere de l'Empereur aujourd'hui régnant, lorsqu'elle passa à Pavie pour aller en Espagne. Le Vo-</td><td>yageur pourra remarquer une autre Inscription sur le même sujet à Alexandrie, au coin de la grande Place. Le Pont de Pavie est long de trois cens quarante pas communs.
(*a*) L'An 472.</td></tr>
</table>

retour, *Nomen inveniemus quod nostræ pie-*
tatis officia in Patriam restituendam, paucis
syllabis posteritati attestabitur, & Ticini no-
men aquis restituetur. Papia piorum Pa-
tria, &c.

Je remarquerai encore touchant Pavie,
que deux Rois y ont été faits prisonniers;
Didier par Charlemagne, & François premier par Charles-Quint. Je suis,

Monsieur,

Vôtre, &c.

A Pavie ce 11. Juin 1688.

L E T T R E XXXV.

Monsieur,

A quinze milles de Pavie, nous avons diné au bourg de Voghéra ; & le même jour nous sommes arrivés à la petite ville de Novi, qui est aux pieds de l'Appennin, à trente milles de Génes, & sous la domination de cette République.

Entre Voghéra & Novi, on passe à Tortonne (*a*) petite ville ruinée, & mal fortifiée. La Citadelle, quoi-qu'irréguliere & pas trop bien entretenuë, est pourtant assez forte, à cause de sa situation. Il y a quelque tems que l'on y déterra un grand sarcophage, qui se voit présentement dans l'Eglise, à l'entrée : Il est orné de divers basreliefs, entre lesquels j'ai remarqué l'histoire de la chûte de Phaëton. Cependant un Prêtre qui sortoit de l'Eglise en même-tems que moi, m'a dit qu'il y avoit raison de douter que ce sépulchre ait été d'un Payen. La nécessité absoluë de partir, m'a fait quitter avec regret l'examen de ce monument. Fred. Barberousse rasa Tortone, en même tems que Milan. L'ancienne *Der-*

NOVI.

TORTONE, ÉVÊCHÉ.

___

(*a*) On peut voir diverses inscriptions anciennes dans la Cour du Palais de l'Evêque. Les Religieuses Augustines font de très-jolis ouvrages de paille ; on peut en acheter.

tona étoit bâtie fur la hauteur où eſt la Citadelle. Ce ne ſont que montagnes entre Novi & Génes; & il n'y a rien dans toute cette route, qui mérite d'être remarqué.

Vous ſçavez que la Ville de Génes (*a*) eſt ſituée à l'extrêmité d'un Golfe, en partie ſur le penchant de la montagne qui forme un croiſſant autour de ce Golfe, & en partie ſur le peu qui ſe trouve de terrein plat au pied de la même Montagne, ſur le bord de la Mer. Généralement parlant, les ruës ſont extrêmement étroites, & les maiſons ſont hautes de ſix à ſept étages, dans l'endroit le plus bas de la Ville : & à meſure que le théâtre s'éleve, les maiſons deviennent & plus baſſes, & plus clair-ſemées. Cette ſituation eſt fort agréable à la vûë, mais elle eſt fort rude d'ailleurs; auſſi les caroſſes ne roulent-ils communément dans Génes : les Dames vont en litiere; & les hommes de qualité, ont ou des chaiſes, ou de petites caléches qu'ils ménent euxmêmes.

La Ville eſt ceinte d'une double fortification qui la couvre par derriére, & qui ſe termine de chaque côté ſur le bord de la Mer. La plus proche, & la meilleure de ces fortifications, renferme proprement la Ville; & la ſeconde embraſſe toutes les hauteurs des Montagnes qui la commandent.

GÉNES, dite la Superbe.* Archevêché.

---

* §. *Cette Epithete ne lui convient qu'en la regardant de dehors.*

(*a*) Depuis l'an 1454. juſqu'à l'an 1528 l'Etat de Génes a eu plus de douze ſortes de Gouvernemens.

Il m'eſt déja ſouvent arrivé de ne trouver aucun rapport entre ce que j'avois entendu dire, & ce que mes yeux m'ont fait
découvrir ; mais cette différence ne m'a
jamais paru plus grande qu'elle a fait à Génes (a). La voix publique, & la perſuaſion
générale, eſt que Génes eſt bâtie de marbre. A peine peut-on parler de Génes, dans
les païs qui en ſont éloignés, qu'on n'ajoûte
auſſi-tôt, que cette Ville eſt toute de marbre ; cela eſt preſque tourné en proverbe.
Et ce qu'il y a de tout-à-fait étrange, c'eſt
que quantité de gens qui l'ont vûë, étant
accoûtumés à ce langage, en racontent toûjours la même choſe, ſoit qu'ils l'ayent vûë
ſans la conſiderer, ſoit qu'ils prennent plaiſir à laiſſer le monde dans l'erreur, plûtôt
que d'en troubler les agréables idées : Soit
enfin qu'ils veulent profiter du préjugé général, pour embellir cet endroit de leurs
relations.

Malgré tout cela, j'ai à vous dire que
c'eſt une choſe abſolument fauſſe, que Génes ſoit bâtie de marbre. La brique & la
pierre, ou l'un & l'autre mêlés enſemble,
en ſont les materiaux ordinaires ; & un
enduit de plâtre couvre preſque tout. §. *Il
eſt vrai qu'il eſt aſſez ſouvent peint en marbre.*

Entre les beaux Hôtels de la *Strada nuo-
va*, on en voit à la verité quelques-uns, où
le marbre n'eſt pas épargné : il y en a même quatre ou cinq, dont la façade eſt preſque toute de marbre ; mais c'eſt tout ce

____
(a) Rubens a fait un Livre des Palais de Génes.

qu'il faut chercher de maisons de marbre dans Génes; voyez si c'est dequoi dire, que cette Ville soit bâtie de marbre : On seroit assurément beaucoup mieux fondé à soûtenir que la Ville de Londres seroit bâtie de pierre, ou que celle de Paris seroit bâtie de brique.

Au reste, quoique Génes ne soit pas toute de marbre, elle ne laisse pas pour cela d'avoir de très-beaux bâtimens. Dans les cinq ou six ruës qui ont quelque espace, & dans le magnifique fauxbourg de *S. Pietro d'Arena*, il est certain que les maisons sont d'une beauté & d'une grandeur extraordinaire. J'ajoûterai que l'ardoise & les vîtres sont aussi communes à Génes, qu'elles sont rares dans la plûpart des autres Villes d'Italie.

J'ai tant de fois entendu parler des Jardins en l'air que l'on voit à Génes, que je crois être obligé de vous en dire quelques nouvelles. Si l'on rapportoit toûjours les faits tels qu'ils sont, & qu'on nommât les choses simplement par leur nom : ceux qui n'ont pas été à Génes, ne se formeroient pas des idées extraordinaires de ces prétendus Jardins en l'air, comme si c'étoient quelques machines d'Opera, ou quelques copies des fameux Jardins de Sémiramis. Il y a si peu de terrein plat à Génes, que comme je vous l'ai déja dit, on est obligé de faire les ruës étroites, & d'exhausser beaucoup les maisons ; d'où l'on peut conclurre qu'il est difficile de ménager beaucoup d'espaces pour faire des Jardins. C'est pour

cette raison que quantité de gens garnif-
fent de caiffes & de pots à fleurs , les ter-
raffes de leurs maifons ; & peut-être même que quelques-uns y mettent de la terre,
quand le bâtiment en peut fupporter le faix.
Voilà les Jardins en l'air , dont il y a des
gens qui font tant de bruit. En ce fens là ,
il y a bien des chofes qui font en l'air ,
fans qu'on fe foit encore avifé d'y prendre
garde.

Les bombes de France n'ont pas en-
dommagé les plus beaux endroits , parce
qu'elles vifoient au gros des maifons dans
le cœur de la Ville , où elles n'ont que
trop bien rencontré. Nonobftant les réparations qui ont été faites , il y a préfentement encore plus de cinq cens maifons ren-
verfées , dans un même quartier. Et ce qui
eft doublement fâcheux, c'eft que la plûpart des Particuliers à qui ces maifons appartiennent, ont perdu tout ce qu'ils avoient
en les perdant : de forte que bien loin d'ê-
tre en état de les rebâtir , ils ne peuvent
pas même faire la dépenfe d'en vuider
les décombres. Ce n'eft pas dans cet en-
droit-là , qu'il faut chercher Génes la Superbe.

On nous a montré dans l'Eglife de Nôtre-Dame des Vignes , une bombe qui y
tomba , fans faire aucun effet : & on nous
auroit dit volontiers, que ce fut par refpect
pour le lieu facré : mais malheureufement
les autres foudres de même nature , ren-
verferent quatre ou cinq autres Eglifes , &
autant de Couvens.

Pendant que cette fatale grêle de fou-
fre & de feu, tomboit fur la pauvre Génes, le Doge étoit à l'abri, & trente mille
perfonnes avec lui, dans le grand Hôpital
appellé *l'Albergo*. Ce lieu étant fort vafte,
& élevé, fervit non-feulement d'afyle à
un grand nombre des habitans ; mais on
y mit auffi quantité de meubles, & on y
fauva tout ce qu'il fut poffible de tranfporter. On travaille préfentement à un
troifiéme mole, qui avancera beaucoup
plus dans la Mer, que ne font les deux autres, & par le moyen duquel on prétend
s'affurer contre le danger d'un fecond af-
faut.

Le Port de Génes eft grand & affez profond, mais il fe trouve expofé au plus mauvais des vents qui régnent dans cette partie de la Méditerranée : c'eft à-peu-près le
Sud-Oweft, ils l'appellent vent d'Afrique, ou *Lubeccio*. On a été obligé de faire un retranchement dans ce Port, afin
de ménager un petit havre bien affuré,
pour mettre les Galeres. Il n'y en a que
§. *cinq ou* fix : les redoutables flottes du tems
paffé, font réduites à ce petit nombre de
Galeres.

Le [a] Phare eft extrêmement élevé ; ils
l'appellent comme à la Rochelle, Tour de
la lanterne. Pour bien voir la Ville de Génes, il faut la confiderer de trois endroits ;
du haut de cette Tour ; de la diftance d'un
mille ou environ, fur la Mer, & de la hauteur de fa montagne. Ce font trois faces

[a] Bâti par Louis XII. Roi de France.

différentes, qui donnent toutes l'idée de Génes.

Le Palais de la République, ou Palais public, qu'ils appellent *Palazzo Reale*, est extrêmement grand : Le Doge & la Dogesse y sont logés. Deux ou trois Sénateurs y demeurent aussi avec leurs familles, & quelques bas Officiers de l'Etat. On nous a conduits au petit Arsenal qui est dans ce Palais. Nous y avons vû un *rostrum* des vaisseaux des anciens Romains : il est de fer, & finit en hure de sanglier. On a écrit à côté, qu'il fut trouvé dans le port de Génes, comme on travailloit à nettoyer ce port. Ils nous ont fait aussi remarquer quelques cuirasses qui ont été faites pour des femmes, comme on en peut juger par la forme du sein. On dit que des Nobles Génoises s'en sont servies, dans une Croisade contre les Turcs.

Les Dames sont presque toujours en corps de robe à la Françoise ; & les femmes de médiocre condition portent des vertugadins : équipage commode aux *Avanturieres*.

Les Nobles s'habillent comme ils veulent ; mais ils sont d'ordinaire en noir, & en manteau ; & ne portent jamais d'épée. Ils se qualifient de Ducs, de Marquis, de Comtes, &c. au lieu qu'à Venise, comme je vous l'ai dit, ils ne prennent aucuns de ces titres.

Nous avons vû le Sénat en Corps, & en cérémonie, à la Procession de la Fête-Dieu. Le Doge avoit une Robe cramoisi, avec

une maniere de bonnet quarré : on portoit
devant lui deux maffes, & une épée dans
le fourreau : deux Sénateurs étoient à fes
côtés, avec des robes noires, de la même
façon que la fienne.

On traite le (a) Doge de Sérenité, les Sénateurs, d'Excellences, & les Nobles,
d'Illuftriffimes. Ce dernier terme, à la verité, ne fignifie pas grand chofe en Italie;
il ne faut que mettre un ruban à fa cra-
vate, pour fe faire donner de *l'illuftriffi-
mo*. Néanmoins, les Nobles Génois compofent le grand & le fouverain Confeil,
auffi-bien que les Nobles Vénitiens font
le leur : ces deux Etats étant purement
Ariftocratiques, ils font admis au Confeil
à vingt-deux ans accomplis. Leur nombre,
comme cela fe peut voir par le Catalogue, qu'on appelle le Livre d'or, monte à environ fept cens, à ce que m'a affuré notre Conful. L'ancienne & la nouvelle Nobleffe joüit des mêmes privileges;
& le Doge eft pris alternativement, tantôt de l'une, & tantôt de l'autre. Vous
pouvez bien vous imaginer qu'ici, comme par tout ailleurs, ceux qui fe glori-
fient d'une extraction depuis long-tems illuftre, prétendent à quelque forte de di-
ftinction avantageufe. Les Fiefques, les
Grimaldi, les Spinola, & les Doria, font
les quatre principales Familles de l'ancienne Nobleffe; & les Juftiniani, Savii,

(a) Le Doge doit avoir cinquante ans accomplis. Après que le tems de fon Gouvernement eft expiré, il demeure Procurateur perpetuel.

Franchi, & Fornari, sont à la téte de la nouvelle.

Le Doge de Génes n'a pas plus de pouvoir que celui de Venise; cependant ce premier est couronné d'une couronne Royale d'or, & on lui met un sceptre à la main. C'est à cause du Royaume de Corse, dont ils sont actuellement possesseurs.

Quand les deux ans de l'administration du Doge sont accomplis, on lui vient dire au Palais, que sa Sérénité a achevé son tems, & qu'il plaise à son Excellence de se retirer dans sa maison. Il ne peut pas être continué après les deux ans; mais il peut rentrer en Charge cinq ans après. On n'élit jamais aucun de ses parens, immédiatement après lui.

Pour revenir à nôtre Procession, je vous dirai encore que les ruës étoient tapissées & jonchées de verdure : Que les fenêtres étoient toutes remplies de Dames, les mieux parées qu'il leur étoit possible : & que ces Dames avoient des corbeilles pleines de fleurs qu'elles répandoient sur la Procession, selon les divers mouvemens du cœur. C'étoit tantôt par dévotion *per il Santissimo* (a) : tantôt par inclination, & par civilité, pour les Gentilshommes de leur connoissance, qui suivoient la Procession. Toutes les perruques en étoient poudrées, & à chaque poignée de faveurs reçûes, ces Messieurs faisoient de profondes révérences à leurs Bienfaitrices.

§. *L'Eglise de S. Ambroise, qui est desser-*

____
(a) C'est ainsi qu'ils appellent le *Sacrement.*

le doge de genes.

vie par des Jefuites, fert de Chapelle au Doge. Il y vient par une galerie qui aboutit à
une tribune. C'eſt une des belles Egliſes de
Génes. On y voit deux beaux Tableaux de
Rubens, & une Aſſomption du Guide.

L'Egliſe de l'Annonciade eſt la plus belle de Génes ; mais quelque riche, & quelque magnifique qu'elle ſoit, il s'en faut
beaucoup qu'elle n'approche de quantité
d'autres dont je vous ai parlé : ainſi je n'en
entreprendrai point la deſcription. Vous
ſçaurez ſeulement qu'elle a été bâtie aux
frais d'un ſeul (a) Citadin de Génes : c'eſt
ce qu'on en peut dire de plus remarquable.

Je ne vous dirai rien non plus du Crucifix qu'on voit à S. Jerôme, & qui parla
à Sainte Brigite : quoique le rare entretien
qu'il eut avec elle pût bien nous en ſervir
pendant quelques momens.

(b) A Sainte Marie du Château, on en garde un autre qui eſt particuliérement véné-
ré des filles : en voici la raiſon. Un Gentilhomme qui depuis long-tems s'attachoit
auprès d'une jeune Demoiſelle, qu'il n'a-
voit deſſein que de tromper, s'aviſa un

(a) De la famille Lo-
mellino.

(b) On garde à la Ca-
thédrale un grand plat qui
eſt d'une ſeule émeraude.
L'opinion vulgaire eſt que
l'Agneau Paſchal fut ſervi
dans ce Plat, lorſque J.
C. mangea la Pâque avec
ſes Diſciples. Le vénéra-
ble Beda a écrit que l'A-
gneau fut apporté dans un
plat d'argent ; & Madame
Sainte Brigite a trouvé à
propos de faire ce plat d'y-
voire. Celui qui le fera de
terre, fera-t'il moins croyable ? Du Val dit que le
plat d'émeraude, eſt un
des préſeus que la Reine
de Saba fit à Salomon.

jour de lui promettre mariage ; ce qui arriva , dit-on, dans une place de la Ville où
étoit alors le Crucifix. Sans entrer dans
le détail de ce qui se passa entr'eux dans
la suite, le Gentilhomme refusa enfin d'ac-
complir sa promesse. La Demoiselle lui fit
un procès ; mais malheureusement elle n'a-
voit point de preuve de ce qu'elle avan-
çoit. Comme elle alloit donc être débou-
tée de ses prétentions , elle se souvint que
la promesse lui avoit été faite en présence
d'un Crucifix : elle déclara avec cris & larmes, qu'elle le prenoit pour témoin de la
verité, & elle supplia la Justice de vouloir
bien s'y transporter pour l'entendre. On
eut la complaisance de députer au Crucifix,
& de l'interroger. La verité est qu'il n'ouvrit pas la bouche, mais il baissa la tête :
& les questions qui lui furent faites, étoient
tournées d'une telle maniere, que le signe
de tête ne pût être expliqué , qu'en faveur
de la pauvre affligée. La Cour ordonna
donc que le mariage fût célébré dès le même jour : le cœur de l'Epoux fut touché :
& jamais il ne s'est vû tant de concorde ni
tant de joye.

[a] Saint Jean-Baptiste & l'Empereur,
sont les deux Protecteurs de la République
de Génes. L'Image du premier se met sur
la monnoye ; & cette monnoye est la plus
belle & la meilleure de toute l'Italie : c'est

[a] Les cendres de S. Jean-Baptiste sont à la Ca-
thédrale , dans une chasse soutenuë de quatre belles
Colonnes de Porphyre , qui furent apportées de
Smyrne, l'an 1098. *Guald. Prior.*

le meilleur alloi. §. *La monnoye de Génes n'a plus cette reputation. La Chapelle de Saint Jean - Baptiste est ornée de plusieurs lampes d'argent, & d'un Autel de ce même métal.*

Le commerce de Génes est extrêmement déchû. Le négoce du païs consiste particuliérement en velours, en points, en gands, en confitures féches, en anchois, & en diverses sortes de fruits. Il y a des Particuliers fort riches, mais la République est pauvre. On ne vend ni bled ni vin dans les marchés : Messieurs de Génes sont les seuls marchands de l'un & de l'autre. Les maîtres d'auberges ne donnent pas une pinte de vin, qu'ils ne l'aillent prendre dans la cave de l'Etat ; & comme ils ne gagnent rien sur cet article, ils se récompensent sur le reste. Les Boulangers prennent aussi leurs bleds dans les greniers publics. §. *De sorte qu'il y a à Génes du pain & du vin de contrebande.*

Voilà les principales choses que j'ai remarquées à Génes, pendant le petit séjour que nous y avons fait. Le Chanoine Ferro a un Cabinet de curiosités. Je suis,

Monsieur,

Vôtre, &c.

A Génes ce 20. Juin 1688.

LETTRE XXXVI.

MONSIEUR,

Pour venir de Génes à Cafal, nous avons repaffé à Novi, où nous avons loüé un ca-roffe pour Turin ; & le lendemain nous avons dîné dans la petite Ville d'Alexandrie.

ALE-XAN-DRIE, Evêché.

On ne fçavoit pas le métier d'affiéger les Villes, quand l'armée de Fréderic Barbe-rouffe fut fix mois devant Alexandrie, fans la pouvoir prendre : cette Place n'a que de fort médiocres fortifications [a].

Fréderic l'appelloit Céfarée, & le Pape Alexandre troifiéme vouloit qu'elle fût nommée Alexandrie. Il eft faux que les Empereurs y ayent jamais été couronnés d'une couronne de paille ; & il eft je crois difficile de fçavoir, s'il eft vrai ce qu'on dit auffi, que Fréderic fe moquant du grand nom d'Alexandrie, la traita d'une Alexan-drie de paille. Quoiqu'il en foit, on la nom-me préfentement Alexandrie de la paille.

CASAL, dite de S. Val, Evêché.

Cafal eft dans la plaine, fur la rive droite du Pô. La Ville eft bien fortifiée, & fon ancien Château ne lui eft pas inutile ; mais

---

[a] Les Fortifications, tant de la Ville que de la Citadelle, ont été démo-lies en 1695. fuivant la ca-pitulation faite entre les François & les Confederés qui affiegeoient la Place. §. Elles font aujourd'hui reparées mieux que ja-mais.

la

la Citadelle eſt une place très-importante.
Elle a ſix grands baſtions royaux ; des demi-lunes devant les courtines, un foſſé large, profond, & plein d'eau ; & un Arſenal garni d'armes pour dix mille hommes.
(a) Il y avoit quelques irrégularités dans la
fortification : mais depuis que le Roi de
France a pris le ſoin de cette Place, on a re-
medié à tout ce qu'elle pouvoit avoir de dé-
fauts. Je n'oublierai pas de vous dire qu'on
en a doublé tous les baſtions ; c'eſt une
ſingularité. Ces baſtions étoient ſi grands,
qu'on a pû faire un retranchement & un
ſecond rempart , qui ſans aucun embarras
forme un nouveau baſtion dans le cœur du
premier. La Ville appartient toûjours au
Duc de Mantouë : ce Prince en tire quelques menus droits, & la garniſon Françoiſe la lui garde.

En ſortant de Caſal, nous avons traver-
ſé pour la quatriéme fois le fameux Fri-
dan, & notre caroſſe a long-tems ſuivi les
bords de ce Fleuve. Nous avons paſſé à la
porte de Trin , petite Ville fortifiée dans
la partie du Montferrat, qui appartient au
Duc de Savoye. Verruë eſt une Place beaucoup plus forte, ſur une hauteur, à la droite du Pô.

A huit milles de Caſal, on entre dans le
Piémont, & le païs eſt toûjours uni. A meſure que l'on avance, on s'engage entre les
Montagnes, & on ſe trouve dans une vallée plate & large, preſque toute environnée des plus hautes Alpes. Ce qui eſt bon

______
(a) L'an 1681.

dans cette vallée , eſt parfaitement bon ;
mais il eſt vrai auſſi qu'on y rencontre de
mauvais endroits.

La grêle eſt le fleau du Piémont : il n'y
avoit que deux jours qu'elle avoit moiſſon-
né les plus beaux bleds du monde , en deux
ou trois grands cantons que nous avons vûs.
La paille en étoit hachée , & enfoncée en
terre : les vignes , les noyers , & les autres
arbres , en étoient à demi briſés.

On ne compte que quarante-cinq milles
de Caſal à Turin , mais les milles du Piémont & du Montferrat , ſont plus grands
de beaucoup , que les communs milles de
Lombardie.

Turin ,
Arche-
vêché ,
Univer-
ſité.
La Ville de Turin eſt ſituée dans la Plaine , ſur la riviere de Doire , à trois cens pas
du Pô. C'eſt un lieu fort agréable : toutes
les avenuës en ſont riantes, & les manieres
libres & ſociables que nous y trouvons ,
nous en font reſpirer l'air avec d'autant
plus de plaiſir , que nous ne faiſons que
d'échaper des ſauvages coûtumes du reſte
de l'Italie , où nous avons vû plus de ſtatuës que d'hommes. On vit à Turin à peu
près comme en France : la langue Françoiſe n'y eſt pas moins connuë que l'Italienne : le monde y eſt bien fait, & la Cour du
Duc eſt , à ce qu'on nous aſſure , une des
plus leſtes de l'Europe. Dans quelque tems
nous en jugerons par nous-mêmes.

L'ancienne partie de Turin, n'eſt que médiocrement belle : mais la nouvelle moitié
eſt tout autrement bâtie. Les ruës en ſont
larges & droites à la ligne : les maiſons

grandes, hautes & presque toutes unifór-
mes. Rien n'est plus agréable que la ruë qui
traverse les deux Places, & qui va du Château à la porte neuve. L'une & l'autre de
ces Places sont grandes, & de figure réguliere ; mais la nouvelle est environnée de
maisons, qui font une symmétrie parfaite,
& un large portique régne tout autour.

Les Palais du Duc (*a*) ne sont pas si
beaux en dehors, que les appartemens le
sont en dedans. §. *On y voit les Originaux
des quatre Saisons de l'Albane.* On acheve
présentement d'en bâtir deux qui tiennent
beaucoup du magnifique : le Palais des *Jesuites*, & celui du Prince de Carignan : On
peut nommer celui des *Jesuites* le premier,
parce qu'il l'emporte sur l'autre.

Quoique la Ville ait été accrue sous le
dernier Duc, de près d'une moitié, elle
n'est encore que de fort médiocre (*b*) grandeur. Ce même Prince l'environna d'une
fortification réguliere, & bien revêtue. La
Citadelle est aussi très-forte & très-belle,
quoi qu'elle ne soit pas entiérement achevée : tout est contreminé. On y a la commodité d'un bon puits, où les chevaux même
montent & descendent sans se rencontrer ;
c'est un double escalier sans degrés, qui tour-
ne tant de fois, que la pente en devient aisée.

Les allées de chênes qui sont sur les remparts de la Ville, continuant à rendre cette

(*a*) Il y a l'ancien & le nouveau.

(*b*) Pour bien voir la Ville, & bien juger de son étenduë, il faut monter au Couvent des Capucins, sur la Colline qui est de l'autre côté du Pô.

promenade agréable : la vûe en est aussi fort belle , particulierement du côté des rivieres. Mais le plus grand Cours se fait dans les avenues du Valentin , qui est une Maison de plaisance sur le bord du Pô, à un mille de Turin. Le Duc en a plusieurs autres , toutes bien meublées , & bien entretenues. Les principales sont Moncallier , Millefleurs , Rivoli & la Vénerie. On va de Turin à la Vénerie en deux heures ; c'est un lieu fort agréable.

Je n'oublierai pas de vous parler de la (a) Chapelle qu'on achève de bâtir à la Cathédrale pour le S. Suaire : mais quelque magnifique que soit cette Chapelle , je ne vous dirai pas comme quelques-uns font, qu'elle surpasse celle de S. Laurent de Florence. Je vous assurerai au contraire qu'il s'en faut beaucoup qu'elle n'en approche. Si vous vous souvenez de ce que je vous ai mandé de la Chapelle de S. Laurent, vous en pourrez faire vous-même la comparaison avec celle de Turin. Celle-ci est à-peu-près de la même forme , mais moins grande ; & il n'y aura rien que du (b) marbre noir.

§. *Le Dôme est d'une architecture assez particuliere.*

Le prétendu S. Suaire de Turin en est la plus importante Relique, comme vous en pouvez juger par l'honneur qu'on lui fait (c).

(a) De l'Architecture du P. Guarini.

(b) Ce marbre n'est pas d'un beau noir , ni d'un beau poli ; on l'a choisi noir à cause de la mort de J. C.

(c) Mr. J. Réitkius a écrit une dissertation *de Imaginibus Christi* , dans laquelle on trouvera plu-

Ce Suaire, qui doit être l'unique au monde, s'est reproduit ou multiplié en sept ou
huit endroits pour le moins : je ne parle
que de ceux que je connois. Il y en a je
crois trois à Rome, à S. Pierre, à S. Jean
de Latran, à l'Eglise du S. Suaire de l'Ar-
chiconfrèrie des Piémontois, un à Cadoin
en Périgort, un à Besançon, un à Compié-
gne, un à Milan, & un autre à Aix la Chapelle : C'est à eux de trouver le moyen de
s'accorder. Ce qu'il y a de bon ordre, c'est
qu'ils produisent tous leurs titres, par Bulles de Papes. Le Suaire de Cadoin est le
mieux établi de tous ; il a été autorisé par
quatorze Bulles : celui de Turin n'en a que
quatre.

§. *Voyez à Turin dans la belle ruë du Pô,
l'Académie ou Université, avec la Gallerie qui
regne tout autour de la cour, & qui est remplie de Monumens Antiques & d'Inscriptions ;
la Bibliothéque & la Sale d'Anatomie.*

Puisque j'ai présentement assez de loisir,
& que nous nous trouvons à la veille de
sortir d'Italie, je vous entretiendrai encore
de quelques [a] observations que j'y ai faites, & que je n'ai pas eu occasion d'inse-

---

sieurs choses très-curieu-
ses, sur le sujet de ce qu'on
appelle le S. Suaire.

Il prouve qu'on n'avoit
jamais parlé de cette Re
lique, ni de quantité d'autres, avant que le venera
ble Béda se fût avisé de
publier ses rêveries, dans
son Livre *de locis sanctis.*

[Ce bon Prêtre Anglois,
mourut vers le milieu du
huitiéme Siécle.] Il y a
un autre fameux S. Suaire
à Lisbonne dans l'Eglise de
la Mere de Dieu. Et com-
bien y en a t'il que nous ne
connoissons pas ?

[a] Diverses observa-
tions sur l'Italie.

rer avec les autres, dans mes premieres lettres. Le peu de féjour que nous avons fait
dans les divers lieux de nôtre voyage, ne
nous a pas permis de former beaucoup d'habitude avec les gens du païs, ni par confé-
quent de nous inftruire fort particulierement de leurs coûtumes. Ainfi vous pouvez bien juger, que mon intention n'eft pas
de traiter ce fujet ; je vous ferai feulement
part de quelques remarques à mefure que
je m'en reffouviendrai.

Si je ne vous ai rien dit, ni des Princes
ni des Cours, tant d'Allemagne que d'Italie, ç'a été parce que je n'ai pas crû en
pouvoir parler avec toute la naïveté qui auroit été néceffaire, afin de vous en donner
la veritable idée. Quand on parle des Princes, il faut toujours flatter, & toujours
mentir : j'ai mieux aimé garder le filence.
Je vous dirai feulement que M. B. en a été
reçû & regalé, avec autant d'honneur &
de careffes, que fon mérite perfonnel & fa
grande naiffance le demandoient. Ce bon
accueil a quelquefois auffi été redoublé, à
caufe de l'amitié, & de la connoiffance
particuliere que quelques-uns de ces Souverains ont avec le Duc d'Ormond fon
Grand-Pere, & qu'ils avoient autrefois avec
le feu Comte d'Offori fon Pere, auffi-bien
qu'avec quelques autres perfonnes de cette
illuftre Maifon.

Le Duc de Modene eft grand, d'une taille dégagée, & reffemble affez à la Reine fa
fœur, quoiqu'il ait le teint brun. Ce Prince
a des qualités qui le font aimer & refpecter

tout enſemble. Il m'a queſtionné près d'une heure, touchant diverſes particularités de nos voyages, & principalement touchant l'Angleterre.

Je ne vous ai rien dit non plus des Académies des beaux Eſprits, qui ſont dans preſque toutes les Villes d'Italie. La verité eſt que nous n'avons pas eu le tems de connoître beaucoup ces Societés. Mais ſi je dois croire ce que pluſieurs perſonnes m'en ont dit, elles ſont aſſez pauvrement remplies. La bizarrerie des noms que ces gens-là affectent, eſt une choſe toute particuliere : En France, nos Ecuyers en donnent d'à-peu-près ſemblables à leurs chevaux de manége. Je vous nommerai ſeulement une douzaine de ces Académies. Les [a] Endormis de Génes. [b] Les Ardens de Naples. [c] Les Immobiles d'Alexandrie. [d] Les Fantaſques de Rome. [e] Les Opiniâtres de Viterbe. [f] Les Etourdis, ou les Lourdauts de Sienne. [g] Les Inſenſés de Perouſe. [h] Les Anonymes de Parme. [i] Les Oiſifs de Boulogne. [l] Les Cachés de Milan. [m] Les Obſcurcis ou les Embroüillés d'Ancone. [n] Les Amoureux de Mantouë. [o] Les Faciles ou les Accommodans de Rimini. [p] Les Enchaînés de Macera-

[a] Addormentati.
[b] Ardenti.
[c] Immobili.
[d] Fantaſtici & Humoriſti.
[e] Oſtinati.
[f] Intronati.
[g] Inſenſati.

[h] Innominati.
[i] Otioſi.
[l] Naſcoſti.
[m] Caliginati.
[n] Invaghiti.
[o] Adagiati.
[p] Catenati.

ta. [a] Je m'apperçois que j'ai un peu croifé le païs, mais cela n'importe.

Nous avons trouvé les Peuples d'Italie fort civils, & fort doux en apparence. Il eſt vrai pour dire tout, que c'eſt une certaine forte de douceur qui tient de la flatterie, & de la diſſimulation. Nous ſçavons auſſi par experience, que cette Nation eſt fort ſobre. Rien n'eſt ſi pitoyable que les repas d'auberges dans les petites Villes, particulierement en des certaines routes. Leur entrée de table, qu'ils appellent *Antipaſto :* eſt une aſſiette de géſiers, ou de pattes & d'ailerons boüillis avec du ſel & du poivre, & quelque blanc d'œuf mêlé. Après cela viennent l'un après l'autre, deux ou trois plats de différens ragoûts, & le tout en petite meſure. En allant de Rome à Naples, on eſt quelquefois regalé de [b] buſles & de corneilles ; & encore eſt-on tout heureux d'en trouver. Le buſle en eſt une viande noire, puante, & dure, dont il n'y a guéres que les Juifs de Rome, ou quelques autres pauvres gens comme eux qui ayent accoûtumé d'en manger. C'eſt une choſe riſible, pour ne pas dire ridicule, que nos Traducteurs de la Bible mettent de cette vilaine & mauvaiſe chair à la table de Salomon. (1. Rois ch. 4. v. 22. 23.)

Il y a de toutes ſortes de vins en Italie, mais les bons ſont les plus rares. Aux en-

[a] Ajoûtez les Cruſcanſi de Florence.

[b] Quelques Annaliſtes rapportent que le premier Buſle qui ait été vû en Italie, y fut amené l'an 525.

virons de Rome, on a le vin de Genſane,
d'Albano, & de Caſtel Gandolfe : tout cela n'eſt qu'un même terroir. Le vin Grec
de Naples, & le (a) *Lachryma Chriſti* ſont
des vins vigoureux : nous nous accommo-
dions plûtôt du petit *aſprino bianco*, ou du
chiarello piccante, quoiqu'ils ſoient beaucoup moins eſtimés. A Florence & à Montefiaſcone, les meilleurs vins ſont agréables,
& n'ont pas plus de feu qu'il n'en faut,
pour la boiſſon ordinaire ; mais il n'y en a
qu'en petite quantité. Le délicat *Moſcadel-*
lo du Grand Duc, eſt un petit vignoble ſa-
cré pour ſa bouche, ou pour des preſens :
il ne faut pas s'imaginer que cette liqueur
ſoit répandue par tout le païs. On a auſſi
quelques bons vins proche de Vérone, &
dans l'état de Génes.

A Lorette & dans les environs, ils font
leurs tonneaux courts, & larges comme des
fromages de Hollande ; & du côté de Pavie, ils leur donnent ſept longueurs de leur
diamêtre.

Le beurre eſt rare en Italie : vers Parme
& Plaiſance, où ils ont d'excellens pâturages, ils font du fromage (b) de tout leur lait.
L'huile tient lieu de beurre, on en fait toutes ſortes de ragoûts & de fricaſſées. Mais
quoiqu'ils la tirent de leurs propres olives,

(a) *Lachryma de Gal-*
liti du Mont-Véſuve. *La-*
cryma leggiero, de Graia-
no. Le *Lachryma* du Pau-
ſilipe n'eſt pas fort & en-
têtant, comme celui du
Véſuve. Ils ont encore

deux excellens vins ; *le*
Greco de Reſina, & le
Vernatico bianco.

(b) Leand. Alberti dit
qu'il a vû à Parme quatre
fromages qui peſoient chacun cinq cens livres.

elle eſt ſouvent plus mauvaiſe, que dans les païs où ces fruits ne croiſſent pas. On tranſporte toûjours ce qui eſt de meilleure garde, & de meilleur débit.

Nous n'avons pas vû la grande ſaiſon des fruits. Pendant deux mois d'hyver à Veniſe, on nous a ſervi des raiſins blancs de Boulogne, d'une fermeté, & d'un goût admirable. A Naples, nous avons mangé des mêlons d'hyver ; & à Génes, on nous a donné toutes ſortes de petits fruits rouges : je n'ai jamais vû de ceriſes ni ſi groſſes, ni ſi bonnes. La riviere de Génes eſt le païs des excellens fruits ; & l'on y trouve beaucoup d'endroits fort agréables vers la Mer. Mais par derriere, du côté des Terres, ce ſont des montagnes pierreuſes & ſtériles.

On a raiſon de dire touchant Génes, que les montagnes ſont *ſenza legno*, mais tout le reſte du proverbe ne ſignifie rien *homini ſenza fede, Donne ſenza vergogna, Mare ſenza peſce*. Il y a des canailles par-tout, & d'honnêtes gens par-tout ; & pour la Mer de Génes, elle nous a donné de fort bon poiſſon. J'ai pris plaiſir deux ou trois fois, de m'aller promener dès le matin, à la poiſſonnerie de Naples : j'y remarquois diverſes ſortes de poiſſons, que je n'avois jamais vû ailleurs. Le Golfe de Gaïette abonde en éturgeons : on en pêche auſſi dans le Tibre.

Dans toutes les traverſes que nous avons faites en Italie, jamais il ne nous eſt arrivé de rencontrer dans les Champs, ni liévres ni perdrix ; & je pourrois bien dire que nous n'en avons guéres vû davantage dans les

hôtelleries. Le païs n'en eſt pas abſolument
dépourvû ; mais il eſt étonnant, ce me ſem-
ſemble, de ne l'y voir pas foiſonner. Il y a
deux raiſons d'en être ſurpris. L'Italie a de
grands eſpaces, qui ne ſont preſque point
du tout habités, la chaſſe y devroit abon-
der proportionnément comme dans les Iſles
du nouveau monde. En ſecond lieu, les
Seigneurs à qui ces terres appartiennent n'y
demeurant preſque jamais, & n'étant pas
pourtant moins jaloux de leurs droits qu'on
l'eſt par tout ailleurs, ce gibier s'y devroit
d'autant plus multiplier.

En Angleterre & en France, il y a beaucoup de perſonnes de qualité, qui paſſent
leur vie à la campagne ; mais ce n'eſt pas la
coûtume en Italie : tout ce qu'il y a de gens
de diſtinction, demeurent dans les Villes.
Auſſi ne rencontre-t'on hors des Villes, ni
châteaux, ni grandes maiſons qui appartiennent à des particuliers ; du moins eſt-il
fort rare, ſur-tout en comparaiſon de celles
qui ſe voyent en France : Je ne connois pas
ſi bien l'Angleterre.

Pour revenir à nôtre chaſſe, je vous dirai encore qu'il n'en eſt pas des cailles comme des perdrix : quand le Printemps approche, il en vient des volées d'Afrique, qui
couvrent tout le païs. Ces pauvres petits
animaux ſont ſi fatigués de leur grand voïa-
ge, qu'ils ſe jettent ſur les navires, & ſe
repoſent partout où ils trouvent à mettre le
pied. On les prend preſque comme on veut ;
& comme ils ſont extrêmement maigres,
on les nourrit quelque tems avant que de

les manger. Je crois qu'il eſt toûjours en
queſtion de ſçavoir ſi ces cailles traverſent
la Mer tout d'un trait d'aile, ou ſi elles na-
gent quelquefois pour reprendre haleine.
D'un côté, on a de la peine à concevoir
que la caille qui n'a pas l'aile forte, & qui
vole aſſez peſamment, puiſſe faire un ſi
grand trajet, ſans diſcontinuer ſon vol.
Mais d'ailleurs, il eſt à croire, ce me ſemble, que ſi elle demeuroit quelque tems ſur
l'eau, elle ſe moüilleroit la plume, & ſe
tremperoit d'une maniere à ne pouvoir pas
ſe relever. Qui plus eſt ſa maigreur, ſa laſ-
ſitude, le danger où elle s'expoſe, & ſa pré-
cipitation à chercher du repos, me paroiſ-
ſent des preuves aſſez fortes, qu'elle a volé
ſans aucun relâche.

Je n'ai jamais vû qu'un Scorpion en Italie, & je n'ai pas appris que ces animaux
y faſſent de grands déſordres. On ſe précau-
tionne contre eux de diverſes manieres.
Quelques-uns, dit-on, ſuſpendent leurs
lits; mais c'eſt ce que je n'ai point vû. Du
côté de Vérone, ils ont des chalits de fer,
qu'ils éloignent un peu des murailles, tant
afin que cette vermine ne s'y nourriſſe pas,
que pour l'empêcher d'y monter; les pieds
du chalit étant limés & polis, en partie
pour ce deſſein. Si l'on peut attraper la bête, & l'écraſer ſur l'endroit qu'elle a piqué,
c'eſt un remede aſſuré: on tire auſſi des ſels
& des huiles, qui font le même effet. Au
reſte, la piqueure du Scorpion n'eſt pas
mortelle en Italie; & d'ailleurs, les acci-
dens qui en arrivent ſont extrêmement ra-

res. Cette crainte ne doit pas faire de peine à ceux qui ont envie de voyager dans ce païs-là.

Il y a deux sortes d'animaux que le peuple d'Italie appelle (a) Tarentule. L'une est une espece de Lézard, & elle se trouve particulierement vers Fondi, Gaïete, & Capouë : on dit que sa morsure est mortelle ; mais ce n'est pas ce que les autres Nations nomment Tarentule. La vraye Tarentule ressemble à une araignée, & vit dans les champs. Il y en a beaucoup, dit-on, dans l'Abrusse & dans la Calabre, & il s'en rencontre aussi en quelques endroits de Toscane. Quand on est piqué de cette maudite bête, on fait cent postures en un moment. On pleure, on danse, on vomit, on tremble, on rit, on pâlit, on crie, on se pâme, on souffre beaucoup, & enfin quelques jours après la mort s'ensuit, si l'on n'est pas secouru. Les sueurs & les antidotes soulagent le malade ; mais le grand & unique remede, c'est la musique. Un Gentilhomme sçavant & très-digne de foi, m'a dit à Rome, qu'il avoit été (b) témoin deux fois, & de la maladie & de la guérison. Quoique l'un & l'autre paroissent des choses étranges, ce sont pourtant des faits bien averés, & que l'on ne peut pas nier. Je vois, ce me sem-

(a) La Tarentule a pris son nom du territoire de Tarente, où il s'en trouve beaucoup. Voyez le Traité qu'en a écrit Sanguerdius.

(b) Alexand. ab Alex. assure qu'il a vû la même chose. Il rapporte sur cela plusieurs faits curieux. *Dier. Genial.* l. 2, 17. 1. Sam. 16. 23. 1

ble, des raiſons naturelles, & même aſſez
aiſées, pour expliquer l'effet de la muſique ;
mais ſans entrer dans une diſcuſſion qui nous
meneroit un peu loin, nous pouvons être
convaincus par d'autres exemples. Chacun
ſçait l'effet infaillible de la harpe de David,
pour remettre Saül dans ſon bon ſens. Je
me ſouviens d'avoir lû dans les Leçons de
Loüis Guyon, qu'une Dame de ſa connoiſ-
ſance qui vécut cent ſix ans, ne ſe ſervoit
jamais d'autre remede que de la (a) Muſique : elle avoit à ſes gages un joüeur d'inſtrumens qu'elle appelloit ſon Medecin. Et
je puis vous dire que j'ai connu particulierement un Gentilhomme fort ſujet à la
goutte, qui à-coup-ſûr ſoulageoit ſes douleurs, ou s'en délivroit même quelquefois
tout-à-fait, par le moyen d'un grand bruit.
Il faiſoit venir tous ſes valets dans ſa chambre, & les faiſoit fraper à grands coups ſur
la table & ſur le plancher : cette ſorte de
bruit joint au ſon d'une vielle, étoit ſon
ſouverain remede.

Le danger des voleurs de grands chemins,
n'eſt guéres plus grand en Italie, que celui
des Scorpions, ou des Tarentules. Il n'y a
point eu de Bandits à Rome, depuis le Pon-

_____

(a) Albert-Kraniſus a
écrit que Henri IV. Roi
de Dannemark, ayant vou-
lu éprouver en ſa perſonne,
ſi un Muſicien qui ſe van-
toit de faire dormir les
gens, de les chagriner, de
les divertir, & de les mettre en fureur, diſoit vrai :
il en fit ſi bien l'experience, que lorſqu'il en fut à
la fureur, il tua à coups de
poing pluſieurs de ſes Cour-
tiſans. Theophraſte & Au-
lugelle, ont écrit que la
Muſique charme & appai-
ſe les douleurs de la goutte.

tificat de Sixte V. & je crois vous avoir
mandé que le Marquis del Carpio, a tout-
à-fait exterminé les Bandits de Naples. Je
ne penſe pas qu'il y ait eu aucune exécution
à mort dans les lieux où nous avons demeuré, pendant le ſéjour que nous y avons fait.
Veniſe eſt peut-être la Ville du monde, où
les *penderies* ſont les plus rares ; c'eſt un pauvre métier que d'être Bourreau à Veniſe.
Quand on a un Noble pour patron, ce qui
eſt une choſe aiſée, on peut voler & égor-
ger tant qu'on veut : il faut ſeulement prendre garde, que ce ne ſoit pas en place publique, ou que le crime ne faſſe pas un trop
grand éclat.

Dans la plûpart des Villes on nous a demandé nos piſtolets en entrant ; quand on
s'en va, on les retrouve à l'autre porte.
C'eſt une choſe aſſez importune*, & qui
coûte même à la fin du voyage, autant que
les piſtolets valent. Ni à Génes, ni à Luques, il n'eſt pas permis de porter l'épée ;
mais on accorde aiſément cette liberté aux
Etrangers, quand ils la demandent. La
bayonnette eſt défendue dans les Villes :
A la campagne, on s'arme comme on veut ;
& ſouvent même ceux qui voyagent à cheval, portent un fuſil. Les ſtilets de Milan
ſont fameux ; ils percent délicatement, &
ſans reſſource.

L'Amour & la jalouſie ſont les deux fureurs qui répandent le plus de ſang en Italie. Les Italiens ſont jaloux, dit-on, pour
un rien, & le moindre ſoupçon leur excite
un accès de rage.

Non-feulement à Venife comme je vous l'ai dit, mais par tout ailleurs, les filles font envoyées dès l'enfance au Couvent ; & on les marie, fans que pour l'ordinaire, elles ayent vû leur futur époux. Il n'y a que les filles de très-médiocre condition, qui demeurent dans la maifon de leur Pere ; & auffi ont-elles affez de peine à trouver parti. Je ne fçai pas bien ce qui fe fait ailleurs, mais à Rome il y a quantité de fonds, ou pour marier les pauvres filles, ou pour les mettre dans le Couvent à perpetuité. La chofe fe paffe à-peu-près, comme ce que je vous ai mandé de la cérémonie de la Minerve.

J'ai remarqué auffi à Rome, que pendant le Carême, on fait un parquet fous la chaire dans les Eglifes, où les femmes font renfermées : la cloifon de menuiferie qui les environne, eft haute de fix pieds.

On voit en Italie quantité d'arbres & de plantes qui ne croiffent pas en Angleterre ; & dont la plûpart ne fe trouve guéres non plus en France, fi ce n'eft dans la partie méridionale. Les Palmiers (a) font étrangers en Italie, & rarement ils y apportent du fruit. A Pife, dans le jardin des fimples, ils ont planté le mâle & la femelle à côté l'un de l'autre, conformément à l'ancienne erreur de ceux qui ont dit, que le mariage étoit néceffaire à ces arbres, pour les rendre fertiles. C'eft une chimére & une imagination toute pure : J'ai vû un Palmier feul, &

____

(a) Le plus grand Palmier de Rome eft dans le Cloître de S. Pierre aux Liens.

bien chargé de ſes dattes ; c'étoit à la Vigne
Mellana , au *Monte Mario.*

Nous nous trouvâmes à la Chapelle du
Pape , le Dimanche des Rameaux , tous les
Cardinaux y étoient , & celui qui officioit
pour le Pape , préſenta à chacun d'eux un
rameau de palme. Ces rameaux ſont à‑peu‑
près longs de cinq pieds , les feüilles en ſont
noüées adroitement enſemble de pluſieurs
différentes manieres , en telle ſorte que cela
embellit la palme , & l'orne de diverſes fi‑
gures. Nous vîmes celle qu'on envoya au
Pape. Tous les Prélats , & les autres Eccle‑
ſiaſtiques , avoient auſſi de ces mêmes pal‑
mes , mais elles étoient plus ou moins gran‑
des , ſelon la dignité de ceux qui les por‑
toient. Les Laïques ne prennent que des
branches d'olivier.

Pour revenir à ce que je vous diſois tout‑
à‑l'heure , des arbres que j'ai remarqués en
pleine terre en Italie , & que je n'avois pas
vûs ſi communément ailleurs ; je vous en
nommerai quelques‑uns , & j'ajoûterai au
palmier , & plane , le liége , le jujubier , le
carrouge , l'olivier , le myrte , le grenadier,
le caprier , les chéneverd , le cyprès (*a*) , le
ſené , le lentiſque , le grand figuier d'Inde ,
les chénes à noix de galle , les arbriſſeaux
qui portent le cotton & les piſtaches , & di‑
verſes ſortes d'orangers & de (*b*) citronniers.

(*a*) Dans le jardin de
Mr. Badoüeri a Vérone
il y a des Cyprès hauts de
cent pieds , & vieux de
deux cens ans.

(*b*) Les citrons cédrats
de Florence , ſont les plus
excellens de ces ſortes de
fruits.

Presque par-tout on borde les chemins de meuriers blancs, pour la nourriture des (*a*) vers à soye.

Ceux qui aiment les simples trouveroient à s'occuper agréablement dans les montagnes de l'Appennin entre Lorette & Rome, & par tout dans les Alpes; mais il faudroit s'y arrêter un plus long-tems que nous n'avons fait, j'avois souvent regret d'être obligé de passer si vîte.

Du côté de Tarracina, sur le bord de la Mer, je ramassai quelques éponges. J'en trouvai deux qui étoient comme enracinées sur des cailloux fort durs: les autres étoient détachées sur le rivage (*b*).

Ces éponges me font souvenir des pierres-ponces; je ne veux pas oublier de vous dire, qu'il n'y a point de pierres-ponces au Mont-Vésuve. Il y a quantité de pierres calcinées & poreuses, qui ressemblent en quelque maniere à la pierre-ponce; mais quand on vient à examiner cela, on reconnoît aisément la différence qui est entre l'une & l'autre. La pierre-ponce est une production naturelle; & bien loin que ces pierres soient un effet du feu du Vésuve, il est très-certain que ce feu les détruiroit, comme il détruit toutes les autres matieres qu'il rencontre vis-à-vis du Cap de Mysene, il y a une petite Isle où croît cette sorte de pierre: la Mer en détache beaucoup quand elle est orageuse, & le vent en pousse une grande

(*a*) Les vers à soye ont été apportés en Europe, du Japon & de la Chine.

(*b*) Fort ancienne erreur. Pline est tombé dans cette méprise.

quantité de petits morceaux entre Pouzzol
& Cumes, particulierement du côté de
Bayes : J'y en ai ramaffé de très-belles.

Les montagnes d'Italie, & particulierement l'Appennin, fourniffent beaucoup de
métaux, des eaux minérales, du criftal, de
l'albâtre, une efpece d'agate, & diverfes
fortes de marbres ; mais les marbres de l'Ar-
chipel ont des couleurs plus vives. Le marbre blanc de Carrare eft un des plus fins
d'Italie : auffi en tranfporte-t'on beaucoup
en France.

L'Hyver a été fort rude, & a long-tems
duré. Les oranges & les citrons ont été
prefque tous gelés, & la terre en étoit couverte fous les arbres, dans les lieux que je
vous ai nommés, où ces fruits font les plus
communs.

Ordinairement les chaleurs font grandes
à Rome ; j'ai remarqué auffi qu'on fe pré-
cautionne beaucoup contre l'incommodité
qu'elles apportent. Les grands Seigneurs
ont des appartemens bas où le Soleil ne frappe jamais. Ces appartemens font pavés de
marbre, on y a des Fontaines & des jets
d'eau, & l'on y menage de certaines rencon-
tres de portes & de fenêtres, par où vient
infailliblement un air de fraîcheur. Les lits
font environnés à quelque diftance d'une
courtine de gaze qui fe joint parfaitement
au plancher, en haut & en bas, & qui empêche qu'on ne foit tourmenté de ces im-
portuns moucherons, qui font connus en
France fous le nom de coufins.

La coûtume eft auffi de faire un fomme

de deux heures, incontnent après le dîner, mais on ne fe couche jamais. On a des fauteüils qui font ordinairement garnis de cuir, & dont les doffiers fe hauffent & fe baiffent avec un reffort.

L'ufage des parafols eft commun partout.

Le ferein de la campagne de Rome eft eftimé mortel, pendant trois ou quatre mois de l'Eté ; auffi fe donne-t'on bièn de garde de s'y expofer. Ceux qui voyagent doublent le pas, pour arriver à Rome, ou ils en demeurent dans l'éloignement de dix-huit ou vingt milles.

Voici fix vers que j'ai trouvé écrits au-deffus de la porte d'une maifon de Rome, & qui contiennent les maximes qu'il faut obferver pour fe maintenir en fanté dans cette Ville.

Enecat infolitos refidentes peffimus aër
  Romanus, folitos, non bene gratus habet.
Sofpes ut hic vivas, lux feptima det (a) medi-
      cinam ;
  Abfit odor fædus ; fit modicufque labor.
Pelle famem & frigus ; fructus femurque re-
      linque :
  Nec placeat gelido fonte levare fitim.

Vous remarquerez en paffant, que l'Auteur a mieux aimé faire une faute de quantité, que de perdre la rencontre de fes quatre F. Il auroit pû dire *Venerem*, au lieu de *femur*, dont la premiere eft bréve. *Et corpus quærens femorum, &c. Mart. §. On pouvoit aifément éviter cette faute, en mettant* fructus que femur que relinque.

(a) Marc 2. 17.

Je n'ai pas infifté à vous parler de l'antiquité de beaucoup de Villes. Ce n'eft pas que ces recherches ne foient fort belles : mais outre que c'eft une difcuffion très-longue & très-difficile, qui même a déja été faite par des gens fort capables, je vous ferai remarquer encore, que la queftion de cette antiquité, n'eft pour l'ordinaire qu'une queftion touchant le lieu, ne fe trouvant dans plufieurs de ces Villes, ni aucuns reftes, ni aucunes preuves vifibles de leur ancienne fondation. Il leur eft arrivé la même métamorphofe, qu'au navire des Argonautes. D'ailleurs, quand on eft éloigné de ces lieux-là, on ne s'y intéreffe pas comme quand on les voit.

Je vous dirai pendant qu'il m'en fouvient, que nous n'avons remarqué qu'un feul moulin à vent dans toute l'Italie, encore eft-il ruiné : c'eft à Livorne.

La coûtume du païs, n'eft pas non plus de fe fervir de vaiffelle d'étaim, ce qui vient apparemment de la rareté de ce métal en Italie. Ils n'ont que de la terre plombée, ou de la fayence. Nous en avons vû faire en plufieurs endroits : mais il n'y en a point qui approche tant de la porcelaine, que la fayence de Delft.

Au lieu que nous faifons commencer nôtre jour (*a*) naturel incontinent après minuit,

____

(*a*) Les Babyloniens commençoient leur jour naturel au lever du Soleil, & les Juifs au coucher ; comme font préfentement les Italiens. Ceux de la Province d'Ombrie, le commençoient autrefois à Midi, avec Ptolomée & quelques autres. Les Egyp-

les Italiens le commencent après le Soleil couché; & leurs horloges frappent toujours vingt-quatre heures, d'un Soleil couchant à l'autre. Vous voyez bien que suivant cette maniere de compter, il faut que l'heure du Midi varie toujours. Lorsque le Soleil se couche à quatre heures, selon nôtre calcul, ils comptent la premiere heure quand nous en comptons cinq; & le Midi suivant se rencontre par conséquent à vingt heures. Par la même raison, quand le Soleil se couche à huit heures selon nos cadrans, ils comptent une heure quand il en est neuf parmi nous; & il est précisement Midi à seize heures. Cela n'empêche pas que par rapport au jour artificiel entre les deux Soleils, c'est-à-dire, entre le Soleil levant & le Soleil couchant; ils ne parlent d'hier & de demain, comme nous avons accoûtumé de faire.

Au reste, j'ai à vous dire encore, que nous sommes partis de Rome, sans avoir vû le Pape. Ses raisons ne lui ont pas permis de paroître en public; & les nôtres nous ont empêchés de l'aller chercher chez lui.

Je finirai cette lettre en vous disant, que nous avons acheté quelques médailles modernes à Rome, chez le fameux Hameranus, qui est en réputation d'exceller dans cette sorte d'ouvrage. Entre les diverses que nous avons vûës de la Reine Christine de

tiens à minuit, comme nous; & les anciens Romains à minuit aussi, mais leurs heures étoient inégales.

Suede, celle-ci m'a paru des plus (a) héroïques, & des plus dignes de cette grande
Princesse. Ses Etats sont sur le revers avec
l'hémisphére entier, & ces paroles autour:
Ne mi besogna, ne mi basta. Alexandre disoit
bien *nè mi basta;* mais au lieu de régner sur
soi-même, son ambition le poussoit à de-
sirer d'autres Mondes.

J'ai envie, avant que de fermer ma lettre, de vous faire part d'une fort jolie Inscription qu'un de mes amis a tantôt copiée
sur le piedestal d'une statuë de la Justice
qui est au Couvent des *Jesuites.*

Quæ Dea ? Sacra Themis. *Quæ Patria ?*
    Regna Tonantis.
  Qualis origo ? Fuit sanctus uterque Parens.
Cur frontem facies aperit formosa severam ?
  Nescia corrumpi, non amo blanditias.
Aurium aperta tibi cur altera, & altera cleu-
    sa est.
  Una patet justis, altera surda malis.
Cur gladium tua dextera gerit ? cur læva bi-
    lancem ?
  Ponderat hæc causas, percutit illa reos.
Cur sola incedis ? Quia copia rara Bonorum:
  Hæc referunt paucos sæcula Fabritios.
Paupere cur cultu ? Semper justissimus esse
  Qui cupit, hic magnas vix cumulabit
    opes.

Justement comme j'allois cacheter cette
lettre, j'ai entendu un grand bruit dans

_____

(a) Supposé que l'abdication ait été tout-à-fait
volontaire.

cette maifon , caufé par la joye univerfelle
que l'on a d'apprendre la naiffance d'un
Prince de Galles. Un Courier vient d'en
apporter l'heureufe nouvelle en cette Cour;
& l'on n'entend par tout que cris d'alle-
greffe. Ce précieux Enfant étant un préfent du Ciel ; un don gratuit de la Sainte
Vierge de Lorette, à laquelle le Roi & la
Reine avoient demandé un Fils avec beaucoup d'inftance ; il n'y avoit pas d'apparence qu'il vint une Fille ; & fur tout les
Jefuites qui font les principaux Favoris de
cette Reine du Paradis , ayant beaucoup
intercedé envers elle. Cependant fur la pro-
pofition que plufieurs perfonnes de Turin
avoient fait, pendant la groffeffe de la Reine, de gager, les uns dix, les autres vingt,
& les autres trente contre un , que Sa Majefté accoucheroit d'un Fils ; il s'étoit trouvé des gens d'affez petite foi pour en douter; & plufieurs gageures s'étoient ainfi faites. Jugez de la joye & du triomphe de
ceux qui ont emporté la victoire. Je fuis ,

Monfieur ,

Vôtre, &c.

A Turin ce 29. Juin 1688.

LETTRE

LETTRE XXXVII.

Monsieur,

Le jour de nôtre départ de Turin, nous vînmes coucher au bourg de Veillane. Le lendemain matin nous paſſâmes la porte de Suze, petite Ville entre des montagnes, suze dont elle eſt commandée preſque de tous côtés ; & nous dînâmes à la Novaléſe, au pied du Mont-Cénis.

Cette montagne eſt la plus haute de celles qu'on paſſe entre les Alpes [a], mais vous ne devez pas vous imaginer pour cela que ce ſoit quelque Caucaſe, ou quelque Teneriffe. Il ne faut pas non plus que vous vous la repréſentiez comme une montagne détachée, au ſommet de laquelle il faille monter. Quand on eſt au plus haut endroit du paſſage, on ſe trouve dans une plaine, ou même dans une nouvelle vallée, par rapport aux autres montagnes, dont cette plaine eſt entourée.

[a] On laiſſe proche de-là, à main droite, la haute montagne appellée Roche-melon. Villamont a écrit dans ſes voyages, qu'il y a monté. La deſcription qu'il en fait eſt tout enſemble affreuſe & agréable. Il dit qu'il y a de certains en-droits, où il faut s'attacher des crampons de fer aux pieds & aux mains, afin de pouvoir grimper. Il y a une Chapelle au ſommet, & on découvre de-là une vaſte étenduë des Alpes.

A la Novaléfe rous prîmes des mulets pour monter. Le chemin eſt aſſez large & ſans précipices ; mais il eſt rude & plein de rochers. A la plus grande hauteur où l'on peut arriver, on trouve une croix qui marque les limites du Piémont & de la Savoye ; & qui eſt par conſéquent une des bornes de l'Italie. Au milieu de la Plaine, il y a un lac, qui peut avoir un bon mille de circuit, & dont on dit que la profondeur ne ſe peut ſonder. Il en ſort un fort gros ruiſſeau qui tombe dans la petite Doire, auprès de Suze.

Les neiges étoient preſque toutes fonduës ſur la montagne : les plus grandes hauteurs en etoient chargées à droit & à gauche ; mais ſur le paſſage, il n'en reſtoit que quelques monceaux. Ce ſont les éboulemens de ces neiges, qui rendent ce paſſage dangereux en quelques endroits, & en quelques ſaiſons : autrement il n'y a rien du tout à craindre.

Le côté de cette montagne, qui regarde la Savoye, eſt beaucoup plus roide que l'autre. [a] Il ne ſeroit pas impoſſible que les chevaux y montaſſent : toute l'armée de Charlemagne y paſſa autrefois ; mais pour l'ordinaire, ce ſont des hommes qui portent les Voyageurs de ce côté-là. Ils nous firent aſſeoir ſur des chaiſes ordinaiⁱ rss, auſquelles ils avoient attaché des bras en maniere de brancard : nous avions cha-

---

[a] En hyver on ſe faⁱt ramaſſer [c'eſt leur terme] dans des eſpéces de traineaux. Ceux qui ramaſſent s'appellent *Marrons*.

cun quatre hommes ; deux portoient, &
les deux autres les relayoient.

La petite riviere de l'Arche, paſſe juſtement au pied de la montagne : on la paſſe,
elle-même, ſur un pont de bois, & on ſe
trouve de l'autre côté dans le village de
Laſnebourg.

Je n'ai preſque rien à vous dire touchant
la Savoye. Le païs eſt généralement mon-
tagneux, & les lieux que nous y avons vûs
n'ont pas grand choſe de remarquable.

Chambery qui eſt la Capitale du Duché, CHAM-
& où les Ducs faiſoient autrefois leur ſé- BERY.
jour, eſt une fort petite Ville aux pieds des
montagnes, ſans fortification. La Leſſe &
l'Orbane s'y rencontrent, mais ces rivieres
ne ſont pas navigables. On dit que le monde de Chambery eſt fort civil, & que les
Dames y ſont bien faites. Cette Ville eſt
honorée d'un Parlement.

S. Jean de Morienne eſt dans une agréa- S. JEAN
ble vallée qui porte le même nom. Nous DE MO-
paſſâmes à deux cens pas de la Ville, ſans y RIENNE
entrer, ſur l'aſſurance qu'on nous donna,
qu'il n'y avoit rien qui méritât qu'on fît un
détour pour le voir.

Nous ne nous arretâmes pas non plus à
Montmélian. Cette petite Ville eſt ſur la MONT-
rive droite de l'Iſere, & eſt munie d'une MELIAN
maniere de Citadelle forte par ſa ſituation.

Aix [a] eſt un bourg aſſez fréquenté à AIX,
cauſe de ſes bains. Je ne ſçai ſi vous avez
pris garde que le nom François des Villes
qui ſont appellées Aix, vient quelquefois

[a] Auguſta Allobrogorum.

d'*Aqua*, & quelquefois d'*Augusta*. *Aquæ Sextiæ*, Aix en Provence; *Aquisgranum*, Aix la Chapelle : *Augusta Alorum*, Aix ou Auch en Armagnac.

Vers Annecy, nous trouvâmes tout le monde dans une épouvente terrible, à cause des Vaudois. Le bruit couroit que ces pauvres Bannis étoient entrés en Savoye, du côté d'Evian ; qu'ils etoient plus de deux mille, & qu'ils avoient déja brûlé cinq ou six villages. Rien de tout cela n'étoit vrai.

Les terres de Savoye font féparées de celles de Genéve, de ce côté-là, par la riviere d'Arve : on la paffe fur un pont de bois ; & on fe trouve incontinent aux portes de Genéve. L'Arve eft un fort gros torrent qui defcend des montagnes, & qui entraîne toûjours avec foi quelque poudre d'or. Mais il arrive affez rarement, qu'un homme en puiffe purifier en un jour pour autant, comme il peut gagner à quelque autre ouvrage : de forte que l'or de l'Arve eft fort négligé.

Je ne vous dirai rien de l'Antiquité de Genéve, ni de fon Gouvernement, ni de fon Hiftoire : toutes ces chofes-là ayant été plufieurs fois décrites. Je me contenterai de vous donner l'idée de cette Ville ; & comme je l'ai autrefois affez connuë, j'ajoûterai quelques remarques particulieres.

Le Rhône, en fortant du Lac, forme une petite Ifle. A la rive droite de ce fleuve, ou plûtôt vers le canal droit, le terrein eft bas & uni ; mais de l'autre côté, c'eft une colline qui s'éleve infenfiblement. La principale partie de Genéve eft fituée fur ce côteau : le refte eft dans l'Ifle, & de-là le Rhône. Et le tout eft environné de fortifications.

Mrs. de Genéve [a] font alliés des Suiffes, & particulierement des Cantons de Zurich & de Berne ; c'eft en cela que confifte leur plus grande force.

Ils ont affez de canon, & un Arfenal paffablement bien muni. On y garde les fameufes Echelles que les Savoyards [b] drefferent contre les murailles de la Ville, lorfqu'ils entreprirent l'Efcalade dont vous fçavez l'hiftoire. On conferve auffi avec ces Echelles, le petard tout chargé, qui manqua le coup auquel on l'avoit deftiné pour la Porte neuve : & ces piéces font à Genéve d'agréables mémoriaux de fa délivrance. La fête s'en eft toûjours folemnifée par des Actions de graces, & par des Sermons extraordinaires, qui fe font ce [c] jour-là ; comme auffi par les petits feftins, ou plûtôt par la jonction des repas de la plûpart des familles, felon les diverfes liaifons qu'elles ont enfemble. Les principaux articles de cette hiftoire, font compris dans une chanfon qui fut faite alors ; & jamais on ne fe fépare dans ces petites affemblées fans avoir chanté la chanfon. Cela eft devenu comme effentiel à la commune réjoüiffance.

[a] Les Genevois firent alliance perpetuelle avec les Bernois, l'an 1536. Cette alliance a diverfes fois été renouvellée. *J. Simler.*

[b] L'An 1602.

[c] Le 12. Décembre.

Genéve a quelques Galéres sur son Lac :
le Duc de Savoye, & les Suisses, en ont
aussi. Je dis sur son Lac; car il lui fut donné par ses maîtres, lorsqu'elle étoit Colo-
nie Romaine; & la voix publique le lui
donne aussi. L'ancienne inscription qui
prouve cette donation selon Mr. Spon, &
quelques autres Antiquaires, se voit contre un mur, dans la cour d'une maison qui
est dans la ruë des Chanoines.

L. IVL. P. F. VOL. BROCCHUS
VAL. BASSVS PRÆF. FAB. BIS.
TRIB. MIL. LEG. VIII. AVG. II.
VIR. IVR. D. III. VIR. LOC.
PP. AVGVR. PONTIF. II. VIR.
ET FLAMEN IN COL. EQVES-
TRI VIANIS GENAVENSIBVS
LACVVS DAT.

Cela n'est pas au-dessus de toute critique; mais laissons cet examen pour une autre fois.

Ce que quelques anciens Auteurs ont
écrit, que le Rhône traversoit le Lac sans
y mêler ses eaux, est une pure fable, &
même une chose absurde & impossible; vû
la longueur, & la figure courbée dont est
ce Lac. C. Frey [a] affirme la même chose
dans son *Admirandæ Galliarum. Rhodanis
in Lacum Lemanum influit, & in permix-*

[a] Après Polybe. Le Turcaguota dit la même chose, & mille autres qui ont copié Polybe.

tis aquis & aquarum colore ex eo effluit. Je fçai le contraire, pour l'avoir affez fouvent vû.

L'eau de ce Lac eft d'une pureté, & d'une beauté parfaite. On y pêche diverfes fortes de très-bon poiffon, mais les truittes en font renommées par-deffus tout le refte. J'en ai vû plufieurs qui pefoient jufqu'à cinquante livres chacune [a] ; & je fçai qu'il s'en eft quelquefois rencontré de plus groffes d'un tiers. Rarement on en trouve ailleurs de cette grandeur : mais ce n'eft pas une chofe inoüie, comme quelques-uns le croyent. Dans une des fales de l'Arfenal de Munich, j'ai vû la figure d'une truite, laquelle truite pefoit foixante & treize livres, & avoit été prife dans un petit Lac de ce païs-là. Les autres efpeces de ce poiffon qui fe trouvent le plus communement dans le Lac de Genéve, font, la Perche, la [b] Carpe, la Tenche, le Brochet, l'*Ombre,* l'*Ombre-Chevalier,* la *Gravanche,* le *Scichot,* la *Dormille,* le *Ferrat,* la *Chavenne,* la *Moutelle,* le Goujon. C'eft une chofe affez finguliere qu'on n'y trouve point d'Anguilles. On dit que ce n'eft que depuis quelques années que la *Moutelle* paroît dans ce Lac ; & l'on ne voit pas comment il peut y être venu, que par quelque canal foûterein qui ait communication avec le [c] Lac d'Yverdun. Mais l'addition de cette nouvelle ef-

---

[a] La livre de Genéve eft de dix-huit onces.

[b] Il n'y a point de carpes du côté de Genéve, mais on en pêche beaucoup vers Ville neuve, à l'autre extrêmité du Lac.

[c] Il n'y en a point dans les autres Lacs de Suiffe.

pece est plûtôt un mal qu'un bien ; car outre que le poisson n'est guéres bon, il est extrêmement glouton, & depeuple le Lac. Il y a une quantité prodigieuse de petits poissons qu'on appelle [a] Mille-canton : Il va par multitudes innombrables, & on le sert comme un manger délicat. On remarque que les especes ne se mêlent point : Tantôt c'est une armée de petites perches : tantôt c'est un nuage de tenches, & ainsi des autres. De tems en tems le Magistrat fait publier des défenses de pêcher de mille-canton, pour empêcher qu'on ne mange son bled en herbe, mais on n'a guéres d'égard à ces défenses.

Je vous dirai si vous voulez, la principale maniere dont on pêche la truite à Genéve : Il faut sçavoir qu'en certain tems de l'année ce poisson descend du Lac dans le Rhône ; & qu'en d'autres saisons il remonte du Rhône au Lac. Pour profiter de ces allées & venuës, qui ne manquent jamais, on a planté des pilotis qui traversent

ainsi le Rhône, à l'endroit où le Lac se dégorge : ces pilotis sont à telle distance l'un de l'autre, que le gros poisson n'y sçauroit

[a] On appelle ainsi tous les petits poissons de differentes especes, quand ils sont à-peu-près de la longueur d'une épingle.

paſſer, & ſoit qu'il monte, ſoit qu'il deſcende, il rencontre aux ſeules ouvertures qu'on lui a laiſſées, de grandes naſſes de fil d'archal, dans leſquelles il ſe vient enfermer lui-même. Cette pêche eſt affermée par l'Etat, & en fait un des revenus.

J'ajoûterai encore touchant le Lac, qu'en hyver on y tue beaucoup de gibier, & qu'il gela l'an 1572. Quelquefois il ſe courrouce comme une petite Mer.

Genéve n'eſt ni grande, ni fort belle, mais c'eſt pourtant une Ville extrêmement aimable. Il n'y a point d'Etrangers qui y ayent fait quelque ſéjour, & qui l'ayent quittée ſans regret. Les [a] promenades en ſont agréables, la ſocieté en eſt familiere & aiſée, & autant que le bas peuple eſt ingénu & groſſier, autant les autres perſonnes, à parler generalement, ont un caractere de douceur, de civilité, & d'eſprit.

La plûpart de leurs maiſons, celles particulierement qui ont été bâties depuis vingt ou trente ans, ſont de pierre de taille. Ils ont deux ſortes de pierres, l'une dure & blanche, qu'ils appellent [b] *Roche*, & dont on ne ſe ſert guéres que pour les fondemens. L'autre tendre & griſâtre, qu'ils nomment *molaſte*. Cette derniere ſe prend dans des carrieres du Lac, lorſque les eaux ſont baſſes en [c] hyver.

[a] La Treille, Plainpalais, la Corraterio, ■ Remparts, &c.

[b] C'eſt ce qu'on appelle à Venife *Piétra du-* ra : une eſpece de marbre.

[c] Les eaux deviennent hautes en Eté, quand les neiges fondent ſur les montagnes voiſines.

L'Inſcription gravée en airain, qui ſe voit ſur la façade de la Maiſon de Ville, étant une des choſes remarquables de Genéve, je ne négligerai pas l'occaſion qui ſe préſente de vous l'envoyer, quoique peut-être cette Inſcription ait été déja plus d'une fois publiée. Elle eſt écrite en lignes égales; mais j'aimerois mieux qu'on l'eût ainſi diſpoſée.

QUUM ANNO M. D. XXXV.
PROFLIGATA.
ROMANI ANTICHRISTI
TYRANNIDE,
ABROGATISQUE EJUS SUPERSTITIONIBUS,
SACROSANCTA CHRISTI RELIGIO,
HIC IN SUAM PURITATEM,
ECCLESIA
IN MELIOREM ORDINEM
SINGULARI DEI BENEFICIO REPOSITA
ET SIMUL
PULSIS FUGATISQUE HOSTIBUS
URBS IPSA IN SUAM LIBERTATEM
NON SINE INSIGNI MIRACULO
RESTITUTA FUERIT:
SENATUS POPULUSQUE GENEVENSIS
MONUMENTUM HOC PERPETUÆ MEMORIÆ
FIERI,
ATQUE HOC LOCO ERIGI
CURAVIT
QUO SUAM ERGA DEUM GRATITUDINEM
AD POSTEROS TESTATAM FACERET.

Leur Académie est pourvûë de fort ha-
biles Professeurs, & ils ont aussi quantité de
sçavans Ministres. Je ne sçai si vous aurez
appris que Mr. Choüet a quitté son emploi
de Professeur en Philosophie, pour prendre
une charge de Conseiller, & de Secretaire
d'Etat. Je dirois que la perte des uns, a fait
en cette occasion l'avantage des autres, si
je n'avois pas de bonnes raisons pour croire que toute cette miserable Pedanterie
d'Ecole, & qui par un désordre horrible,
par une criminelle usurpation, s'est empa-
rée du venerable nom de Philosophie, est
une perte prétieuse & très-désirable.

La Bibliothéque publique est au College : elle consiste en trois mille volumes,
ou environ. N'y ayant aucun fond pour
augmenter le nombre des livres, ni pour entretenir un Bibliothécaire, vous pouvez
juger que d'ailleurs elle n'est pas non plus
fort soigneusement entretenuë, & qu'elle
n'est pas ouverte à certaines heures marquées, comme elle le devroit, pour être
veritablement Bibliothéque publique. On
m'y a fait remarquer une Bible manuscri-
te, de la traduction de S. Jerôme : ce MS.
passe pour être d'environ 800. ans. Après
que Gregoire le Grand eut approuvé cette
Version, & qu'il l'eut même preferée à l'ancienne Vulgate ; & particulierement lorsqu'elle eut été révûë par Charlemagne deux
cens ans après, il s'en répandit de tous co-
tés grand nombre de copies, & j'en ai vû
beaucoup qu'on dit être du neuviéme siécle. Mais je vous avoüerai franchement

que ce que j'ai pû acquerir de connoiſſan-
ce dans ces ſortes de choſes, ne me ſuffit
pas, pour entreprendre d'en parler fort per-
tinemment. Quoique je n'ignore pas les re-
gles & les inſtruâions que donne Caſſio-
dore, pour bien connoître les bonnes copies de cette Verſion de l'Ecriture, je re-
connois ſouvent que la théorie eſt preſque
inutile, ſans une longue expérience, fondée ſur l'examen & la comparaiſon de divers Manuſcrits, pour diſtinguer les véritables d'avec les ſuppoſés. Il faut avoir exactement épluché l'état des articles ou para-
graphes, des diviſions, ou ſeâions, que
nous appellons Chapitres, des Préfaces,
des Sommaires, ou Argumens : de la Ponc-
tuation, des Ornemens, du caraâere, &
même de la diſpoſition des livres ; je veux
dire de leur ordre, ou de leur arrangement.
Il eſt certain, comme me l'aſſuroit il n'y a
pas long-tems encore le ſçavant P. Noris,
& comme d'autres me l'ont fait remarquer,
que la traduâion de S. Jerôme a été fort
alterée par les additions qui y ont été faites ; auſſi-bien que par les embelliſſemens
qui l'ont défigurée au lieu de l'enrichir. Je
n'entreprendrai donc pas de rien prononcer
de poſitif ſur ce Manuſcrit ; je vous dirai
ſeulement que j'y vois, ce me ſemble, une
grande conformité avec ceux qui parurent
incontinent après Charlemagne ; & pour
n'être pas tout-à-fait ſec ſur cet article, je
vous ferai part d'une ſingularité qu'on m'y
a fait remarquer. Le titre de la premiere
Epître de Saint Jean eſt ainſi : JOANNIS

EPISTOLA AD SPARTOS. Si j'avois été
informé de cela dès le commencement de
mes Voyages, il eſt probable que les autres pareils manuſcrits que j'ai vûs, dans
leſquels je ne me ſuis pas aviſé de conſiderer cet endroit, m'auroient pû donner quelque lumiere. Mais ce grand ſecours me
manquant, je vous dirai mon ſentiment ſur
ce SPARTOS, plûtôt en Hiſtorien qu'en
Critique. Chacun ſçait que Saint Jean gou-
verna quelque tems l'Egliſe d'Epheſe; d'où
l'on peut raiſonnablement conclurre, qu'il
étoit informé de l'Etat des autres Egliſes
Gréques; & qu'il communiquoit avec elles:
Deſorte que s'il y avoit alors une Egliſe
à (a) Lacedemone, ce qui n'eſt pas hors
d'apparence, cet Apôtre auroit pû lui adreſ-
ſer cette Epître, comme S. Paul a adreſſé
quelques-unes des ſiennes, aux Egliſes de
Corinthe, d'Epheſe, de Philippes, &c.
Mais cette conjecture ſemble s'évanoüir,
quand on vient à conſiderer que cette Epître eſt toujours-appellée Catholique, dans·
tous les anciens Manuſcrits ; car il impli-
queroit contradiction qu'elle pût avoir le
titre de Catholique, & qu'elle ne fut pourtant adreſſée qu'à une Egliſe particuliere:
les Epîtres de S. Paul aux Romains, aux
Corinthiens, aux Galates, n'étant jamais
ainſi nommées. Si l'on objecte que cette
Epître de S. Jean peut avoir eu le titre de
Catholique, en tant que Lettre circulaire,
comme le ſont les Epîtres aux Coloſſiens, &
aux (b) Theſſaloniciens. On peut répondre

____

(a) Sparte. | (b) La premiere Epître,

premierement, que S. Jean n'a donné aucun ordre pour faire lire son Epître dans les Eglises voisines de ceux à qui elle a été adressée, au lieu qu'on trouve cet ordre positivement énoncé à la fin des deux Epîtres de S. Paul aux Ephésiens & aux Thessaloniciens : & en second lieu, l'on peut dire, que quand même l'Epître de S. Jean seroit une Lettre circulaire, il ne s'ensuivroit pas qu'elle dût être proprement appellée Catholique, puisque les deux Epîtres circulaires de S. Paul ne sont jamais ainsi nommées.

Mr. Charles Patin, dont je vous ai déja parlé, fait mention de ce Manuscrit dans la petite Relation qu'il a publiée de ses Voyages ; mais il ne fait que répéter fort legérement ce qu'il a entendu dire comme en passant à Mr. (*a*) Sartoris. On présume, dit-il, que le Copiste peut avoir écrit *Spartos* pour *sparsos*, comme S. Pierre adressa sa premiere Epître à ceux qui sont dispersés en Ponte, Galatie, Cappadoce, &c. Ou peut-être, pour *Parthos*, Saint Augustin parlant d'un Epître de Saint Jean adressée aux Parthes.

Je ne vois rien qui ne soit naturel dans la premiere conjecture de Mr. Sartoris ; car non-seulement la premiere Epître de Saint Pierre est adressée aux Fidéles épars, mais celle de S. Jacques l'est aussi aux douze Tribus dispersées. Et cette Epître de S. Jean étant du nombre de celles qui sont appellées Catholiques, il n'est pas déraisonnable

____

(*a*) Sçavant Ministre, & alors Bibliothécaire.

de penfer que les Traducteurs & les Commentateurs, qui ont fouvent pris la liberté de changer, ou d'alterer les titres des Livres facrés, peuvent avoir écrit *Epiftolas ad Sparfos*, au lieu d'*Epiftola Catholica*.

Mais, quelque probabilité qu'il y ait dans ce fentiment, j'aimerois mieux l'autre conjecture. S. Jean prêcha l'Evangile dans l'Orient avant qu'il fût banni dans l'Ifle de Pathmos, & qu'il fit fon fecond Voyage à Ephefe, & outre ce que dit Saint Auguftin d'une Epître que cet Apôtre écrivit aux Parthes, (— — *Etiam illud dictum eft à Joanne in Epiftola ad Parthos;* (a) *Dilectiffimi nunc Filii Dei fumus, & nondum apparuit quid erimus, &c. Quæft. Evang. To. 4. lib. 4.*) Poffidius qui étoit Difciple de S. Auguftin, & qui a écrit fa vie, fait mention (b) dans l'indice qu'il a compofé des ouvrages de ce Docteur, de dix fermons fur cette Epître; & fes termes font, *De Epiftola Joannis ad Parthos, fermones decem.* Il eft vrai que ni S. Auguftin, ni Poffidius, ne diftinguent point cette Epître par le nom de premiere Epître; (ce qui, pour le dire en paffant, pourroit fervir pour confirmer les doutes de ceux qui ne font pas convaincus que les deux Epîtres fuivantes foient du même Auteur,) mais il eft pourtant manifefte que c'eft de cette même Epître dont parle S. Auguftin, puifqu'il en allégue plufieurs paffages.

Il feroit à fouhaitter, tant pour l'orne-

(a) 1. Joan. 3. 2.   des ouvrages qui compofent le neuviéme Tome.
(b) Dans le Catalogue

ment que pour l'enrichiſſement de la Bibliothéque, que chacun y voulut apporter,
ſelon la loüable coûtume des autres lieux,
les Médailles, les Urnes, les Lampes ſépul-
chrales, les ſtatuës, les bas-reliefs, les Inſcriptions, & les autres Monumens qui ſont
entre les mains de divers Particuliers, &
qui ont été trouvés dans la Ville ou aux
environs. Il eſt certain que l'on feroit une
aſſez grande collection de ces raretés ; & il
n'eſt pas moins certain que ce Cabinet feroit honneur à la Ville, & feroit un conſidérable ornement à la Bibliothéque.

Il y a une choſe fort défectueuſe à Genéve, à l'égard des Miniſtres ; on ne leur
donne pas d'aſſez groſſes penſions ; & on
les fait travailler beaucoup trop. Imaginez-
vous que dans chaque Egliſe il y a deux
Miniſtres qu'on appelle *Semainiers*, & qui
prêchent chacun ſix ou ſept fois de ſuite,
de ſemaine en ſemaine, en ſe relayant l'un
l'autre. Quelque capable, & quelque la-
borieux qu'on puiſſe être, il faut demeurer
d'accord, qu'un peu plus de loiſir eſt d'un
grand ſecours, pour compoſer un bon ſer-
mon, & pour l'apprendre par cœur ; tâche terrible pour ceux qui ont courte me-
moire.

La révolution qui vient d'arriver en
France, eſt cauſe que le nombre des Etu-
dians en Théologie, n'eſt plus ſi grand
qu'il étoit autrefois à Genéve. Mais en récompenſe, comme on y peut faire tous les
Exercices, auſquels les jeunes Gentilshommes ont accoûtumé de s'appliquer, il

y en a beaucoup de Proteſtans d'Allemagne, & d'ailleurs, qui, à cauſe de la Religion, préferent Genéve à la France.

Les pauvres Vaudois qui furent amenés comme demi-morts en cette Ville, y furent reçûs avec tous les témoignages imaginables de charité ; & les Réfugiés de France y ont été auſſi beaucoup conſolés.

C'eſt une choſe aſſez remarquable, qu'avant la Réformation, la Ville de Genéve, comme par un preſſentiment de la grace qui lui étoit deſtinée, accompagnoit ſes armes de cette eſpece de cri ou de deviſe, *(a) poſt tenebras ſpero lucem : j'eſpere, ou j'attens la lumière après les ténebres.* Auſſi ont-ils changé ces paroles, depuis qu'effectivement la pure lumiere de l'Evangile a reſplendi ſur eux : au lieu de *Poſt tenebras ſpero lucem,* ils ont dit, *Poſt tenebras Lux : La lumiere eſt venuë après les ténébres.*

Quoique la pureté des mœurs ne réponde peut-être pas autant qu'il le faudroit à celle de la Doctrine, il eſt pourtant certain que ſi l'on fait comparaiſon de *(b)* Genéve, je ne dirai pas à quelques-unes de ces abominables Villes d'Italie que nous avons vûës ; mais à quantité d'autres où l'on vit ſelon le train ordinaire du monde, elle paroîtra toute ſage & toute modeſte. Là comme ailleurs, il ſe rencontre des vicieux ; mais la débauche n'y eſt pas ſur le thrône. Les Paſteurs & les Conſiſtoires, s'occupent

(*a*) Epheſ. ch. 5. v. 8. Rom. ch. 11. v. 13. (*b*) Anagram. *Reſpu-* | *blica Genevenſis. Gens ſub Cælis ærè pia.*

à la réprimer ; & le Magiftrat agit de concert avec eux, en publiant des loix contre le luxe des habits ; & en faifant d'auttes reglemens contre le libertinage. Autrefois ils puniffoient févérement l'adultere ; ils pendoient & noyoient, comme on fait encore en quelques endroits de Suiffe.

Dans l'Eglife de S. Pierre, on fait voir le Tombeau de Henry II. Duc de Rohan. J'ai remarqué auffi celui du Grand d'Aubigné, Ayeul de la Marquife de Maintenon, dans le Cloître, à côté de l'Eglife. Calvin fut enterré en pleine terre, au Cymetiere de Painpalais, fans Tombeau & fans Epitaphe.

Je ne veux pas oublier de vous dire qu'il y a à Genéve une Eglife Allemande & une Italienne : autrefois il y en avoit auffi une Angloife. Les plus confidérables Familles Italiennes que je connois, outre celles que je vous ai nommées dans ma Lettre de Luques, font les Familles Gallatin, Sartoris, Bonnet, Puerari, Leger, Minutoli, Stoppa, Diodati, Offredi, Cerduini. *(a)* Il y en a, je penfe, encore huit ou dix autres.

(b) Le langage vulgaire de cette Ville, eft le Savoyard ; mais tout ce qu'il y a de gens qui font un peu diftingués du bas peuple, parlent François. Et fi ce François n'eft

---

(a) Rubbati, Franconi, Malcontent, Butini, Bartolone, Carnelli, Servini, Mirollio, Lambercier, Peliffari, Martini, &c.

(b) Si l'on peut faire quelque fond fur le petit Livre intitulé *Scaligerana :* du rems de J. Scaliger, on parloit Savoyard au Confeil, & il étoit défendu, fur peine d'amende, de parler autremeat.

pas des meilleurs du monde, il est du moins
aussi bon que celui de la plûpart des Provinces de France.

A quatre petites lieuës de Genéve, entre
le fort de la Cluse & le Mont-Credo, le
Rhône se précipite sous des rochers, & se
perd absolument pendant quelque espace.
Cela est cause que ceux qui veulent descendre le Rhône, de Genéve à Lyon, sont
obligés de s'embarquer à Seissel, au-dessus
de la chute & de la renaissance de ce Fleuve. Je suis,

Monsieur,

    Vôtre, &c.

A Genéve ce 12. *Juillet* 1688.

LETTRE XXXVIII.

Monsieur,

Il ne se peut pas voir une plus agréable route que celle de Genéve à Lausane : c'est un côteau toujours bien cultivé, & bien habité. On ne perd que très-rarement la vuë du Lac ; & en quelques endroits de l'autre côté, ce sont des montagnes amoncelées, dont les cimes cornuës sont toujours brillantes de neige.

La premiere nuit, en sortant de Genéve, nous couchâmes dans la petite Ville de Morges, qui est située sur le bord du Lac. De-là nous vîmes la fumée d'un embrasement, qui, à ce que nous aprîmes le lendemain, avoit fait beaucoup de désordre à Vevay, vers l'extrêmité de ce Lac. *MORGES.*

La situation de Lausane (*a*) est extrêmement rude, & cet endroit a je ne sçai quoi, qui paroît d'abord sauvage : cependant j'ai remarqué que cette Ville est aimée de tous ceux qui la connoissent. Il y a diverses promenades fort agréables, particulierement vers le Lac : & on se loüe fort de la civilité des Habitans. Ne vous attendez pas que je vous en fasse aucune description ; car je n'en connois que ce que j'y ai pû voir pendant deux ou trois heures. Je suis *LAUSANE, Autrefois Evêché.*

(*a*) L'Evêque *in partibus* reside à Fribourg.

allé à l'Eglife Cathédrale, qui eſt paſſable-
ment grande , & aſſez belle pour le païs :
mais non très-grande & très-belle comme ils ſe l'imaginent. Il y a quelques années que la muraille, toute épaiſſe & toute forte qu'elle eſt , fut (*a*) fenduë & entr'ouverte par un tremblement de terre ,de-
puis le haut juſqu'au fondement : l'ouverture étoit ſi large , que les Ecoliers qui
joüoient dans la Place , avoient accoutu-
mé d'y mettre leurs manteaux & leurs por-
te-feüilles. Quelque tems après , un nouveau tremblement de terre rapprocha les
deux côtés du mur, & les reſſerra ſi bien,
qu'ils ſont à-peu-près dans leur premier
état. C'eſt une des principales curioſités
dont on informe les étrangers à Lauſane.
On garde à la Maiſon de Ville quelques monumens qui y ont été apportés des ruines
de celle d'Arpentras , où eſt préſentement
le village de Vidi.

Sur le bord du lac de (*b*) Morat, nous vîmes en paſſant une maniere de Chapelle
toute remplie des os des Bourguignons ,
qui (*c*) furent défaits en cet endroit , au
nombre de dix-huit mille , par l'armée des

(*a*) Au Sud du Chœur.
(*b*) Morat paſſe à Aven-
ches.
(*c* Le 20. Juillet 1476.
On y lit cette Inſcription :
*D. O. M. Caroli inclyti
& fortiſſimi Ducis Bur-
gundiæ exercitus Mura-
tum obſidens, ab Helvetiis
cæſus hoc ſui monumen-*

tum reliquit. A. 1476.
Tous les Hiſtoriens rap-
portent qu'après la Bataille les Vainqueurs furent ſi
ignorans , qu'ils vendirent
toute l'argenterie du Duc,
comme autant de vaiſſelle
d'étain ; & ſes pierreries ,
comme de bagatelles de
verre.

Suisses & des Lorrains. Vous sçavez l'histoire.

Berne [a] n'est pas une grande Ville , BERNE.
quoique Capitale du plus puissant des treize Cantons : elle est située dans une pénin-
sule formée par l'Art , & presque toute bâtie de pierre de taille , d'une maniere plus
solide que belle. Ses ruës sont assez nettes,
& ont un ruisseau qui coule au milieu : de
chaque côté il y a des portiques, où l'on
peut marcher à couvert ; mais ces portiques
sont trop étroits. Cette Ville fut bâtie par
Bertholde quatriéme , dernier Duc de Ze-
ringhen , l'an [b] 1175. & l'on dit qu'elle
fut nommée Berne , à cause d'un Ours qui
fut pris, lorsqu'on en jettoit les fondemens :
le mot de [c] Bern , signifiant Ours, en langue Allemande. C'est pour cela que cette
Ville porte un Ours dans ses armes. Elle en
nourrit aussi par cette derniere raison, comme ceux de Genéve nourrissent des Aigles.

Nous n'allâmes voir à Berne, que l'Arsenal & la grande Eglise : l'Arsenal est fort
rempli , & en bon état. On a placé dans
une des Sales , la statuë du [d] Bourgeois
de Suits , qui d'un coup de fléche abattit la
pomme que l'on avoit mis à cinquante pas
de lui , sur la tête de son enfant ; & on les
à représentés l'un & l'autre dans cette action. Vous sçavez que cette cruelle fantai-

[a] Pour avoir entrée
au Conseil , il faut être
marié. G. Burnet.

[b] D'autres. disent l'an
1191.

[c] L'an 1352. le 6.
Mars, Berne se joignit à
l'alliance des Suisses. J.
Simler.

[d] Guillaume Tell.

fie du Gouverneur Griffer, jointe à quantité d'autres vexations de même nature [a]
donna naiffance à la République des Suiffes. Childrei rapporte entre les prodiges
d'Angleterre, qu'un certain Robert Bone,
de la Province de Cornoüaile, abattit un
petit oifeau de deffus le dos d'une vache :
mais ce dernier arbalêtrier ne rifquoit pas
tant que l'autre.

Sur la porte de la Maifon des Manufactures, on a mis depuis peu cette Infcription :

[b] *Tempore quo craffa Clericorum ignoran-*
tia, cum gratia & privilegio Regis, in verum
Dei Cultum fureret : atque DRACONUM
operâ eos quos Huguenotes vocant, ferro
flammâ, & omnis generis cruce, è Regno pel-
leret : Supremus Magiftratus è Raderibus Cœ-
nobii olim prædicatorum, has Ædes extruxit,
ut Pietatem fimul & Artem Galliâ exulantes
hofpitalibus tectis exciperet. Faxit Deus T. O.
M. ut Charitatis hoc opificium, fit incremento
Patriæ.

Dans l'Eglife qui appartenoit aux Dominicains, on conferve quelques traces de
l'infigne filouterie des Jacobins ; vous pouvez avoir lû cette hiftoire dans le Traité
des Spectres, de Lavaterus. Henri Etienne
la raconte affez au long ; & Nicolas Manuel
qui l'a traduite de l'Allemand, dit qu'elle a

[a] L'an 1307. fous l'Empire d'Albert I.

[b] J'ai appris que cette Infcription a été ôtée en Octobre 1692. à la folli-citation de l'Ambaffadeur de France.

été

été écrite en toutes fortes de langues. L'A-
bregé du fait eft, qu'après de violentes dif-
putes entre les Jacobins & les Cordeliers,
fur la Conception de la Vierge, que ceux-
ci difent avoir été exempte du péché origini-
nel ; (a) quatre Jacobins de Berne entreprirent de concert, & à la follicitation de
plufieurs du même Ordre, de prouver leur
Théfe par un miracle. Pour réüffir dans ce
deffein, ils s'aviferent de feindre des appa-
ritions, & de parler la nuit à un idiot de (b)
Novice, fous des figures empruntées, pour
en venir par de longs détours que j'omets
ici, à lui faire dire par la Vierge même,
qu'Elle avoit été conçûe en péché; & à en
perfuader le Peuple par le bruit de l'appa-
rition. La chofe réüffit jufqu'à un certain
point : le Novice donna dans le panneau,
il raconta fes vifions, toute la Ville le vint
vifiter comme un Saint & comme un Prophête; & la voix publique décréditoit déja
le fentiment de l'Immaculée Conception.
Mais enfin les Moines en firent trop, Jetzer
s'apperçût qu'on le trompoit ; & eux fe
voyant découverts, uferent d'abord auprès
de lui, de prieres & de promeffes ; mais
enfuite, ils en vinrent aux menaces, & tâ-
cherent à diverfes fois de l'empoifonner.
Le Novice ayant reconnu cela, fit fi bien
qu'il échappa du Couvent. Il déclara le
tout au Magiftrat. Le Magiftrat demanda
au Pape des (c) Juges extraordinaires, qui

(a) Jean Vetter, Eftien- | (b) Jean Jetzer.
ne Boltzhorft, François | (c) Deux Evêques, & le
Ulchi, & Henri Steniker. | Provincial des Jacobins.

furent accordés. Les quatre Moines, que la ſuite de leur intrigue avoit jettés dans une complication des crimes les plus énormes, furent appliqués à la queſtion, & confeſſerent tout. Après quoi ils furent livrés au bras ſéculier, dégradés, & (a) brulés en place publique. Le Novice fut renvoyé abſous, après avoir toutefois enduré auſſi la queſtion.

SOLEURE. Soleure (b) eſt dans une vallée fertile, ſur la riviere d'Aar, laquelle riviere paſſe auſſi à Berne. Au lieu que cette derniere Ville eſt des plus modernes, l'autre ſe vante d'une très-grande antiquité ; & ſe dit pour cela (c) *Sœur de Tréves*. Son nom Latin ſe trouve écrit de diverſes manieres dans les Auteurs modernes : mais dans l'Itinéraire d'Antonin, elle eſt appellée *Solothurum* ; à cauſe, diſent quelques-uns, d'une tour qui y étoit érigée en l'honneur du Soleil : c'eſt ce que dit Charles Eſtienne, après beaucoup d'autres. Mais je ne comprens pas pourquoi Antonin auroit écrit *Solothurum* avec un *th*, s'il eût cru que ce mot eût été compoſé du *Sol*, & *Turris*. Cette Ville eſt environnée de fortifications régulieres, & revêtues de grands quartiers d'une eſpéce de marbre blanc. L'Ambaſſadeur de France réſide toujours à Soleure, & le peuple dit que c'eſt ce Miniſtre qui l'a fortifiée.

(a) L'an 1509.

(b) Ils ſont fort ſuperſti tieux à Soleure. Autrefois ils avoient un Crucifix habillé à la Suiſſe. *Scalig.*

(c) *In Celtis nihil eſt Soloduro antiquius, unis Exceptis Treviris, quarum ego dicta Soror.* Simler prétend que Soleure a été bâtie par Niſmus.

Ils font perſuadés d'une choſe ſemblable à Guaſtale, dans le Duché de Mantoüe. Cinq cens hommes travaillent inceſſamment (a) à fortifier cette derniere Place ; & il n'eſt pas poſſible de mettre dans l'eſprit des habitans, que la ſource de cette dépenſe ſoit dans les coffres de leur Duc.

Baſle (b) eſt la plus grande Ville, la plus belle, & la plus riche de tous les Cantons ; quoi qu'elle n'ait pour toute clôture, qu'une muraille appuyée de quelques tours. Son Univerſité la rend auſſi fort célébre. Le Rhin y eſt déja fort large & fort rapide ; il paſſe dans la Ville, & un beau pont de pierre fait la communication des deux parties que ce fleuve ſépare. Celle qui eſt vers l'Allemagne eſt fort petite, en comparaiſon de l'autre, & cette derniere eſt ſur une hauteur.

L'Evêque, ſoi-diſant Evêque de Baſle, réſide à Poirentru, comme celui de Genéve réſide à Anneci, & celui de Lauſane à Fribourg en Suiſſe ; mais ils n'ont ni les uns ni les autres, aucun pouvoir, ni aucune inſpection ſur ces Villes. Le Chapitre de Baſle eſt à Fribourg en Briſgaw.

On peut voir à Baſle pluſieurs Bibliothéques conſidérables, & quelques (c) Cabinets de curioſités. Les Sénateurs aſſemblés en

(a) L'an 1685. au mois de Septembre, les fortifications coûtoient déja plus de deux millions aux habitans. *G. Burnet.*

(b) Baſle ſe cantonna l'an 1327. *J. Siml.*

(c) Dans celui de M. Se-baſtien Feſch, il y a quantité de rares peintures, & pluſieurs Médailles très-ſingulieres qui ne ſe trouvent point ailleurs. *Ch. Patin.*

Le Cabinet d'Eraſme & d'Amersbach appartient à

Conseil, avec leurs vénérables barbes, &
les habillemens dont ils font revêtus, n'eſt
pas une des moindres raretés de cette Ville,
pour ceux qui n'ont pas les yeux faits à ces
équipages.

Ceux qui aiment la Peinture, en trouvent
de fort belles à l'Hôtel de Ville, & ils ne
manquent pas d'aller voir la Danſe des
Morts du fameux Holben. Ce Peintre étoit
de Baſle, & avoit tout appris de lui-même :
auſſi remarque-t'on en quelque maniere particuliere dans ſon ouvrage. Henri VIII. l'appella en Angleterre, à la ſollicitation d'É-
raſme. On dit que Holben fut ravi de ce
prétexte, pour avoir occaſion de s'éloigner
de ſa chagrine femme. Sa Danſe ſe voit dans
un lieu public, contre la muraille du Cymetiere de l'Egliſe Françoiſe. C'eſt une ſuite
de toute ſorte de gens, qui ſe tiennent par
la main, & que la Mort qui méne le bran-

l'Univerſité. On y garde une vingtaine d'originaux d'Holben, entre leſquels on diſtingue un Chriſt mort, dont quelqu'un a voulu donner mille ducats. Il y a quatre belles ſuittes de Médailles, Greques, Conſulaires, Impériales d'ar-gent, & Impériales de bronze. La Médaille d'or de Plotine, [Femme de Trajan] eſt des plus rares. Au-deſſous d'un portrait d'Eraſme peint à demi corps, on lit cette Epi-gramme.

Ingens ingentem quem perſonat Orbus Eraſmum,
Hic tibi dimidium Picta tabella refert.
At cur non totum ? Mirari deſigne Lector.
Integra nam totum Terra nec ipſa capit.

Dans la Bibliothéque publique, il y a un Virgile manuſcrit fort rare, & un Alcoran MS. auſſi, en papier de la Chine. C. *Patin.*

le, conduit au Tombeau. Il y a des perſonnes de tout âge, de tout ſexe, & de toute condition.

L'Egliſe Cathédrale eſt un aſſez conſidérable Édifice. J'ai copié avec beaucoup d'exactitude l'Epitaphe d'Eraſme, qui eſt ſur une table de marbre contre un pilier proche du Chœur. *Hæres* ſe rapporte à *Amerbachius*; mais cet endroit eſt fort défectueux, & en général le Latin embaraſſé de cette Inſcription, eſt fort peu digne du grand homme pour qui elle eſt faite.

CHRISTO SERVATORI S.
DES ERASMO ROTERODAMO
VIRO OMNIBUS BONIS MAXI-
MO CUJUS INCOMPARABI-
LEM IN OMNI DISCIPLINA-
RUM GENERE ERUDITIO-
NEM PARI CONJUNCTAM
PRUDENTIA POSTERI ET AD-
MIRABUNTUR ET PRÆDICA-
BUNT BONIFACIUS AMERBA-
CHIUS HIER. FROBENIUS
NIC. EPISCOPIUS HÆRES ET
NUNCUPATI SUPREMÆ SUÆ
VOLUNTATIS VINDICES PA-
TRONO OPTIMO NON MEMO-
RIÆ QUAM IMMORTALEM SI-
BI EDITIS LUCUBRATIONI-
BUS COMPARAVIT IIS TAN-

TISPER DUM ORBIS TERRA-
RUM STABIT SUPERFUTURO
AC ERUDITIS UBIQUE GEN-
TIUM COLLOQUUTURO SED
CORPORIS MORTALIS QUO
RECONDITUM SIT ERGO
HOC SAXUM POSUERE MOR-
TUUS EST IIII. EID. JUL. JAM.
SEPTUAGENARIUS. AN. A
CHRISTO NATO M. D. XXXVI.

Derriere l'Eglife il y a un grand Tilleul
qui fait un agréable ombrage : le tronc a du
moins fix pieds de diametre. On a eu foin
de l'environner d'une terraffe pour le conferver, & de revêtir ou de foutenir cette
terraffe avec des planches, en forte qu'on
s'y peut affeoir. Ces vers font gravés tout
autour fur les planches.

Julius Ecclefiæ dum præfuit ecce fecundus
　Dum fcepta imperii Maximilianus habet.
Hoc opus excifum, quo Renum (a) cernere amœ-
　　num.
　Quo nemora & pontes, monticulofque potes.
Quo geminas turres & mænia confpicis Urbis ;
　Concentus audis dulcifonofque modos. An.
　　D. 1512.

Le Pape Jules fecond mourut l'an 1513.
& fut contemporain de l'Empereur Maxi-
milien premier. On peut conclurre que le

______
(a) La vuë de cet endroit eft belle.

Tilleul étoit déja grand il y a environ cent quatre-vingt dix ans, puisque cette terrasse fut faite pour le conserver l'an 1512.

Les Horloges de Basle vont toujours une heure trop vîte : à midi, par exemple, elles sonnent & marquent une heure ; & ainsi du reste. Les uns rapportent l'origine de cette coutume, au tems que le Concile fut tenu dans cette Ville il y a (a) deux cens cinquante-sept ans, & ils disent que c'étoit afin que les personnes qui composoient l'assemblée se séparassent, & se retirassent un peu plûtôt qu'ils n'auroient fait, si on ne les avoit pas ainsi trompés. Les autres racontent que le Magistrat ayant eu avis que des Conspirateurs devoient executer leur dessein à une certaine heure précise, ordonna qu'on fit avancer l'horloge pour rompre leurs mesures ; & qu'en mémoire de ce stratagéme qui réüssit heureusement, on a toujours fait aller les horloges d'une heure trop vîte.

C'est une coutume établie par toute la Suisse, même dans les petites Villes, que quand il y passe quelque Voyageur de grande qualité, on lui envoye le vin d'honneur. Ceux qui l'apportent ont une routine de harangue, qui leur sert pour toutes sortes de gens, c'est à eux seulement d'enchasser à propos l'Excellence, ou les autres termes d'honneur, selon les diverses personnes à qui ils ont affaire ; ce qui ne leur cause pas un petit embaras. C'en est un assez grand aussi, de bien tenir son sérieux, pendant

(a) En 1441.

qu'on écoute cette enfilade de beaux difcours. Il faut remercier M. l'Officier *pécu-
niairement.*

De Bafle on defcend infenfiblement à
Hunninghen, en fuivant la rive gauche du
Rhin. Le Cavalier qui eft élevé dans cette
Place, fur le baftion qui regarde Bafle ; &
la batterie de canon, qui eft dreffée fur ce
Cavalier, contre cette même Ville, figni-
fie affez qu'il n'y a pas fort loin du village
de Hunninghen à la Ville de Bafle.

Sans entrer dans le détail des fortifications de Hunninghen, je trancherai court,
en vous difant qu'on n'a rien épargné pour
les faire très-bonnes: l'eau du Rhin en remplit les foffés quand on veut. Cette riviere
faifant une petite Ifle: vis-à-vis de la Place, il a fallu conftruire un double pont fur
les deux bras du Fleuve : ces ponts font
admirablement bien fortifiés, & dans l'Ifle,
& en terre ferme du côté d'Allemagne.

De Hunninghen nous vînmes à Fribourg,
autre Place très-importante : elle eft à quatre lieuës du Rhin. Cette Ville eft fituée
dans la plaine, au pied des montagnes.
Quoiqu'elle foit d'affez grande étenduë, la
fortification qui l'environne eft très-bonne
& très-réguliere. Le Maréchal de Créqui
prit cette Place en neuf jours, l'an 1677. &
fouvent il lui eft arrivé de changer de Maître : mais elle a auffi-bien changé d'état
depuis ce tems-là. On a comme amoncelé
les retranchemens & les forts, fur la plus
proche montagne ; & en fe rendant maitre
par ce moyen, des éminences qui comman-

doient la Ville, on l'a en même-tems couverte du canon de ces forts.

Ils font à Fribourg quantité de petits ouvrages, d'une espece d'Agathe qui se trouve dans les environs.

Il n'y a que quatre bonnes heures de chemin de Fribourg à Brisach. Je ne m'étonne
pas que cette Ville fût autrefois nommée
(a) l'oreiller de l'Empire : & sa forme &
sa force, ont bien pû lui donner ce nom.
Représentez-vous une hauteur, qui semble
être de terres rapportées au milieu d'un
païs uni comme une glace. La Ville est sur
un des bouts de cet oreiller ; sur l'autre
bout est la Citadelle ; & une excellente
fortification embrasse le tout au pied du
côteau. On passe le Rhin sur un pont de
pierre ; & ce pont, du côté de France, est
extrêmement bien fortifié.

Scheleftat est dans la basse Alsace, à
quatre lieuës de Brisach, & à trois du
Rhin. Elle est située dans un païs plat,
sans être commandée d'aucune hauteur ;
& les fortifications qui l'environnent font
de la même nature que celles des autres
Villes, dont je viens de vous entretenir.
Quand on parle de toutes ces Places, il
faut avoir cent fois en un quart d'heure,
le mot de fortification en la bouche. Strasbourg est un prodige, qui surpasse en cela
toutes les autres forteresses du Rhin. Je vous
en envoye un plan, qui vous en donnera

[marginal notes: BRI-SACH. — SCHE-LESTAT, autrefois Ville Im-periale. — STRAS-BOURG, autrefois Ville Im-periale.]

(a) On la nommoit aussi | tous ces noms appartien-
la Citadelle d'Alsace, & | nent présentement beau-
la clef d'Allemagne ; mais | coup mieux à Strasbourg.

mieux l'idée, que tout ce que je pourrois vous en dire.

Vous pouvez vous souvenir que cette grande, belle & puissante Ville, autrefois Ville Impériale & toute Lutherienne, tomba entre les mains du Roi de France, le 30. Sept. l'an 1682.

[a] Le Clocher de la Cathédrale, est la plus haute pyramide de l'Europe : & l'Eglise est présentement à l'usage des Catholiques Romains. L'Evêque y célébra la Messe, & y harangua le Roi, peu de jours après la *conquête* de cette Ville.

La grande Horloge surpasse de beaucoup dans la varieté & dans la curiosité de ses mouvemens, l'Horloge de S. Jean de Lyon : j'ai vû l'une & l'autre. Ils disent à Strasbourg que cette derniere est la plus rare de France ; & que la leur n'a point sa pareille

---

[a] Sa hauteur est de cinq cens soixante & quatorze pieds. Il fut achevé l'an 1449. Erkivin de Stembach en fut l'Architecte.

Mirabile opus, caput inter nubila condit. Æn Silv.

Sur les chapitaux des grands piliers de l'Eglise Cathédrale, il y a entr'autres choses, la représentation d'une Procession, où un pourceau emporte le benitier avec l'eau-benite : quantité d'autres pourceaux & d'Asnes, le suivant en habits Sacerdotaux. Dans un autre endroit, on voit un Asne en posture d'officiant, devant un Autel. Un autre Asne porte une Chaise à Reliques, dans laquelle il y a un Renard ; & tout l'attirail de la Procession est porté par des Singes. Sur le Pulpitre de la même Eglise, il y a en bas-relief, une Nonne couchée auprès d'un Moine ; le Moine ayant son Breviaire ouvert, & mettant la main sous la jupe de la Religieuse. *M. d'Ablancourt cité par le Docteur Burnet.*

Epouse de Village.
Païsane.
Artisane en Dueil.
Fille d'un Bourgeois.
Bourgeoise en Dueil.
Femme de Docteur.

au Monde. On nous a donné une defcription imprimée, avec une eftampe qui la repréfente fort exactement.

La petite riviere d'Ill traverfe Strasbourg,
& s'y diftribuë en divers canaux. Le Rhin
laiffe cette Ville à fa gauche, & en eft éloigné de près d'un mille.

Il n'y a pas long-tems que l'Arfenal étoit
un des plus fameux de l'Europe ; mais préfentement il eft tout démembré.

Il y a une bizarrerie extraordinaire dans
les habits des Femmes de Strasbourg.

Je vous dirai encore avant que de finir
cette Lettre, que nous n'avons vû autre
chofe, que bourgs & villages, ou ruinés entierement, ou demi-brûlés, dans la partie
de l'Alface que nous avons traverfée. Ce
beau & malheureux païs ayant été diverfes
fois ravagé pendant les guerres. Je fuis,

Monfieur,

Vôtre, &c.

A Strasbourg ce 22. Juillet 1688.

K vj

LETTRE XXXIX.

Monsieur,

Quelques raifons particulieres nous ayant obligés de partir de Strasbourg, pour nous rendre au plûtôt à Bruxelles, nous nous réfolumes de prendre la voye du Rhin. Ce ne fut pas fans quelque répugnance ; car il n'eft pas agréable, quand on voyage, de revenir par la même route ; & le Rhin nous fit tomber dans cet inconvenient, depuis Mayence jufqu'à Cologne.

Entre Strasbourg & la petite Ville de Germensheim, nous fûmes arrêtés au Fort-Loüis. Cette Place appartient encore à la France, & n'eft pas éloignée de la force des autres. Le Rhin fait une Ifle dans cet endroit. L'Ifle eft occupée d'un Fort de quatre baftions ; & les deux ponts font fortifiés de chaque côté fur les bords des deux bras du Rhin.

Ayant été faifis de la nuit, un peu plûtôt que nos batteliers ne s'y étoient attendus, nous fûmes obligés, ce jour-là, de defcendre dans un méchant village, où nous ne trouvâmes ni lits, ni rien à manger. Mais ce ne fut pas-là notre plus grande difgrace. Une multitude infinie de ces maucherons que je vous ai déja nommés des Coufins, nous affaffinerent toute la nuit, fur la paille de notre grange, & ne nous donnerent pas un moment de repos.

En paſſant devant Philisbourg, qui n'eſt qu'à une petite portée de canon du Rhin, du côté d'Allemande, nous mîmes pied à terre, pour aller voir la place. C'étoit un [a] village que Chriſtophe Sotteren Electeur de Tréves fortifia, à cauſe de la ſituation du lieu, qui eſt naturellement d'un accès difficile, au milieu d'un marais ; & qui n'eſt commandée d'aucune éminence. C'eſt un Eptagone régulier, avec des demi-lunes devant chaque courtine ; le tout bien revêtu. Philisbourg eſt un fief & une dépendance de l'Evêché de Spire. Les Allemands [b] l'emporterent ſur les François l'an 1676. après un aſſez long ſiége. Ils ſe repoſent beaucoup ſur la bonne foi de la Tréve ; & n'y tiennent pas trop bonne garniſon. PHILIS-
BOURG.

Spire eſt une petite ville aſſez jolie, ſans force & ſans commerce ; quoi qu'autrefois elle ait été aſſez fameuſe. Ce qui la rend aujourd'hui conſidérable, c'eſt la Chambre Impériale, qui d'ambulatoire qu'elle a été pendant plus de deux cens ans, y fut renduë ſédentaire par Charles-Quint. Cette Chambre eſt une Cour Souveraine, où toutes les affaires de l'Empire qui y ſont portées, ſe jugent en dernier reſſort : il y a peu d'exception. Celui qui en eſt appellé SPIRE
Villelm.
périale.

---

[a] Ce Village s'appelloit Udenheim.

[b] Les choſes ont changé depuis la premiere édition de ce Livre : Philisbourg eſt préſentement entre les mains des François. [1693.]

le premier [a] Juge, repréfente la perfonne
de l'Empereur, & porte le Sceptre Impé-
rial fur fon banc de Juftice, pour marque
du caractere dont il eft revêtu.

Il y a auffi en Allemagne un autre grand
Tribunal, qu'on appelle le Confeil Aulique, parce qu'il eft à Vienne, ou qu'il fuit
la Coûr de l'Empereur. [b] Ce Confeil n'eft
pas perpetuel, & n'a pas à tous égards, la
même dignité que la Chambre Impériale ;
cependant, des affaires de pareille nature,
y font traitées & décidées fouverainement.
On ne peut évoquer les caufes de l'une de
ces Chambres à l'autre. En certains cas feulement, on peut obtenir une révifion du
procès, pardevant la Perfonne même de
l'Empereur.

L'ordre exprès que reçût le Maréchal de
Turenne, [c] pendant les dernieres guerres,
de n'apporter aucun trouble, ni aucun em-

[a] Ce Juge eft toujours Catholique Romain, & a quatorze mille écus d'ap-pointement. Les deux Pre-fidens font l'un Proteftant, l'autre Catholique. Des quinze Affefleurs, il y en a fept qui font Proteftans, & huit Catholiques Ro-mains. Les Préfidens ont chacun deux mille écus; & les Affefleurs mille. La Chambre ne fe mêle d'au-cunes affaires de guerre. Il eft remarquable que les af-faires fe jugent, fans que les Parties puiffent jamais fçavoir le nom de fes Rap-porteurs, ni avant, ni après la fin d'un Procès. Ce-lui qui appelle pardevant l'Empereur, eft obligé de configner une fomme, la-quelle fomme il récouvre s'il réüffit dans fa pourfui-te; fi non, il la pert. *Heifs.*

[b] Le Confeil Aulique eft compofé de Membres des deux Religions. *Heifs.*

[c] Peu après la premie-re édition de ce Livre, Spire & Worms furent fac-cagées par les Troupes de France, fans aucun refpect pour la Chambre Impé-riale.

pêchement au cours ordinaire de Justice qui
s'exerce dans la Chambre de Spire, fait
croire à ceux qui la composent, qu'on aura
toûjours les mêmes égards pour Elle. Dans
cette persuasion où ils se trouvent, quelque
exposés qu'ils soient aux armes de la France, en cas de rupture, ils ne pensent pas à
transporter ni la Chambre, ni les Archives.

Je sauterai de Spire à Cologne, n'ayant
rien présentement à ajoûter aux choses que
je vous ai mandées, touchant les Villes que
nous avons déja vûës sur cette route.

A Cologne, nous prîmes le chemin de
Juliers, Ville capitale du Duché de ce nom.
Elle est située dans une plaine, sur le Roer,
& ce que nous en vîmes en passant, nous
fit juger qu'elle étoit assez bien fortifiée [a].
Les Protestans y ont liberté d'exercice, conformement au traité dont je vous ai parlé.

Nous vînmes en quatre ou cinq heures
de Juliers à Aix la Chapelle [b], en traver-
sant un beau & bon païs. Cette célébre
Ville est toûjours grande & belle, quoiqu'elle ait beaucoup perdu de son lustre.
Elle a conservé presque toute sa liberté :
Seulement, le Duc de Neubourg, comme
Duc de Juliers, dans les Terres duquel elle est enclavée, a le droit de la nomination
du Maire des Bourgeois. Elle est sous la
protection du Roi d'Espagne, en qualité de

Aix la
Chapelle.

---

[a] Il y a une Citadelle.

[b] Ville Impériale. Elle est aussi nommée Ville Royale. C'est, peut-être, parce que, suivant la constitution de la Bulle d'or, le Roi des Romains y doit recevoir la premiere Couronne, *Heiss.*

Duc de Brabant. (*a*) Charlemagne ayant presque tout de nouveau rebâti cette Ville, qui pendant près de quatre siécles avoit été dans un triste état, depuis le sac qu'y fit Attila : Cet Empereur l'honora de plusieurs priviléges, la déclara Capitale de la Gaule Transalpine, & la choisit pour le lieu ordinaire de son séjour. Il érigea aussi la grande Eglise, qui donna lieu à la nouvelle dénomination de cette Ville, & qui la fit appeller Aix la Chapelle, au lieu qu'elle étoit auparavant nommée *Aquisgranum*. C'étoit, dit-on, à cause d'un (*b*) Prince Romain nommé Granus, Frere ou Cousin de Néron : Ce Prince ayant fait la découverte des eaux minerales, bâtit là un Château, & jetta les premiers fondemens de la Ville. Voici une Inscription qui est sur le bassin d'airain d'une fontaine publique, vis-à-vis de l'Hôtel de Ville.

Híc, aquis per Granum Principem quemdam Romanum Neronis & Agrippæ Fratrem inventis, calidorum fontium Thermæ à principio constructæ. Postea vero, per Dominum Carolum Magnum Imp. constituto ut locus hic sit caput & Regni sedes trans Alpes, renovatæ sunt, quibus Thermis hic gelidus fons insluxit olim quem nunc demum hoc anno vase illustravit S.P.Q Aquisgranensis. AnnoDomini 1620.

(*a*) La Ville est double; l'interieure qu'on appelle la Caroline de ses anciens murs. *F. Blond.*
(*b*) L'ancienne Tour qui est jointe à la Maison de Ville, vers l'Orient, a toujours porté le nom de *Granus* ou de *Granius.* *F. Blondel.*

Charlemagne y (*a*) mourut, & l'on y voit aujourd'hui son (*b*) Tombeau.

Depuis Charlemagne, pendant l'espace de plus de cinq siécles, beaucoup d'Empereurs voulurent être couronnés à Aix. Et je crois vous avoir déja dit, que Charles quatriéme régla absolument la chose, par une des constitutions de la Bulle d'or : Il ordonna que les Empereurs y recevroient la premiere Couronne. Cette cérémonie ne se fait plus, & l'on observe seulement ces deux choses en faveur de la Ville d'Aix. Premierement, on lui députe aussi - bien qu'à la Ville de Nuremberg, pour leur donner avis à l'une & à l'autre, de la nouvelle Election qui s'est faite de l'Empereur, & afin qu'Elles envoyent les (*c*) Ornemens Impériaux, avec les autres choses dont elles sont dépositaires, & qui sont nécessaires pour la cérémonie du Sacre. Secondement, en quelque lieu que se fasse cette cérémonie, l'Empereur déclare solemnellement ce jour-là, que si par quelques raisons particulieres, il n'a pas été premierement couronné dans la Ville d'Aix, c'est néanmoins sans

(*a*) Agé de soixante douze ans : L'an quatorziéme de son Empire ; le quarante huitiéme de son Régne; & l'an de grace 814.

(*b*) La grande Couronne qu'on voit la suspenduë, est pour marquer le lieu où Charlemagne fut enterré, justement au-dessous. Cette Couronne a été attachée là par Fréderic I. Elle est partie d'argent & partie de cuivre doré.

(*c*) Aix envoye quelques Reliques ; un Livre des Evangiles, écrit en lettres d'or ; & une des Epées de Charlemagne, avec le baudrier. J'ai parlé ailleurs des Ornemens qui se gardent à Nuremberg.

préjudice, & sans infraction des droits de cette Ville. L'Empereur est toûjours Chanoine d'Aix, & il en prête le serment le jour de son Sacre.

On m'assure ici que les deux Religions joüissent à Aix d'égale liberté; mais je vous avoüe que j'oubliai de m'en informer lorsque j'y passai: ainsi je ne vous affirme rien sur cela.

Je lisois l'autre jour dans une petite description du Païs de Juliers, que deux (*a*) Evêques béatifiés prirent la peine de se ressusciter tout exprès, afin d'assister à la dédicace de la Chapelle d'Aix: après quoi ils s'allerent remettre dans leurs Tombeaux. Cela ne vous fait-il pas souvenir de ce L. Q. Cincinnatus de l'histoire Romaine, qui après qu'on l'eut fait Dictateur, & qu'il eut gagné la bataille, s'en retourna tout tranquillement au manche de sa charrue.

Nous ne nous arrêtâmes que deux ou MAS-trois heures à Mastreicht. Cette Ville est de TREICH médiocre grandeur, assez bien bâtie, & bien fortifiée. La Garnison est de huit à neuf mille hommes: nous la vîmes passer en revûë devant le (*b*) Prince d'Orange. On fit faire aussi plusieurs évolutions à quelques bataillons; il ne se peut pas voir de troupes mieux disciplinées. La petite partie de Mastreicht qui est sur la rive droite de la Meuse, s'appelle Wick. Je ne sçai si vous avez remarqué que les noms de Mastreicht

(*a*) S. Monulfe & S. Gondulfe, Evêques de Liége.　　(*b*) Aujourd'hui Roi d'Angleterre.

& d'Utrecht, font tous deux dérivés du mot de *Trajectum*, qui aussi est leur nom Latin. Utrecht étoit appellée *inferius* ou *ulterius Trajectum*; c'étoit le trajet, ou le passage du Rhin. Et Maftreicht vient de *Mosæ trajectum*, qui étoit aussi nommé *Trajectum superius*.

Servais Evêque de Tongres, qui vivoit dans le quatriéme siécle, est le grand Saint de Maftreicht : On garde son corps à la Cathédrale ; & l'on y a diverses autres Reliques qui étoient autrefois fameuses, & qui attiroient des Pelerins des Païs les plus éloignés : mais tout cela a changé.

On trouve diverses sortes de ces Coquillages dont nous avons autrefois parlé, aux environs de la Ville, sur tout vers le village de Zichen, ou Tichen, & à la petite montagne appellée des Huns.

Chez les Religieuses, joignant la grande Place, il y a un Crucifix qui, dit-on, ne peut étre peint : l'Italie n'en a pas de plus curieux.

Sur les trois heures après midi nous partimes de Maftreicht, & nous arrivâmes le même soir à Liége. (*a*) La Ville étoit si remplie de monde, à cause de l'élection de l'Evêque, laquelle se devoit faire le lendemain, que nous ne pûmes jamais y trouver des lits.

La Ville de Liége est assez grande, bien peuplée, & ornée de quelques beaux bâ- LIEGE, Ville Impériale.

(*a*) L'Evêché étoit autrefois à Tongres, il fut transferé à Maftreicht, & de Maftreicht à Liége. *Heiss.*

timens : L'Eglife Cathédrale , & le (a) Palais Epifcopal font les deux principaux. Le Chapitre de Liége étoit autrefois le plus honorable de tout l'Empire. J'ai lû dans quelques annales de cette Ville , que l'an 1131. lorfque le Pape Innocent deuxiéme y couronna l'Empereur Lothaire fecond ; ce Chapitre qui affiftoit à la cérémonie , fe trouva compofé de neuf Fils de Rois , de quatorze Fils de Ducs Princes Souverains , de vingt-neuf Comtes du S. Empire , & de huit Barons. Aujourd'hui cela eft bien déchû : il n'y a point de Bourgeois, Docteur licencié dans l'Univerfité de Louvain , qui ne puiffe être fait Chanoine de Liége.

La Meufe fépare Liége en deux parties , mais la principale eft à la rive gauche : Un beau pont de pierre les réünit ; & les arches de ce pont, donnent paffage à des grandes barques , qui apportent toutes fortes de denrées , & qui fervent beaucoup à la commodité du négoce de cette Ville.

Il y a quantité d'Armuriers à Liége ; ce qui vient fans doute de la commodité du (b) charbon de terre , qui fe trouve dans le païs , & que l'on y brûle communément , comme on le brûle à Londres. Ce charbon eft appellé Hoüille, (c) à caufe d'un certain Maréchal nommé *Prudhomme le Houilloux,*

(a) Bâti par le Cardinal de la Marche.

(b) On a auffi de femblable charbon en France ; en quelques endoits de l'Auvergne , au païs de Forez,& proche de Calais.

(c) D'autres ont écrit , qu'un homme habillé en Pelerin , montra la mine à un Bourgeois de la Ville, & puis difparut.

qui, dit-on, en fit la premiere découverte. On ajoûte qu'un phantôme sous la figure d'un vieillard habillé de blanc, lui en enseigna la mine.

Les vignobles dont les côteaux de Liége font presque tous couverts, méritent bien d'être remarqués, à cause du climat : il est vrai que les vins en font foibles. Ces mêmes montagnes fournissent des carrieres de très-beau [a] marbre noir. §.

De Liége nous vînmes coucher dans la petite Ville de [b] Tilmont : ayant passé à la vûë de Tongres & de Saintron. Le lendemain nous dinâmes à Louvain, & nous arrivâmes le soir à Bruxelles, où nous sommes depuis dix jours.

[c] Louvain est une fort grande Ville, bien agréablement bâtie : c'est la seconde du Duché de Brabant. On dit qu'il s'y trouve quelques Monumens du tems de César. *LOUVAIN, Métropolitaine de Brabant.*

[a] On y trouve une espec
pece d'Albâtre.

§. *D'autres prétendent que ce n'est qu'une pierre bleuë tirante sur le noir, plus dure que l'ardoise, mais qui se polit bien plus aisément que le marbre.*

[b] Tilmont ou Tirlemont, sur la riviere de Geet. Petite Ville souvent ravagée pendant les guerres.

[c] Une Loi de l'Université de Louvain, porte que *stupri conciliator aut adjutor, exul esto : qui autem patraverit, ligneâ serâ caput abscinditor.*

Le Doyen des Chanoines étoit celui qui recevoit autrefois le serment du Duc de Brabant, à son avénement à la Souveraineté.

Le puits du Château est remarquable pour sa profondeur, & pour l'écho qui s'y fait entendre,

Il y a une des tours de la Ville, qu'on appelle *Verloren kost*, c'est-à-dire, *depense perduë*, parce que ceux de Louvain ayant eu dessein d'en bâtir sept de semblables, & quelques affaires leur étant surve-

Nous y avons vû plusieurs belles [*a*] Eglises : l'Hôtel de Ville, l'Ecole de Medécine,
& quelques autres édifices considérables.
Mais je crois que son Université est ce qui
la rend le plus recommandable. Cette Université fut fondée par Jean quatriéme, Duc
de Brabant, l'an 1425. Il y a beaucoup de
Colleges rentés, avec Ecoles de Théologie, de Droit & de Medécine.

Un honnête-homme de Louvain, qui se
rencontra dans l'auberge où nous étions,
s'offrit à nous mener dans un Couvent, à
un quart de lieuë de la Ville, où il nous
promettoit de nous faire voir plusieurs curiosités : mais le tems ne nous permit pas
d'entreprendre cette promenade. Il nous dit
qu'il y avoit entr'autres choses dans ce
Couvent, un Arbre Généalogique de la
Maison de Croüy, par lequel il paroît que
le Chef de cette Maison aujourd'hui vi-
vant, vient d'Adam en ligne directe. Un
Gentilhomme Anglois à qui je racontois
cela l'autre jour, m'assura qu'il connoissoit
plusieurs familles dans la Province de Galles, qui produisoient la même Généalo-
gie (*b*). Ne vous semble-t'il pas que ce seroit assez d'aller jusqu'au Déluge ? Si ces
gens-là avoient lû le traité du Blason du
Sr. le Feron, qui nous enseigne que les ar-

---

nuës, ils ne continuerent point après que la premiere fut achevée. *Voy. de Fland. Anon.* Il y a quelques Vignobles autour de Louvain.

(*a*) La Cathédrale est fort vantée.

(*b*) Voyez E. Pasquier, 2. *Part. Liv.* 19. *Lettre 6.*

mories d'Adam étoient trois feüilles de figuier, il eſt à croire qu'ils ne voudroient
pas en porter d'autres. A la fin j'eſpere que
nous rencontrerons auſſi quelque Noble
Préadamite.

Nous avons vû chez le Sr. Gutſchoven
Médecin, & grand Anatomiſte, pluſieurs
cadavres embaumés, differemment diſſe-
qués, & très-bien conſervés. On a détaché
& diſtingué ſur ces divers corps, les veines, les artéres, les muſcles, les nerfs, &c.
de ſorte qu'on peut diſcerner parfaitement
preſque tout l'arrangement des parties du
corps humain. Les veines & les artéres,
juſqu'aux moindres fibres, ſont remplies
d'une matiere rouge, qui les fait paroître
comme des arbres de corail. Cela eſt en réputation d'un ouvrage excellent.

Je ne veux pas oublier de vous parler
d'une autre rareté, que nous vîmes en paſſant à Louvain. C'étoit un Veau marin que
des Matelots Hollandois montroient pour
deux ſols : ils l'avoient pêché ſur les côtes
de Groenlande. Celui qui en a le plus de
ſoin, l'a tellement aprivoiſé, qu'il lui fait
faire cent ſortes de ſingeries. Cet animal
eſt de la groſſeur d'un agneau de quinze
jours : il a le poil ras, fort doux, & tirant
ſur la couleur d'olive : la tête courte, avec
deux mouſtaches de chat ; & les quatre
pieds finiſſent en maniere de [a] pattes
d'oye. Mais au lieu qu'il ſe ſoutient, &
qu'il marche des pieds de devant ; il ne

[a] *Pinnis quibus in mari utuntur, humi quo-* *que vice pedum ſerpunt.* Plin.

fait que traîner les deux autres, qui demeurent toûjours allongés en arriere. Cet
Amphibie ne vit préfentement que de lait.
Je me fouviens que, comme nous paffions
à la Haye, il y a près d'un an, une Dame
Zélandoife me dit qu'elle avoit vû à Ter-
gous un chien marin qui s'étoit auffi rendu
domeftique ; qui mangeoit de tout, & qui
abboyoit même comme un autre chien,
quoique plus fourdement.

Je fuis depuis long-tems dans l'impatien-
ce de recevoir de vos nouvelles ; faites-moi,
je vous prie, la grace de m'en donner le
plûtôt qu'il vous fera poffible, & croyez
que je fuis toûjours fort fincerement,

Monfieur,

       Vôtre, &c.

A Bruxelles ce 12. Aouft 1688.

LETTRE

LETTRE XL.

MONSIEUR,

Toutes les remarques que vous faites sur mes dernieres lettres, & les diverses autres particularités, dont la vôtre est remplie, me donneroient lieu d'amplifier beaucoup celle-ci. Mais comme j'espere avoir bientôt l'honneur de vous voir, je differe jusqu'à ce tems-là, le détail de nôtre entretien.

Cette lettre est seulement pour vous faire part des quelques-unes des remarques que j'ai faites à Bruxelles. Vous sçavez que cette Ville est la Capitale du Duché de Brabant, & la demeure ordinaire des Gouverneurs des Païs-Bas, pour le Roi d'Espagne. BRUXELLES.

La Ville de Bruxelles est de figure ovale, grande, bien peuplée, fermée (a) de murailles & de fossés, & située en partie dans la plaine, & en partie sur le panchant

(a) D'un côté il y a quelques fortifications qui sont négligées, & qui n'ont jamais été revêtuës.

Depuis la premiere édition de ce Livre, j'ai appris qu'on a fait quelques Ouvrages nouveaux, & quelques réparations aux anciennes fortifications. La Ville a beaucoup souffert par le bombardement des François, pendant cette derniere guerre. Un Auteur Moderne a écrit que l'enceinte des murs de Bruxelles, est de cinq mille six cens pas géométriques.

d'un côteau. La baſſe Ville eſt toute découpée de grands canaux : que la petite riviere de Senne remplit, & qui ſe communiquent à celle de l'Eſcaut. De fort groſſes barques peuvent entrer dans ces canaux, & cela aide beaucoup au négoce. L'air de Bruxelles eſt fort bon : les Places ſont ornées de fontaines, les ruës ſont aſſez larges, & aſſez bien pavées : les maiſons grandes & commodes ; & tout le païs des environs eſt autant fertile qu'on le peut ſouhaiter.

Le peuple de Bruxelles, & tout le Brabant en général, eſt un peuple franc, doux, & civil : peut-être un peu trop naïf. Mais avec toute cette ſimplicité, quand on les irrite, ils changent d'humeur, & en diverſes occaſions ils ſe ſont faits connoître pour braves.

Le Palais qu'on appelle ordinairement la Cour, & où loge le (a) Gouverneur, n'a ni ſymmétrie, ni magnificence ; c'eſt ſeulement une beauté médiocre : mais la vûë de ſes principaux appartemens ſur le Parc, en eſt un endroit extrémement agréable.

En deſcendant du Palais dans le Parc, j'ai remarqué proche du petit parterre, ſur le bout du mur, qui eſt comme un appuy du perron, un canon de fonte, dont l'avanture mérite bien que je vous la rappor-

(a) C'eſt préſentement le Marquis de Caſtanaga. Depuis la premiere édition de ce Livre, l'Electeur de Baviere a été fait Gouverneur perpétuel, l'an 1691.

te. Pour avoir plûtôt fait, je vous envoye l'inſcription qu'on a gravée ſur un marbre, au-deſſous du canon.

Dederit ne viam Caſuſve Deuſve ?
mirabili certè caſu
hoſtilis navis tormentis Regiis perforata ,
cum accenſo pulvere crepuiſſet :
hoc tormentum , & unà Juvenculam
altè ſublatum , in Regis (a) Prætoria depoſuit,
Adeò tutum in Rege , non ſolum innocentia ,
Sed etiam ſupplex hoſtilitas perfugium habet.

ISABELLA CLARA EUGENIA BELGII PRINCEPS.

in rei monumentum
Tormentum hîc deponi, Juvenculam ali juſſit.

Du Parterre on monte dans le Parc. Ce Parc eſt tout planté de chênes, de hêtres & de noyers. On y voit auſſi quantité de Daims ; & ſes belles allées ſont une des plus agréables promenades de la Ville. On peut faire le tour entier des remparts, preſque toûjours entre deux rangs d'arbres.

De l'autre côté du Parc, il y a une petite Maiſon de Plaiſance , qui (b) fut bâtie par Charles-Quint : l'on y garde entr'autres choſes le berceau de cet Empereur. Ce fut dans la grande Sale de l'autre Palais , qu'il fit la démiſſion du Royaume d'Eſpagne entre les mains de Philippe ſon Fils.

(a) Subaud. *Navi.*
(b) Il ſe retira dans cette Maiſon, après qu'il eût fait la démiſſion de ſes Etats ; il y demeura cinq ou ſix mois.

L ij

Affez près de là l'on nous a fait voir une grande Galerie pleine de diverfes armes, d'équipages, de Tournois, & d'anciennes armures de plufieurs Empereurs, Rois, Archiducs, & autres Princes, ou grands Capitaines.

On a pris foin d'y conferver auffi la mémoire de trois Chevaux illuftres, dont la peau eft adroitement colée fur des modéles de la même taille des originaux. L'un de ces chevaux fut vendu, dit-on, douze mille écus à Philippes fecond, qui en fit préfent à Loüis de Requefens, Grand Commandeur de Caftille, & (a) Gouverneur des Païs-bas. Le fecond eut l'honneur de porter l'Infante Ifabelle, lorfque cette Princeffe fit fon entrée à Bruxelles. Et le troifiéme fauva, dit-on, la vie à l'Archiduc Albert, au fiége d'Oftende.

Un de mes Amis m'a donné l'Epitaphe qui fut faite pour ce dernier. Vous y trouverez une réflexion, qui eft d'un cheval à fages réflexions. On l'appelloit le Noble.

Sifte gradum, fpeƈtator ; ego de nomine dicor
　　Nobilis ; at virtus nomine major erat.
Archiduci Alberto proftravi terga, tenacem
　　Cum circa Oftendam Martia Erinnys erat.
Hunc ipfum eripui pugnantem hoftilibus armis
　　Cùm mors fanguinem falce parabat opus.
Me magis ardebat miles, quia Virginis inftar,
　　Cernebat niveâ crefcere fronte jubam.
Hinc, ut me raperet, crebrò fua fpicula & enfes
　　In caput ignoti ftrinxerat Archiducis.

(a) Après le Duc d'Albe.

Evaſi, eduxique Virum meque Ipſe reduxi
Incolumen. Noſtræ non erat hora necis.
Aſt anno vertente, die quo evaſimus ambo,
Nobilis interii. Cernito qualis eram.

Il n'eſt pas moins commun de rencontrer à Bruxelles des chariots tirés par des (a) chiens, que par des chevaux : c'eſt une des ſingularités de cette Ville. Ils enharnachent trois ou quatre mâtins de front, & leur font traîner des charges ſurprenantes. On m'a aſſuré que par gageure, deux de ces chiens avoient promené cinq hommes dans une grande charette, d'un bout de la Ville à l'autre. Ce qu'on trouve de commode à cela, c'eſt que ces animaux dépenſent très-peu : il y a de certaines auberges pour eux, où l'on leur donne des chairs de voiries, & d'autres pareilles nourritures, moyennant deux liards par repas.

Puiſqu'on a remarqué que les Cenſeurs de Rome avoient fait (b) vendre en une

(a) Ces Chiens ne ſont pas de grandeur extraordinaire.

(b) *Mihi ſanè tria magnificentiſſima videntur, ex quibus maximè apparet magnitudo Romani Imperii, Aquæductus, Viæ Stratæ, & Cloacæ, reputanti, non ſolùm utilitatem operum rerum etiam impenſarum magnitudinem, quam vel hinc licet conjicere, quod ut affirmat. C. Aquilius, neglectas aliquando Cloacas, Cenſores mille talentis* [environ ſix cens mille écus] *purgandas locaverint.* Pluſieurs Antiquaires ont allegué ce paſſage de Denis d'Halcarnaſſe, quand ils ont parlé de la vente que les Cenſeurs faiſoient des matieres qui ſe tiroient des Cloaques. Mais j'eſtime qu'il eſt ici uniquement queſtion de la dépenſe qu'il falloit faire pour nettoyer ces mêmes Cloaques.

feule année , pour fix cens mille écus de la
(a) matiere qui fe tiroit *ex latrinis ;* il ne fera
pas ridicule de vous dire que l'on fait à
Bruxelles un femblable négoce. On affemble curieufement ces vuidanges en un même endroit , & après qu'elles fe font dûement fermentées , on en trafique comme
d'autre chofe. Le hazard me fit une fois
paffer vers ce beau lieu-là , comme trois
ou quatre barques Hollandoifes y chargeoient cette marchandife. C'eft ici qu'on
peut bien appliquer la fentence de Juvenal.

> ——— *odor lucri bonus ex re*
> *Qualibet.*

Vous fçavez la réponfe de Vefpafien à
Titus , fur l'impôt des Urines. Comme on
a beaucoup de curiofité pour les fleurs en
Hollande & en Flandres ; on prend auffi
un foin particulier de conferver cette forte
de fumier , pour en faire des couches. La
bonne odeur des fleurs , pourroit fournir
un fujet d'énigme , qui auroit affez de rapport à celle du miel de Samfon.

Pour changer de difcours , je vous dirai
que Bruxelles eft une des Villes des Païs
voifins, où l'on peut trouver des plus agréables compagnies. Prefque tout le monde y
parle François : il y a un grand nombre de
perfonnes de qualité. les Dames y font bien

(a) M. entend feulement *hominum ftercora ,*
mais il fe trompe. La *Cloaca maxima* étoit l'égoût
de toutes fortes d'ordures :
*receptaculum omnium
urgamentorum Urbis.*
T. Liv.

faites : & il eſt aiſé de s'introduire dans les meilleures ſociétés.

Quatre ou cinq grandes ruës de la Ville baſſe, forment une Iſle, & en même-tems une eſpéce de cercle où ſe fait le Cours. Tous les jours ſur le ſoir, en hyver même auſſi-bien qu'en été, il ne manque pas de ſe trouver-là un aſſez bon nombre de ca-roſſes : Cette promenade leur plaît ici da-vantage que la promenade à pied. Il n'en eſt pas de même à Paris, les Tuilleries ſont plus fréquentées que les Cours.

A Rome, & en quelques autres endroits d'Italie, comme je vous l'ai mandé, les hommes ne ſe mettent point avec les fem-mes, dans le même caroſſe, la coûtume générale eſt auſſi d'en uſer de la même ma-niere à Bruxelles, quand on va au Cours. Mais au lieu qu'à Rome c'eſt par une pré-tenduë raiſon de bienſéance ; ici c'eſt pour caqueter plus commodément. Cela vous paroît un peu paradoxe. Les hommes vont d'un côté, & les femmes de l'autre ; ainſi les deux ſexes ſe rencontrent, ſe parlent, ſi bon leur ſemble, & ſe réjoüiſſent les yeux les uns des autres. C'eſt de cette ma-niere que la galanterie naît de leur parta-ge ; & que leur diviſion fait une plus géné-rale ſocieté. Ce petit commerce ſeroit aſſez agréable, ſans l'importune néceſſité de ſa-luer tout le monde, & de recommencer toûjours les mêmes ſalutations à chaque rencontre.

Il ſe fait une aſſez plaiſante fête le 19. de Janvier, entre les Bourgeois de Bruxelles.

Les femmes déshabillent leurs maris & les portent au lit. Et le lendemain les maris font un régal à leurs femmes & à leurs amis. Je ne puis vous rien dire de positif fur l'origine de cette coûtume : un jour comme je m'en informois, on en allégua deux raisons differentes dans une même compagnie, & chacun persista dans son opinion.

Les uns dirent, fans circonstancier leur histoire, que la Ville de Bruxelles étant réduite à l'extrémité, après avoir souffert un long siége, elle se rendit avec cette capitulation ; que les assiégeans en deviendroient les maîtres, moyennant que les femmes en fortissent avec les petits enfans, & avec ce qu'elles pourroient emporter : & qu'au lieu de plier leurs toilettes, comme on suppofoit qu'elles le feroient, elles se chargerent de leurs maris, & tromperent ainsi l'ennemi.

Les autres, qui traiterent cela de fable, dirent qu'un nombre confiderable des habitans de Bruxelles, s'étant joints à l'armée de S. Loüis, dans sa premiere Croifade ; & cette armée ayant été presque toute défaite, les Bruxellois furent des moins malheureux. Que la plus grande partie d'entre eux, ou échapa, ou fut rachetée ; qu'ils se joignirent tous, pour revenir ensemble dans leur Patrie ; que leurs femmes en ayant eu avis comme ils approchoient de la Ville, elles coururent au-devant d'eux ; & que dans les tranfports de la joie qui les animoit, elles les prirent & les apporterent ontre leurs bras. Le fardeau étoit un peu pefant. S'il m'étoit permis de racommoder l'hiftoire, je me contenterois de faire deshabiller les maris par les femmes, à caufe de la bonne humeur des unes, & de la laffitude des autres.

Ces guerriers de Bruxelles me font fouvenir d'une efpéce de monument qui s'y voit fur la porte de Flandres. Ce font des hommes armés de broches. Un bon vieillard qui me les fit remarquer l'autre jour, me dit que ces ftatuës avoient été mifes là, en mémoire de ce que les Gantois s'étant révoltés comme chacun fçait, fous le gouvernement de la Reine Doüairiere de Hongrie, fœur de Charles-Quint; & ces Rebelles étant venus pour furprendre & piller Bruxelles, la populace de cette Ville, armée feulement de fourches & de broches, repouffa vigoureufement l'Ennemi par la porte dont il eft queftion.

Les plus belles Eglifes de Bruxelles, font celle de Sainte Gudule, & celle des *Jefuites*. Ces Mrs. ont de groffes cloches, comme on en a dans les Eglifes Paroiffiales, ce qui n'eft pas communément pratiqué. Ils fe fervirent du prétexte de certains Cathéchifmes extraordinaires, pour obtenir d'abord la permiffion de fonner une cloche de médiocre groffeur. Peu-à-peu ils fe font émancipés tout-à-fait, & ont en même tems fait enfler la (a) cloche. Les autres Moines en ont bien de la jaloufie, eux

(a) Cette cloche eft faite d'un métail de quelques ftatuës qui étoient devant le Palais.

L 7

qui déja ne font pas fort amis des *Jefuites*.

On diftingue à S. Gudule la Chapelle du S. Sacrement des miracles, à caufe des Reliques qui y font confervées. On raconte que quelques Juifs ayant (a) acheté d'un Curé, §. *ou d'une Femme*, plufieurs Hofties confacrées, les percérent à coups de coûteau, & qu'il en fortit beaucoup de Sang. Les Juifs furent brûlés fur la plus haute tour des murailles de la Ville, deforte qu'on voyoit le feu de dix lieuës; & les Hofties furent retrouvées & mifes fur l'Autel de la Chapelle, dans un Ciboire d'or. Cette hiftoire eft peinte contre les murailles, vers le Chœur, avec ces Vers. §. *Il y a un Livre fur ce fujet. Miffon n'a pas été bien informé du fait.*

Quifquis ades, fummi quem tangit cura Tonantis:
  Dum properas cœptum fifte viator iter.
Hæc Tibi viva caro Chrifti, Sapientia Patris,
  Chriftus adeft, vivus panis & una falus.
Invida Judæi (b) quam dum laniare laborat
  Impietas, meritis ignibus ecce ruit.
Quare, age, divinos (c) huic funde viator honores;
  Funde Deo dignas fupplice mente preces.

L'Eglife des Capucins eft une des plus belles que ces Religieux ayent dans le Monde.

De l'autre côté de la Place, vis-à-vis de l'Hôtel de Ville, il y a une affez belle Mai-

(a) En 1369. Voyez Meyer.

(b) Carnem.

(c) Carni.

ſon qu'on appelle la Maiſon du Roi, & la
Maiſon du Pain. (*Broodt-huys*) Sur la Fa-
çade eſt écrit en grands caracteres. *A Peſte,
Fame, & Bello, libera nos Maria Pacis.* hIC
*V*otVM paCIs pVbLICæ eLIſabeth Conſe-
CraVIt. Les lettres numerales marquent
l'année 1625.

Il y a pluſieurs raretés dans la Bibliothéque des Jéſuites : & entr'autres choſes, le
fauteüil de cuir doré, dans lequel Charles-
Quint étoit aſſis lorſqu'il fit la démiſſion de
ſes Etats.

(*a*) La Chapelle de la Maiſon de Taſſis,
dans l'Egliſe des Sablons, mérite bien quelque diſtinction.

J'apprens que de trente-cinq mille *bon-
niers* de terre, dont la Province de Brabant
eſt compoſée, il y en a vingt-neuf mille qui
appartiennent en propre aux Communau-
tés Eccleſiaſtiques.

Il y a quelque peu de Proteſtans à Bruxelles ; mais ils n'ont aucune liberté, &
même ils ne ſe déclarent pas ouvertement.
Néanmoins, l'Inquiſition ne regne point
en ce païs, les Etats n'y ont jamais voulu permettre l'établiſſement de cette ty-
rannie.

Je vous aurois dit quelque choſe encore,
touchant l'Académie, le Théâtre, la grande Place, l'Hôtel de Ville, les Tableaux
qui s'y voyent, & ſa belle Tour, le Jardin

(*a*) Cette Chapelle eſt | Chapelle du S. Suaire à
d'un très-beau marbre noir | Turin, eſt laid & ſalle en
du païs de Liége. | comparaiſon.
Celui de la fameuſe |

L *v*ij

du Duc de Bournonville, la Sale du Comté
d'Egmont, la Verrerie, & le Jardin des
Carmes; mais on me preſſe de finir ma Let-
tre. Vous ſçavez que les Dentelles & les
Tapiſſeries font une partie du négoce de
Bruxelles.

Nous partons dans un moment, pour
aller faire une promenade à Anvers. De-
là nous reviendrons paſſer encore ici deux
ou trois jours, pour prendre enſuite la route de Gand, de Bruges, d'Oſtende; & enfin de Nieuport, où le Yacht ſe rencon-
trera.

Au reſte, j'ai bien des civilités à vous
faire de la part de Mr. le (a) Chevalier Bul-
ſtrode; c'eſt l'homme du monde le plus
obligeant. Je crois qu'il vous auroit écrit,
ſans l'inquiétude épouventable où il eſt,
à cauſe de tous ces préparatifs que l'on fait
en Hollande, & qui ſemblent menacer
l'Angleterre. Le (b) Marquis d'Albiville lui
fait ſouvent part de ce qui ſe paſſe ſous ſes
yeux à la Haye, mais la difficulté eſt de pé-
nétrer au fonds du myſtere. Je ſuis,

Monſieur,

Vôtre, &c.

A Bruxelles ce 23. Septembre 1688.

(a) Envoyé d'Angle-
terre à la Cour de Bru-
xelles.

(b) Envoyé d'Angle-
terre en Hollande.

LETTRE XLI.

MONSIEUR,

Quand nous allâmes de Bruxelles à Anvers, nous prîmes la barque ordinaire par les canaux, jusqu'au village appellé le petit Villebroek, pendant cinq lieuës. A ce village, nous nous embarquâmes sur le Rappel ; & à la faveur du vent & de la marée, nous vînmes de Villebroeck à Anvers en moins de deux heures.

Pour retourner à Bruxelles, nous loüâmes un chariot qui nous conduisit par Malines à la petite Ville de Vilvorden ; & là nous reprîmes la barque. Il n'y a que deux lieuës de Vilvorden à Bruxelles.

Malines (a) passe pour une Ville extrêmement propre, ce qui, à dire la verité, ne nous a pas paru plus qu'ailleurs. On y fait beaucoup de dentelles ; & la petite riviere de Dyle, sur laquelle elle est située, remplit quelques canaux qui lui ouvre communication, avec la plûpart des Villes voisines. Les Femmes de la Seigneurie de Malines, vont souvent accoucher sur le Territoire de Brabant, afin que leurs Enfans joüissent des privileges des Brabançons. Si vous souhaitez de sçavoir quels sont ces pri-

MALINES.

______

(a) Archevêché, & Siége du Parlement de Brabant. C'est une Ville fort ancienne.

vileges dont on parle tant, je pourrai bien
en joindre ici une copie ; cela n'eſt pas long.

I. *Le Duc* (c'eſt aujourd'hui le Roi d'Eſpagne) *n'aſſemblera point les Prélats & autres Eccleſiaſtiques, ſans le ſçû, conſentement,
& particuliere permiſſion des deux autres
Etats, la Nobleſſe & le Peuple.*

II. *Le Duc ne pourſuivra aucuns de ſes ſu-
jets ou habitans, que par la voye ordinaire de
la Juſtice ; afin que l'accuſé ſe puiſſe défendre
par Avocat, & plaider publiquement ſa cauſe.*

III. *Le Duc ne pourra ordonner aucunes
Tailles ſur ſes Sujets, ni autres exactions, ſans
le conſentement des Etats du Païs.*

IV. *L'Etranger ne pourra exercer aucun
Office honorable en Brabant, mais ſeulement
quelques emplois de peu d'importance.*

V. *Si le Duc fait aſſembler les Etats Généraux, pour obtenir d'eux quelque choſe, ceux
de Brabant ne ſont tenus de ſortir hors de leur
païs, ou conclurre hors de leurs païs quelque choſe.*

VI. SI LE DUC VEUT CON-
TREVENIR PAR FORCE, RUSE,
OU AUTREMENT, A LEURS
PRIVILEGES, CEUX DE BRA-
BANT APRE'S AVOIR DEUE-
MENT ET CIVILEMENT PRO-
TESTE', SONT ABSOUS DU
SERMENT DE FIDELITE', ET
PEUVENT LIBREMENT FAI-
RE CE QUE BON LEUR SEM-
BLERA.

La Subſtance de ce dernier Article dé-
vroit être écrite en caracteres d'or, & gra-
vées ſur des Colonnes d'Airain, aux fron-
tiſpices des Palais des Princes, & au milieu de toutes les principales Villes de leurs
Etats.

La Province de Brabant, & la Seigneurie de Malines, par une ancienne coûtume,
ne reçoivent aucun Gouverneur particulier. Le Grand Conſeil Royal établi par
Charles Duc de Bourgogne en 1471. & qui
ſuivoit autrefois la Cour, fut rendu ſtable
à Malines l'an 1503. Il juge ſouveraine-
ment & ſans appel les Chevaliers de la
Toiſon d'Or, ſauf la réviſion du procès. Je
n'ai pas appris qu'il y eût à Malines aucunes raretés, qui nous y dûſſent arrêter.

La célébre Ville d'Anvers, mérite bien
que je vous en entretienne un peu plus
long-tems. Elle fut premierement fermée
de murailles l'an 1211. par Henri II. Duc
de Brabant. *Antvverpen*, dans le langage
du Païs, ſignifie Digue avancée : L'ancien
nom étoit *Attuacum, Antuacutum, Andover-*
pœ. Antuerpia ne ſe trouve que dans les Auteurs du *medium ævum.* Il y en a qui nonob-
ſtant ce que je viens de dire de la vraye ſig-
nification d'*Antvverpen*, dérivent ce nom
de *Hand*, main, & de *vverpen*, jetter ; à
cauſe d'un certain prétendu Geant Antigo-
ne, qui, dit-on, rodoit autrefois dans ce
païs-là, & à qui les paſſans étoient obligés
de jetter dans la main ou de donner la moitié de ce qu'ils portoient, ſur peine d'être
devorés par cet Ogre.

ANVERS, autrefois ville Anſéatique. Evêché.

Cette Ville est située sur un terrein parfaitement uni, à la rive droite de l'Escaut. Sa forme est comme une moitié de cercle: la riviere en arrose la ligne diamétrale; & le circuit de toute la Ville, à ce qu'une personne exacte m'a assuré, & de cinq mille six cens trente-cinq pas géometriques. Les maisons sont en partie de bois, en partie de brique, & d'une structure assez singuliere, avec des creneaux sur des pignons, & des faîtes fort élevés, selon le goût de tout le païs, mais en général, ces maisons ne laissent pas d'être belles. Communément les ruës sont larges, droites, & bien pavées.

La Ville est environnée de médiocres fortifications; & sur les remparts, il y a presque par tout de doubles allées de grands arbres, qui y forment des promenades très-agréables. La Citadelle est bonne & forte, quoiqu'un peu négligée: c'est un (a) pentagone parfait.

Elle fut construite l'an 1567. & coûta, dit-on, 500000. ducats. La statuë de bronze du Duc d'Albe, fut mise au milieu de la place d'armes. Il étoit tout armé, hormis la tête; le bras droit étendu vers la Ville, & la main ouverte. La statuë fouloit aux pieds une figure monstrueuse, qui avoit deux têtes & six bras; deux écuelles penduës aux oreilles; & au col, deux besaces, d'où sortoient deux serpens. Les six mains tenoient une torche, une feüille de papier,

(a) Les cinq bastions furent nommés Ferdinand, Tolede, Duc, Albe, Paciotto.

üne bourfe, un manteau rompu , une maf-
fuë, & une hache ; & aux pieds du monftre
étoit un mafque. Les lettres que voici, fe
voyoient fur le piédeftal , du côté de la
Ville, (a) F. A. A. T. A. D. P. S. H. R. A.
B. P. Q. E. S. R. P. R. P. J. C. P. P. F. R.
O. M. F. P. Cette ftatuë fut quelque tems
après brifée par le Peuple.

Chapuys a écrit une affez plaifante chofe , que je ne puis m'empêcher de vous dire ici. Lorfque cette Citadelle fut mife par
les Efpagnols entre les mains du Duc d'Arf-
cot l'an 1577. le Duc mettant la main entre celle de celui qui recevoit fon ferment ,
prononça ces paroles : *Je jure par le nom
de Dieu & de Sainte Marie , que je garde-
rai fidélement cette Citadelle , &c.* A quoi
il lui fut répondu en cérémonie. *Si vous
faites ainfi , Dieu vous foit en aide : finon
que le Diable vous emporte en corps & en
ame.* Et toute l'Affemblée répondit, *Amen.*

L'Efcaut eft large & profond vis-à-vis
Anvers ; c'étoit autrefois , & à deux lieuës
de chaque côté , le havre le plus riche , &
le mieux rempli qui fut en Europe. Je lifois,
il n'y a pas long-tems , dans quelques frag-
mens des Annales d'Anvers , que l'an 1550.
il s'y fit un négoce de cent trente-trois mil-

(a) *Ferdinando Alva-*
rez à Toledo. Albæ Du-
ci Phil. II. Hifp. Regis
apud Belgas Præfecto ,
quod extinctâ feditione ;
Rebellibus pulfis , Reli-
gione procuratâ , Juftitiâ
cultâ , Provinciis pacem
firmaverit , Regis Opti-
mi Miniftro fideliffima
pofitum.

Omnimodæ merces , Ar-
tes prifcæque , novæque.

Et quæ funt aliis fin-
gula , cuncta mihi. Schol.

lions d'or, fans compter la banque. Je trouvai auffi dans ces Mémoires, une petite hiftoire que j'ajoûterai ici, & qui vous fera
connoître, par échantillon, les anciennes
richeffes d'Anvers.

Un Marchand, nommé Jean Daens, avoit
prêté un million d'or à Charles-Quint : c'é-
toit, ce me femble, pour la guerre de Hongrie. Au retour de cette expédition, l'Empereur paffa à Anvers : Jean Daens le fup-
plia de vouloir bien dîner chez lui : Charles-Quint y confentit : le Marchand le traita
fplendidement, fit tout le jour un feu de
canelle, & y brûla, pour couronner le régal, l'obligation qu'il avoit de cet Empereur pour le million d'or. Les mêmes Annales rapportent que la perte qui fe fit à Anvers, par le pillage des Efpagnols, l'an 1576.
fut eftimée monter à plus de foixante millions de Florins.

Aujourd'hui, comme vous fçavez, les
chofes ont changé ; le Port d'Anvers eft
dénué de Vaiffeaux : le Change des Marchands eft défert ; & la Ville, quoique toûjours belle, eft dans une trifte tranquillité.
Il ne laiffe pas d'y avoir beaucoup de familles riches.

Londres & Anvers, étoient deux des
principales Villes de la Ligue, ou de la
Hanfe Teutonique. La (a) Maifon publique de ces Conféderés fubfifte toûjours à
Anvers : c'eft un grand & beau bâtiment.
La Bourfe eft longue de quatre-vingt-dix
pas, & large de foixante & dix, y com-

____
(a) On l'appelle l'Hôtel des Ofterlins.

pris la largeur des portiques, qui régnent tout autour en dedans. Elle fut bâtie l'an 1531. & prit son nom d'une maison qui étoit dans le même lieu, sur laquelle il y avoit un écusson d'armoiries chargé de trois bourses. Et c'est de-là qu'est venu le nom de Bourse, qui depuis ce tems-là est employé par tout comme à Anvers, pour dénoter le lieu public du rendez-vous des Marchands. L'Hôtel de Ville est aussi un très-bel édifice.

La premiere fois que je vis les Eglises d'Anvers, j'avouë que je fus surpris de leur magnificence : particulierement de ce qui paroît dans celle *des Jesuites*, où l'on ne voit que marbre, & que rares peintures. Mais depuis ce tems-là, j'en ai vû cent en Italie, qui effacent celles d'Anvers. Le Clocher de la (a) Cathédrale, dans cette derniere Ville, approche de la hauteur du Clocher de Strasbourg; & il y a quelque chose de plus délicatement travaillé. On ne trouve rien de semblable en Italie : ils ont des Domes, & des tours separées du corps de l'Eglise : mais ils ne sçavent ce que c'est qu'un clocher comme celui d'Anvers.

A trente pas de cette même Eglise, on voit un Puits, dont les branches de fer, où pend la poulie, sont ornées de diverses feüillages : c'est de l'ouvrage d'un fameux Maréchal nommé Quintin Mathys. Ce Forgeron étoit un homme de bonne façon :

____

(a) Quatre cens vingt pieds. La Tour est chargée de trente trois cloches.

homme d'efprit & adroit. Il aimoit la fille
d'un Peintre, & la fille l'aimoit auffi : mais
quoique Quentin fut affez raifonnablement
partagé des biens de la fortune, le Peintre
ne vouloit point d'un Gendre Maréchal.
L'amour qui eft ingénieux, dicta à Quintin le deffein de quitter le marteau & l'en-
clume, pour prendre le pinceau : afin de
lever la difficulté. En effet, en très-peu de
tems il égala, & furpaffa même tous les
Peintres d'Anvers, & fa Maîtreffe lui fut
accordée. Ce brave homme mourut l'an
1529. & fut enterré au pied de la Cathédrale, proche du grand portail. On a gravé les vers que voici contre la muraille,
au-deffus de fa tombe :.

CONNUBIALIS AMOR DE MULCIBRE FECIT APELLEM.

Connubialis amor, eft *l'amour* d'un mari
pour fa femme, ou d'une femme pour fon
mari (chofe qui paffe pour être fort rare.)
Or Quintin étant amoureux d'une fille, qui
n'étoit pas encore fa femme, on ne peut pas
appeller fon amour d'alors *connubialis amor*.
Il aimoit pour fe marier ; mais on ne pouvoit pas dire alors, qu'il fut amoureux &
marié.

L'Imprimerie de Plantin fubfifte toûjours
en quelque maniere. Elle appartient au Sr.
Moretus, qui eft auffi fort habile dans cette
Profeffion.

L'Eau de l'Efcaut étant toûjours falée de-

vant Anvers, & les fontaines de la Ville
ne fuffifant pas pour fournir toute l'eau qui
eft néceffaire pour les Brafferies, on a été
obligé d'en faire venir de plus loin par un
canal. Cette eau eft conduite dans une profonde cîterne, d'où on l'éleve par des machines dans un grand baffin ; & de ce baffin elle fe communique par quarante tuyaux
chez quarante Braffeurs. Les gens de cette
profeffion font fixés à ce nombre, à caufe
de la difette de l'eau, encore n'en ont-ils
pas toûjours. Il y a des heures reglées pour
en faire la diftribution, & chacun fçait le
tems auquel il peut ouvrir le robinet de fon
tuyau.

Charles-Quint paffant à Paris, dit par GAND.
une efpece de mépris, à ce que quelques-
uns ont écrit, (a) qu'il mettroit Paris dans
fon gant, voulant fignifier par-là, que cette Ville pourroit être contenuë dans celle
de Gand. Les bons mots des grands Princes paffent aifément pour des Oracles. Cette hiftoire, vraye ou fauffe, a donné lieu
fans doute, à l'imagination de plufieurs Auteurs, qui parlent de Gand, comme de la
plus grande Ville de l'Europe. Je ne fçai fi
l'on pourroit mettre Gand dans le faubourg

(a) L'an 1427. le Com-
te de Naffau, Baron de
Dieftin, le Marquis de
Bergopfum, & le Baron
de Wefemale, firent me-
furer par gageure le circuit
de plufieurs grandes Vil-
les : & ils trouverent [com-
me cela paroît par l'acte
qu'ils écrivirent, & que
l'on a encore] que l'en-
ceinte de Louvain eft de
trois verges plus grande
que celle de Gand. Cette
verge étoit une mefure de
vingt pieds. *Voyage de
Flandres.*

S. Germain : mais toûjours fçai-je bien que quelque grande que foit la Ville, elle fe trouvera bien petite, quand elle fe voudra comparer à celle de Paris. Gand eft une Ville, & Paris eft un Monde.

Au refte, tout cela ne veut pas dire que Gand ne foit un lieu fort agréable : c'eft une belle Ville propre, joliment bâtie, dans un bon air, & dans une fituation commode. Au lieu qu'à Paris, *les maifons empêchent de voir la Ville :* les grands vuides de Gand, font qu'on la découvre aifément. Le Roi de France la prit en fix jours, malgré les inondations de fes éclufes, l'an 1678.

Les rivieres de l'Efcaut & du Lyss'y promenent en ferpentant, & y apportent beaucoup de commodités.

Sur un des ponts du Lys, il y a deux ftatuës de bronze, dont l'une eft en pofture de trancher la tête à l'autre. La même réprefentation fe voit dans un grand Tableau à l'Hôtel de Ville, & au-deffous du Tableau, ceci eft écrit :

Ae Gandt le en Fand fraepe fae Pere fe taete Defuu maeiß fe heppe rompe fi graece de Dieu.
1371.

Peut-être n'entendriez-vous pas ce Gaulois, ou plûtôt cet ancien Walon, fi je ne vous aidois à l'expliquer. *A Gand, l'Enfant frappe fon Pere deffus la tête, mais fon épée romp par la grace de Dieu.*

On nous a raconté qu'un Pere & un Fils, ayant été tous deux condamnés enfemble à la mort, on accorda la grace à celui des deux qui voudroit être le bourreau de l'au-

fre. Que ces deux malheureux se dispute-
rent long-tems l'avantage que chacun trouvoit à mourir. Mais qu'enfin, le Pere qui
étoit rassasié de jours, & qui d'ailleurs avoit
plus de force d'esprit, ne voulant jamais
survivre à son Fils ; celui-ci prit la triste ré-
solution d'ôter la vie, à celui de qui il l'a-
voit reçüe. On ajoûte que dans l'action de
donner le coup, l'épée se rompit en l'air,
ou s'échapa de la poignée ; ce qui ayant été
regardé comme un effet particulier de la
Providence, les deux criminels furent pleinement délivrés. Si l'histoire est véritable,
le jugement de Dieu se déclara d'une maniere admirable, contre celui des hommes,
qui sous l'apparence d'une grace étoit extrêmement cruel.

L'ancienne Maison qu'on appelle la (a)
Cour du Prince, étoit autrefois le Palais
des Comtes de Flandres. On nous y conduisit, pour nous faire voir la chambre (b)
où nâquit Charles-Quint. Cette chambre

(a) On dit qu'il y a au-
tant de Chambres que de
jours en l'an.

(b) Les Prélats de Gand
lui offrirent en naissant une
Bible, sur laquelle étoit
écrit : *FEUILLETEZ CE
LIVRE. Act. Her. de
Ch. V.*

Dans l'Eglise des Be-
guines, il y a un Crucifix
miraculeux, qui a la bou-
che ouverte. Une Begui-
ne fort affligée de ce que
toutes ses Compagnes s'é-
toient allées divertir un
jour de Carnaval, & l'a-
voient laissée seule, alla
faire ses condoléances au
Crucifix. Le Crucifix lui
répondit : *Ne t'afflige pas,
ma Fille, demain tu te
réjoüiras avec moi : Tu
seras à mes nôces éternelles.* En effet, la Beguine
mourut le lendemain, &
le Crucifix est demeuré la
bouche ouverte. *Anon,
Voyage de Fland.*

eſt ſi petite, qu'il n'eſt pas poſſible qu'il y
ait jamais eu de lit. Cependant on ne peut
pas douter que ce ne ſoit le lieu même où
ce Prince vint au monde, à cauſe de l'ancienne inſcription qui s'y lit, & qui exprime
la choſe poſitivement. Si la Ville de Gand
a eu l'honneur de donner le jour à cet Empereur, elle a eu le malheur auſſi d'en être
ſi rudement traitée, qu'on peut bien dire
qu'il eût mieux vallu pour elle, qu'il ne fût
jamais né. On a remarqué qu'il nâquit le jour
de S. Mathias: qu'il fut proclamé Empereur en un même jour; & qu'il fit priſonnier
ce même jour le Roi François I. (l'an 1500.)

La Cathédrale de Gand eſt dédiée à S.
Bavon; c'eſt un grand vaiſſeau. J'y remar-
quai un Epitaphe, dont la ſimplicité eſt
peut-être plus énergique, qu'un éloge fort
recherché; c'eſt pour un Evêque.

Eccleſia Antiſtitem amiſit,
Reſpublica Virum.

BRUGES　De Gand nous vînmes à Bruges par un
Evêché,　canal: cette Ville eſt ſans contredit, & fort
& autre-　grande & fort belle. (*a*) Elle n'a pas la mê-
fois Ville　me étenduë que celle de Gand, mais elle eſt
Anſéati-
que.

(*a*) Il faut voir à Bruges l'Hôtel de Ville, la Maiſon de l'Eau, le Palais Epiſcopal, la Cathédrale, la Place du grand Marché, & celle des Colleges des quatre Nations, l'Egliſe des Jeſuites, & divers magnifiques Tombeaux dans l'Egliſe Collégiale de N. D. Dans la Cathédrale, à côté du Chœur, on fait voir l'endroit où Charles le Bon, Comte de Flandres, fut aſſaſſiné par des gens qu'il avoit contraints d'ouvrir leurs Magazins en tems de Famine. *Voyage de Fland.*

beaucoup

beaucoup mieux remplie, & ses bâtimens
sont plus uniformes. Des Vaisseaux de cinq
cens tonneaux y peuvent aborder par le
le grand canal ; mais le commerce en est
comme tout-à-fait déchu, aussi-bien qu'à
Anvers. La Hollande a tout emporté.

Vous sçavez que l'Ordre de la Toison
d'or a été [a] institué à Bruges par [b] Philippe le Bon Duc de Bourgogne ; mais je ne
sçai si vous êtes aussi-bien informé de la raison de son institution : du moins est - il certain que la chose est rapportée par divers
Auteurs d'une maniere fort différente. Il y
en a qui disent que l'année de son mariage
avec [c] Elisabeth ou Isabelle de Portugal,
ayant été une année de grande abondance,
il prit cet événement à bon augure, &
qu'ayant remarqué le mot ou le nom de
JASON dans les premieres lettres des cinq
mois de la récolte, Juillet, Aoust, Septembre, Octobre, & Novembre : il se souvint
de la Toison de la Colchide, & institua
l'Ordre de la Toison par allusion à cette
rencontre. Plusieurs ont écrit que ce fut
seulement, parce que Philippe devint

[a] Le 20. ou 19. de Janvier 1429. ou 1430.

[b] Philippe III. Il ne créa d'abord que vingt-cinq Chevaliers. Trois ans après, il augmenta ce nombre de six : Charles V. le fit aller jusqu'à cinquante-un. Mais Philippe II. & Philippe III. Rois d'Espagne, ont multiplié les Compagnons de l'Ordre à l'*indéfini*.

[c] Philippe le Bon avoit épousé en premieres Nôces Michelle de France, cinquiéme fille de Charles VI. En secondes Nôces, Bonne d'Artois, sœur du Comte d'Eu, & en troisiémes Nôces, Isabelle de Portugal.

amoureux d'une simple fille qui avoit une
robe fourrée de peau d'agneau. Quelques-
uns assurent que cette fille étoit rousse ;
que ce Prince étant allé la voir, & ayant
trouvé sur sa toilette un certain floquet de
poil roux, il le ramassa avec soin, & le con-
serva précieusement ; & que ses Courti-
sans lui en ayant fait quelque raillerie, il
lui vint en l'esprit d'anoblir ce floquet,
en instituant l'Ordre de la Toison d'or. Da-
viti dit que plusieurs croyent que ces Chevaliers tirent leur origine de la Légion
Thébéenne : & d'autres rapportent que le
grand revenu que le Duc Philippe tiroit
des droits d'entrée des laines d'Angleter-
te , fut l'occasion de l'institution de cet
Ordre.

[a] Olivier de la Marche, George Cas-
tellanus , & après eux, J. J. Chiflet, disent
que le Duc eut premiérement en vûe la
Toison de [b] Colchos ; qu'en cette vûe
l'Ordre fut institué , & nommé de la Toison d'or ; & que Jean Germain Evêque
de [c] Chaalons ayant représenté à ce Prince qu'il valloit mieux que cette noble institution fût fondée sur quelque endroit de
l'Histoire Sainte, que sur la Fable, la chose fut détournée sur la Toison de Gedeon.
(Jug. ch. 6. ⅴ. 37. &c.) Mais ces Auteurs
ne s'expliquent pas assez ; car il ne suffit pas

---

[a] *Olivarius Marca-*
nus avoit été au service de
Philippe, & avoit eu pen
dant cinquante ans divers
Emplois considérables dans
la Maison de Bourgogne.

[b] Ou du Mouton de
Phryxus.

[c] Chaalons sur Saone.
(*Cabilonensis Episcopus.*)

pour informer la Postérité de l'histoire de cette institution, de parler comme ils font en termes généraux. Que Philippe ait eu d'abord en vûe la Toison d'or, & qu'ensuite on ait pensé à celle de Gedeon, c'est uelque chose ; mais ce n'est pas le principal. La question est particuliérement de sçavoir la raison ou l'occasion qui a donné lieu à l'institution. Chiflet & quelques autres se tourmenterent fort pour persuader que Philippe eut un motif de piété ; mais ils le prouvent mal, & quoique les deux vers qu'ils alléguent & qui se voyent, disent-ils, sur le Sarcophage de ce Prince, semblent décider la chose en faveur de leur sentiment.

Pour maintenir l'Eglis' qui est de Dieu Maison,
J'ai mis sus le noble Ordr' qu'on nomm' de la
Toison.

Ils ne prouvent à mon avis rien du tout, étant plus probable que cette espéce d'Epitaphe est plûtôt un effet de la charité de ce bon Evêque, qui voulut substituer l'Histoire Sainte à la Fable, qu'une sincere explication de la premiere pensée du Duc.

Vous sçavez que le Roi d'Espagne en qualité de Duc de Bourgogne, est le Chef de l'Ordre de la Toison d'or.

Nous ne fûmes pas plus de trois heures à venir par le canal de Bruges à Ostende : cette petite ville est assez joliment fortifiée. Les grandes écluses, par le moyen desquelles elle reçoit l'eau de la Mer, & en com-

munique autant qu'elle veut à Bruges , est
ce que l'on y peut voir de plus remarquable.

Il est comme impossible de parler d'Ostende, sans se souvenir du plus fameux siége qui peut-être ait jamais été. Ce Bourg
de Pêcheurs assez médiocrement remparé,
après avoir soûtenu un choc de [a] près de
trois ans & trois mois ; après avoir essuyé
plus de trois cens mille coups de canon,
souvent à l'abri des monceaux de cadavres,
dont les assiégés réparoient les bréches ;
après avoir perdu plus de [b] soixante - dix
mille hommes, & en avoir fait périr [c] davantage ; cette pauvre petite Place toute
renversée, contrainte enfin de céder à la
force, ne se rendit pourtant qu'après avoir
encore eu l'honneur de capituler.

NIEU-   D'Ostende à Nieuport on a la voye d'un
PORT. canal, mais afin d'arriver de meilleure heure , nous aimâmes mieux loüer un carosse.

[d] Newport est médiocrement fortifiée ,
& peut par ses éclufes empêcher l'approche de ses ennemis, aussi-bien qu'Ostende.
Dunkerque étant une Piece fameuse par
diverses raisons & si voisine de Newport,
j'aurois beaucuop souhaité de la voir; mais
la crainte d'y trouver des DRAGONS m'a

---

[a] L'Archiduc Albert
commença le siége le 5.
Juillet en 1601. Et Am-
broise Spinola entra dans
la Place le 20. Septembre
1604.

[b] Soixante & dix mil-
le cent vingt-quatre.

[c] Soixante & douze
mille neuf cens.

[d] Nommée *Zandis-
houë*, avant qu'elle eût été
rebâtie , en 1442.

empêché de satisfaire ma curiosité. Mylord
n'étant pas dans un pareil danger, je lui ai
conseillé de ne pas perdre l'occasion d'aller
visiter cette Forteresse ; & je vous ferai part
de ce que j'appris hier au soir de ▮ après
son retour. Depuis l'acquisition que la France a [a] faite de cette Place, on en a beaucoup augmenté les Fortifications, tant à la
Ville qu'à la Citadelle ; & l'on n'a rien oublié pour en faire la défense aussi bonne
qu'il a été possible. Mais quelque bien revêtus que soient tous les ouvrages, le terrein étant d'un sable fort délié, fort mou-
vant, si la bréche étoit une fois commencée, il est manifeste que le rempart s'ébou-
leroit aisément, & c'est là un fort grand
défaut. Les deux *Jettées* que vous appelle-
rez, si vous voulez *Moles* ou *Chauffées*, s'a-
vancent un quart de lieuë dans la Mer, &
forment un canal de largeur paralelle, par
lequel entrent aisément les vaisseaux. Au
bout de chaque *Jettée* il y a deux [b] platte-
formes fondées sur des pilotis qui s'élevent
de 25 ou 30 pieds hors de l'eau en basse
marée ordinaire,& chaque platte-forme est
une batterie munie d'environ 30 piéces de
canon. A une très-petite distance de la *Jettée* qui est à gauche, c'est-à-dire du côté de
Graveline, il y a deux Patés que les gens
du pays appellent Risband, qui sont à quelque éloignement, l'un vers la Citadelle du
côté de la Ville, l'autre plus avant dans la

[a] Louis XIV. l'ache- | teau verd ; & l'autre Châ-
ta de Charles II. en 1662. | teau de bonne Esperance.
[b] L'une appellée Châ- |

M iij

Mer vers la [a] *Tête* de la *Jettée.* Ces deux
Forts: si je puis les appeller ainsi, couvrent la Place du côté de la Mer, avec les
deux Terre-plains des Jettées & le canon
de la Citadelle; ils commandent assez avant
dans la Mer, & défendent l'entrée du canal. Le plus petit vers la Ville, est comme
un fer à cheval, & l'autre est une espece
de triangle arrondi. Cela est admirablement bien fondé sur pilotis, très-solide-
ment bâti & rempli de beaucoup de canon. Vous voyez que la Place est de difficile accès de ce côté-là; & ce qui la rend
plus inaccessible encore, c'est que par tout
aux environs il y a quantité de bancs de
sable, qu'il faut bien connoître pour en
aborder, & dont on ne sortiroit pas aisément si l'on s'y étoit engagé mal-à propos.
Vous pouvez bien penser qu'on n'a pas oublié les chaînes, les poûtres traversantes,
ni les autres machines qui peuvent servir à
barricader le canal. Dunkerque étant ainsi
défenduë du côté de la Mer, étant fortifiée comme elle l'est du côté de la Terre,
pouvant d'ailleurs inonder ses environs,
& n'étant commandée par aucune éminence, on peut, je crois, dire qu'elle n'a
point d'autre défaut, que celui dont je
vous ai parlé. Tous leurs puits sont salés;
mais ils ont une petite riviere, & outre cela
leurs citernes. Le Port est comme une lar-

[a] Une des platte-for-
mes, ou batteries dont je
viens de parler.
[b] Il y a un Fort dans les Dunes, à une lieuë de la Ville du côté du Fort de Mardick. On l'appelle le Fort Lion.

ge fossé revêtu entre la Ville & la Citadelle. Au-dessus de ce Port on a fait un
grand bassin pour les Vaisseaux de guerre;
& proche de là sont de très-beaux Maga-
sins. La Ville n'a aucune beauté; elle est
toute bâtie d'une brique grisâtre qui donne
aux maisons un air sale & sombre. Un Gentilhomme Anglois qui demeure ici & qui
connoît Cantorberi, compare la grandeur
de Dunkerque à celle de cette Ville : cependant il y a seize Paroisses dans la premiere, & il n'y en a qu'une dans l'autre.
Cela nous apprend à ne juger pas de la
grandeur des Villes par le nombre des Paroisses qui les composent.

Je n'ai rien du tout à vous dire de la petite Ville de Nieùport, sinon qu'elle termine notre pelerinage en deçà de vos Mers.

Par la grace de Dieu ce petit voyage a
été tout - à - fait heureux : ni maladie, ni
mauvaise rencontre, ni aucuns fâcheux ac-
cidens n'en ont interrompu le plaisir; & la
compagnie de notre ami commun M. S.
Waring qui ne nous a jamais quittés, m'a
souvent été en mon particulier d'un fort
grand secours : c'est un Gentilhomme dont
les qualités sont toutes aimables.

Au reste, quelque satisfaction que l'on
trouve dans les voyages, je vous puis assurer que c'est une chose bien douce de retourner dans son pays. Je suis,

Monsieur ,   *Vôtre , &c.*

A Nieuport ce 3. *Octobre* 1688.

[a] La Promenade ordinaire est sur les Jettées.

Fin du Tome troisiéme.

M iiij

TABLE

DES PRINCIPALES MATIERES
du troisiéme Volume.

A

M v

M vj

Fin de la Table du Tome troisieme.